西方语言学教材名著系列

Construction Grammar and
Its Application to English

构式语法教程

构式语法及其在英语中的应用

〔德〕马丁·休伯特（Martin Hilpert） 著
张国华 译

著作权合同登记号　图字：01-2016-4363
图书在版编目(CIP)数据

构式语法教程：构式语法及其在英语中的应用／(德)马丁·休伯特(Martin Hilpert)著；张国华译．—北京：北京大学出版社，2016.11
（西方语言学教材名著系列）
ISBN 978-7-301-27599-3

Ⅰ.①构… Ⅱ.①马…②张… Ⅲ.①英语－语法－高等学校－教材 Ⅳ.① H319.35

中国版本图书馆 CIP 数据核字(2016)第 231817 号

© Martin Hilpert, 2014
Edinburgh University Press Ltd, The Tun-Holyrood Road, 12 (2f) Jackson's Entry, Edinburgh EH8 8PJ.
www.euppublishing.com

Typeset in 10.5/12 Janson by Servis Filmsetting Ltd, Stockport, Cheshire, and printed and bound in Great Britain by CPI Group (UK) Ltd, Croydon CR0 4YY

The right of Martin Hilpert to be identified as author of this work has been asserted in accordance with the Copyright, Designs and Patents Act 1988, and the Copyright and Related Rights Regulations 2003 (SI No. 2498)..

For Sale in China Only 仅限中国境内销售

书　　　名	构式语法教程——构式语法及其在英语中的应用 GOUSHI YUFA JIAOCHENG——GOUSHI YUFA JI QI ZAI YINGYU ZHONG DE YINGYONG
著作责任者	〔德〕马丁·休伯特（Martin Hilpert） 著　张国华 译
责任编辑	唐娟华
标准书号	ISBN 978-7-301-27599-3
出版发行	北京大学出版社
地　　　址	北京市海淀区成府路 205 号　100871
网　　　址	http://www.pup.cn　新浪微博：@北京大学出版社
电子信箱	zpup@pup.cn
电　　　话	邮购部 62752015　发行部 62750672　编辑部 62767349
印　刷　者	北京虎彩文化传播有限公司
经　销　者	新华书店
	650 毫米 ×980 毫米　16 开本　18.25 印张　292 千字 2016 年 11 月第 1 版　2022 年 8 月第 2 次印刷
定　　　价	46.00 元

未经许可，不得以任何方式复制或抄袭本书之部分或全部内容。
版权所有，侵权必究
举报电话：010-62752024　电子信箱：fd@pup.pku.edu.cn
图书如有印装质量问题，请与出版部联系，电话：010-62756370

本书系 2015 年度国家社会科学基金项目"汉、英双宾结构的构式化和语义表达专门化进程语料库比较研究"(项目批准号:15BYY013)阶段性研究成果之一。

作者简介

马丁·休伯特,瑞士纳沙泰尔大学英语语言学教授,曾获美国莱斯大学博士学位,之后就职于美国加州伯克利国际计算机科学研究所(ICSI)和德国弗莱堡高等研究院(FRIAS)。研究兴趣包括认知语言学、语言演变、构式语法和语料库语言学,著有《日耳曼语族的将来时构式》(*Germanic Future Constructions*,2008,约翰·本杰明出版社)和《英语的构式性演变》(*Constructional Change in English*,2013,剑桥大学出版社)等著作。

鸣　谢

　　我想写几句话，来对参与本书写作全过程的同事、朋友和学生表示感谢。首先，我要感谢 ETOTEL 系列丛书的编辑 Heinz Giegerich，感谢他给了我编写构式语法教材的这个机会。在全书写作过程中，我发现，有些事情，我原以为自己已经非常了解了，但实际上只是一知半解。所以，至少有一位读者能从中有所体会和学习（译者注：这位读者就是原著者自己）。我还要感谢 Graeme Trousdale，他审读了全部书稿，并提出了批评意见。此外，还有两位不那么匿名的审稿专家，他们对本书也提出了建设性意见。我还要对（德国）美茵茨大学的 Florian Dolberg 和他的学生们致以最衷心的感谢，他们试用了这本书稿，并且向我指出哪些问题需要进一步澄清说明。同样，我自己在弗莱堡（Freiburg）、苏黎世（Zurich）以及纳沙泰尔（Neuchâtel）大学的学生也向我提供了他们的批评性反馈意见。感谢诸位！最后，我还要向本书中所提及的所有研究者表示最衷心的感谢，正是他们的思想主张构成了本书的骨干部分。

　　我也谨以此书献给 P. P. 先生，以表缅怀之意。他生前总是愿意倾听别人的观点与想法，而且，如果对方的观点确有其道理的话，他也会改变自己的想法，接受对方的观点。

马丁·休伯特

Preface to the Chinese translation

Dear readers,

　　The book that you are holding is a translation from the English original. I would like to express my warmest thanks to Dr. Guohua Zhang from Zhongnan University of Economics and Law in Wuhan, China, who not only prepared this translation, but also approached me in the first place and thus started the project of the Chinese language translation.

　　The main aim of this book is to present an introduction to the linguistic theory that is known as Construction Grammar. This theory is meant to work for languages in general, not just English. Still, the linguistic examples that are discussed in the book are exclusively from English, as I had a particular audience in mind for this book: I wrote it for beginning students of English linguistics who have a solid knowledge of English, either as native speakers, or as advanced second-language learners. I also wrote the book in a deliberately informal style, including some jokes, word plays, and ironic remarks, so that it would be easy to understand for my students. What I did not think about was that these aspects would make the book very hard to translate. Dr. Zhang, therefore, had a very difficult task, and I appreciate his carefulness and his questions, which helped to clarify many issues.

　　It is my hope that this book will stimulate the constructional research on topics of Chinese Grammar in China. I know that China has a very strong tradition of cognitive linguistics, a part of which is Construction Grammar. If some of the ideas presented in this book turn out to be useful for the analysis of Chinese language, I will be very happy.

Martin Hilpert

中文版序言

亲爱的读者朋友们：

您现在捧在手上的这本书翻译自其英文原版，我要向中南财经政法大学的张国华博士表示最衷心的感谢！张博士在第一时间同我取得联系，并独自承担了全部的翻译任务。

这本书的主要目的在于介绍构式语法这个语言学理论。该理论适用于普遍意义上的语言，而不仅仅限于英语。不过，书中所讨论的语言用例全部来自于英语，这是因为我在编写此书时，脑子里已经有了一个特定的读者群体，即此书专为英语语言学专业的新生而写，无论是英语本族语者，抑或是高水平的二语学习者，这些学生对英语知识都已经掌握得很牢固了。此外，我还特意用一种轻松随意的方式来写，书中常会出现一些玩笑话、语义双关的俏皮话和冷嘲热讽之辞。之所以要这样写，是想让我的学生读起来容易些。不过我也没料到，恰好就是这些特点，给这本书的翻译增添了难度。因此，张博士在下笔翻译的时候煞费苦心，颇动了些脑筋。他在翻译过程中严谨细致，向我提出了不少问题，这都有助于读者对文中有关字句的理解，对此，我向他表示感谢！

我希望这本书能推动中国的构式语法研究，促进对汉语语法有关问题的探讨。我知道，认知语言学研究在中国历史悠久，成果丰硕，其中就包括构式语法研究。如果本书中所陈述的某些思想理念最终有助于汉语的相关研究，我将倍感欣慰！

马丁·休伯特

致读者　为什么你不该挑中这本书，更不该读这本书？

好吧！你在图书馆或者书店的书架上找到了这本书，是介绍一个叫构式语法的语言理论的书，或者，你是在电脑屏幕上看到这几行字的吧。很可能，你不知怎么就碰上了"构式语法"这个词，或许跟某个句子有关，比如"John sneezed the napkin off the table"一句，于是你感到好奇，想了解更多。不过，先不要继续往下读，让我来跟你说说为什么继续往下读不是个好主意。

可能最为重要的一点就是，有些语言学研究课题已有数十年的研究，因此产生了很多牢不可破的思想主张，该领域的大部分研究者对这些思想主张或多或少都是赞同和接受的，而构式语法并不属于这样的研究课题。以音韵学或者社会语言学为例，当前对这些课题的研究所走的各种路子（译者注：即 approaches，有时可译为"路径""路向"等，但应该同"方法""策略""技巧"等区分开来）有特别显著的差异，这倒成了重大问题，因此而引发了许多激烈的辩论，偶尔还会发生人身攻击。然而，上述争论极少会涉及那些安排在入门教科书里的思想理念，优化理论（optimality-theoretic）音韵学的拥护者以及典范理论（exemplar theory）（音韵学）的追随者都认为，他们研究领域里的教科书应该介绍像音位、互补性分布、音节结构、同化、异化等等之类的概念，他们可以坐到一起，列出一张话题清单，以代表他们各自研究领域所共有的基础性内容。但要说到构式语法的问题，情况就稍有不同了。构式语法的研究者们大体上都认为，他们的工作"不同于生成语法的研究"，而且，"构式很重要"。关于这个说法我们要做个说明，以免有人产生误解，即构式语法其实和生成语法有相当多的共同看法,而且关于 construction 这个概念,各方的辩论相当激烈。事实虽说如此,但我还是要提醒你,亲爱的读者,本书即将给大家呈现的构式语法观不一定能被此领域中的大多数研究者所接受,这个研究领域还很年轻,它高度多样化,而且发展迅猛。我现在是在 2013 年初写下这些话的,当写作时间与你读这本书的时间离得越远,你就越可能感到某个观点不仅很有争议,而且已经有些过时了。

还有一点是我想要说的,即这本书请你不要再读下去了,因为还有很多写得非常精妙的书你都可以读,你可以从中受益良多,能大致了解构式语法研究领域里正在进行的那些研究工作。比如 Adele E. Goldberg (1995,2006) 的著作,这两部专著影响极大,对感兴趣的入门者来说,可谓权威的、非常易于理解的入门读物。此外,《牛津构式语法手册》(*Oxford Handbook of Construction Grammar*,Hoffmamn & Trousdale,2013) 也已于近期出版,这本大部头共约 650 页,由各研究话题方面的专家撰写。比起那些薄薄的引论类书籍,这本书能更好地阐释相关领域里的各种复杂问题。还有一本书我也想提一下,就是《句法理论》(*Syntactic Theory*) 这本优秀教材。在这部书中,Ivan Sag,Thomas Wasow,Emily Bender 详细论述了构式如何能够被有效地形式化表达的问题 (Sag et al.,2003)。本书完全摈弃形式化(表达)问题,但形式化问题在很多研究领域里都是根本和重要的问题,不单单在计算机语言学内。哦,还有一点,如果在不太遥远的将来你路过北加州,请在伯克利的班克罗夫特路 2560 号的科贝中心 (Copy Central,2560 Bancroft Way,in Berkeley,Northern California) 稍作停留,去寻求一本由 Charles J. Fillmore 和 Paul Kay 两人合著的教科书手稿,这两位是构式语法的主要开创者,本书中几乎每一页都真真切切地体现着他们的思想。

最后,你会注意到本书的书名是《构式语法教程——构式语法及其在英语中的应用》。本书写作之宗旨在于开具一份英语构式的清单,然后在构式语法理论的框架内解释一下如何对它们进行分析。本书将重点放在英语构式上面,而没有去理会其他语言以及这些语言之间的比较,而这些语言也正是当前构式语法研究的对象。构式语法理论一直是被作为人类普遍性语言能力分析框架来设计的,其中一个基本的理念就是,所有的人类语言当中,语言知识都是依据相同的原则组织起来的。可是,这个假想在多大程度上是正确的,还是一个亟待研究探索的问题。不过,本书全然不去理会这个颇能激发人们兴趣的问题,而是将讨论重点放在英语的各种构式上,这里面的很多构式其实在现有的对英语语法、习语和词汇的研究中都有了相当精妙的讨论。

怎么,你还在往下读?那好吧,别说我没有提醒过你哟!

目 录

1 构式语法:开场白 ... 1
- 1.1 说你会一门语言,那你都会些什么? ... 1
- 1.2 何为构式? ... 10
- 1.3 识别构式 ... 18
- 1.4 总结语 ... 28
- 1.5 后面几章的内容概要 ... 29

2 论元结构构式 ... 31
- 2.1 分析"简单句" ... 31
- 2.2 论元结构 ... 33
- 2.3 增价构式 ... 39
- 2.4 减价构式 ... 49
- 2.5 论元结构构式之间的各种关系 ... 57
- 2.6 总结语 ... 61

3 构式库的内部结构 ... 64
- 3.1 无意义的构式? ... 64
- 3.2 构式库:相互联结构式所形成的网络 ... 73
- 3.3 构式语法中的"规范句法"(normal syntax) ... 85
- 3.4 总结语 ... 90

4 构式形态学 ... 93
- 4.1 超越句法理论 ... 93
- 4.2 形态性构式及其特点 ... 100
- 4.3 形态学难题的构式语法解决方案 ... 111
- 4.4 总结语 ... 121

5 信息包装构式 125
- 5.1 构式语法的语用面 125
- 5.2 信息包装与语法 139
- 5.3 孤岛限制 153
- 5.4 总结语 157

6 构式与语言处理 161
- 6.1 找寻行为方面的证据 161
- 6.2 来自语言理解方面的证据 164
- 6.3 来自语言产出的证据 178
- 6.4 总结语 186

7 构式和语言习得 191
- 7.1 孩子们的构式语法 191
- 7.2 基于词条的语言学习的证据 200
- 7.3 从基于词条的图式到构式 207
- 7.4 对复杂句的习得 210
- 7.5 总结语 215

8 语言变异和演变 219
- 8.1 关于语言的诸多认识误区 219
- 8.2 构式性变异 221
- 8.3 不同人群之间的构式性变异 234
- 8.4 构式性演变：跨时间的变异 237
- 8.5 总结语 243

9 结束语 247

参考书目 251
翻译后记 268

1 构式语法：开场白

1.1 说你会一门语言，那你都会些什么？

对于操英语的人来说，要想让其他人听得懂自己所说的话，他必须得有哪些相关的知识呢？在很多研究语言的人看来，无论属于哪一个理论流派，其研究领域里最重要的任务都是要弄清楚，说某人掌握一门语言时，他究竟都掌握些什么。所以我们要问，人们其实都知道些什么？如果非得要你提出语言知识方面最重要的几点来，那么你的那些要点很可能会同下列清单中的内容有一些重合之处。

(1) 说话人必须了解和掌握的内容：
- 单词
- 如何把单词组成短语和句子
- 给单词添加恰当的词尾形式
- 能理解新造单词
- 知道有时候表面上所说和实际所指并不一致
- 知道不同语境中的语言使用有差异
- 习语

显然，还可以往这个清单里添加其他内容。要想构建出一个关于语言知识的工作模型，还必须弄清楚这个清单里的每一项内容同其他所有各项内容之间是如何互动的。例如，人们关于习语的知识，以及关于该习语中所含各单词的知识，两者是如何联系起来的？人们关于句法型式（译者注：即 syntactic patterns，或译为"句法模式"等）的知识，以及句中所含词汇的各种形态屈折形式（morphological inflections）的知识，两者是如何联系起来的？由于描写和构建说话人的语言知识是一项高度复杂的工作，构式语法理论主张，其实只需要一个比上述清单还要简短的清单就能说清楚这种语言知识，对此，各位读者或许会感到有些惊讶吧？

(2) 根据构式语法理论，说话人必须了解和掌握的内容：
- 各种各样的构式

对，你没看错！从构式语法的角度来看，说话人需要掌握的全部内容也就是关于这些构式的知识。构式语法是研究语言知识的一种理论，其核心倡导者和推动者之一是 Adele E. Goldberg，她在其论著中就表达了上述主张（详参 Goldberg，2003：219）：

我们语言知识的全部都可以通过由各种构式构成的一个网络来说清楚，这就是构式库。
(The totality of our knowledge of language is captured by a network of constructions: a 'construct-i-con'.)

看到这里，你可能会问，构式到底是什么呢？本章将会对构式进行详细全面的界定，不过在这里可以先作一个粗略的界定，Goldberg 和构式语法理论阵营的其他研究者把构式视为语言知识的各种单位，这些单位把语言形式和意义对应匹配起来（units of linguistic knowledge that pair a linguistic form with a meaning）。这样说来，你实际上对一种极为常见的构式已经很熟悉了，那就是单词。各种各样的单词也是一个个的构式，因为它们都是由形式和意义对应匹配而构成的象征性单位（symbolic form-meaning pairings）。正如前面提到的 construct-i-con 一词一样，顾"形"思义，构式包含了词库里所能包含的这样或那样的一切内容，而且除此之外，还包含各种各样的、在形态规模上比单个的单词还要更大的象征性单位（symbolic units），本章其余部分也将会更为详尽地阐释这些象征性单位。现在，让我们暂且再回来看看构式语法的根本主张，亦即人们关于语言的知识其实就是关于一个庞大构式网络的知识，而且除此之外，再无其他。关于单词、关于句法型式、关于前缀和后缀、关于习语、关于表面所说和实际所指之间复杂的关系，等等，说话人所知晓掌握的这一切的一切，都可以总归于关于各种构式的知识。乍一看，这似乎是一个非常大胆的命题。相较于一个似乎显明的观点，即说话人需要林林总总、各不相同的语言知识，上述主张是相去万里、大相径庭，其背后到底有何证据？简言以答之，我们可以认为，所有的语言知识都直接体现在构式层级上。说话人所掌握的各种各样的构式都和各种音韵的、形态的、句法的特征直接相关，也同各种规约性的意义、可能的变体以及各种社会性语境直接相关，读者您就身处其中，可能自己就会用到那些意义和变体，也可能会听到别人用到那些意义和变体。总之，人关于某构式的知识，即其经验和该构式之和。

关于语言知识的这一观点可能刚一开始很难让人理解和接受，因为它同非专业人士和职业语言学家们都一致认可和接受的观点相矛盾。这种观点体现在所谓"词典加语法模型"（即 the dictionary-and-grammar model，详参 Taylor，2012：8）中，这是一个语言知识模型，根据该模型，词汇知识和语法规则知识两者是截然区分开的（参看前文开列的语言知识细目清单中的前面两条）。诚然，或许你会说，孩子都是先学习单词，然后再学习把这些单词组成短语和句子，这不明摆着吗？对"词典加语法模型"的语言知识观形成核心挑战的就是那个困扰了一代又一代二语学习者的问题，亦即习语的学习（参看上述清单中的最后一条，排名最后，似乎让它显得不那么重要）。在"词典加语法模型"里，习语成了词典的"附录"，长长的一列习语表达式罗列在那里，例如 beat it，hit the road，make like a banana and split，等等。这些表达式在人们的心理词汇库（mental lexicon）中需要列为单独的条目，因为说话人得弄明白这三个习语都表示 leave（离开），而且还要知道它们适用的语境彼此间稍有不同。一个人仅仅知道一个个单词以及它们的各种含义是不够的，还不能说他已经掌握了那一门语言。正是注意到把习语列为词典附录的做法不尽如人意，语言知识的构式化观点才应运而生。在接下来的几个章节里，我们会讨论其中的道理。

1.1.1 日常语言使用中，习语表达无处不在

习语表达在实际语言使用当中并不是那么特别边缘的现象，这一点可能出乎你的意料。试看以下来自大英国家语料库（BNC，British National Corpus）的一个语料片段，该语料库记录了 20 世纪下半叶英国英语的使用情况，是一个规模庞大的文本数据库。

(3) In winter you can look out of the window and tell it's 2°C outside. How? Because the crocuses are coming into bloom. Crocuses are plants that nature has provided with a biological thermometer. It's very accurate, reacting to temperature differences of as little as 0.5°C. As the weather gets warmer the flowers open. But when the temperature drops, they close again.

从表面上看，这段摘录文字似乎没有任何独特之处。你甚至很难从中找到一个算得上习语的表达。但如果细看，你会发现，很多表达很难用词典和语法知识（的模式）来解释。就以最开始的两个单词 in winter 为例，这是一种规约性的表达，表示"during the time of winter, in general"之意，与"in the winter of 2012"相对。这个知识是你语言知识的一部分，可能某个学英语的人不一定知道这一点，他可能反而会用 in the winter。接着往下看，"you can look out of the window and tell it's 2°C outside"这一句也可能并不像你一开始所想的那么简单直白。注意，其中的动词 tell 并非其最惯常的"叙述（narrate）"之意，比如"tell a story"，其实该句表达的是听话人能推测出室外温度是 2°C。同样，理解这一点你也毫无问题，但是为何如此呢？答案就是，你知道有一个含 tell 的习语性使用模式，其模式之重要，足以使得 tell 的某个义项能够在《牛津英语词典》（OED）里找到，即"*preceded by* can: To be able to state; to know; to discern, perceive, make out, understand"（OED: tell, v.）。上述文字中基本称得上习语的是说番红花（crocuses）的那个 coming into bloom。植物一般可以说 coming into leaf（出叶子了）、coming into flower（开花了）或者 coming into fruit（结果子了），但关键的一点是不能说 leaves, flowers 或者 fruits, 尽管这样说可能是对所发生的现象进行的更确切的描述。通晓英语的人都明白这里得用单数，学英语的人就得动脑筋好好想想了，但要想清楚、弄明白，仅仅靠词典和语法书是不够的。两句话之后，这段文字里还有一句说到 temperature differences of as little as 0.5℃，里面有个表达式是很多英语学习者都学过的，也就是 as...as 结构，中间插入一个形容词。该表达式典型的用法是对事物进行比较，比如"John is as tall as Bob"。但请注意，这个表达式把某个量度（scale）和该量度上的一个赋值（value）关联起来，因此，短语 differences of as little as 0.5℃ 其实就是一个图式的体现样例（an example of a schema），该图式也作用于 interest rates of as high as 100% 和 microcredit loans of as small as £40 等样例。这些样例所表达的意思就是，某个量度相对较高或较低，但是被比较的两个量度值所依据的标准仍旧不明确，需要读者自己去理解把握。这些东西你都明白，但这既不是因为你知道每个单词的意思，也不是因为你知道如何把这些单词组成一个一个的短语。这再次说明，词典加语法模型所能给我们的帮助还是有限的。

从上述简短摘录文字的讨论中可以看到，我们日常使用的语言中充斥着大量的习语表达，对它们的形式和意义，我们并不能仅仅依靠词典的单词释义和语法知识提供的各种句法规则来完全推知。如果给词典设一个附录，该附录收录诸如 in winter, coming into bloom 或者 differences of as little as 0.5℃ 等表达式，那么，如果想要完全反映出人们的语言知识，这个附录的规模一定非常大。

1.1.2　习语表达式不仅仅是固定的词串

除了必须添加进词库的那个附录规模太大之外，词典加语法模型也面临着更不易解决的诸多问题。如果习语表达式仅仅只是诸如 bite the dust, let off steam, jump the gun 一类的固定词串的话，那么要用某种方式来表征人们的习语表达式知识就会是一项比较简单又直截了当的任务了。然而，很多习语表达式并不能被分析成存储于人们记忆中的词串，我们来看下面两则用例就能明白这个道理，该段文字摘录自 BNC：

(4) 'Clients tell me that they are not worried about their property as long as their pets are all right,' says William Lewis, managing director of Home & Pet Care. 'We often get asked to look after elderly pets whose owners are worried that going into kennels may be too big a shock.' Most sitters are over 60, sensible and probably have pets of their own.

有人曾把类似 going into kennels may be too big a shock 的句子归为"BIG MESS 构式"（BIG MESS construction），并作过讨论（详参 Van Eynde, 2007）①。显然，人们能理解短语 too big a shock 的意思并不是因为他们刚好记住了那个短语，而是因为人们所掌握的知识其实关乎一个更为抽象的模式，该模式也使得人们把诸如"That's quite useful a lesson"和"How big an area are we talking about?"的句子归结为规约性表达（conventional expressions）。你也可以把这种抽象模式理解为一个认知图式（cognitive schema），亦即一种心理表征形式，它囊括了该构式的全部一般性特征。就前面的"BIG MESS 构式"而言，其图式在某些方面偏离了英语的一般性句法模型。比如，一般的英语名词短语里，性质形容词是在定冠词之后、中心名词之前，例如 a big shock，但不能说 big a shock。重要的是，"BIG MESS 构式"有一定的语法系统性，这是说，在词典加语法模型影响下，它对因语法而非词典所造成的差异敏感。例如，"BIG MESS 构式"中的名词性成分必须是不定指的，如果用定冠词 the 或者 this 等指示代

---

① 译者注：为忠实于原文，译本中也会出现用大写字母所表达的英语诸多构式的名称，例如"双及物构式"（DITRANSITIVE construction），"BE GOING TO 构式"（BE GOING TO construction）和"S-型属格构式"（S-GENITIVE construction）等。

词来取代 too big a shock 和 quite useful a lesson 里的不定冠词 a，那么这些表达就严重违反规约了。同样地，短语里的名词性成分必须是单数，因此就不能用 two shocks, some shocks 或 a few shocks 来代替 a shock。最后，表征了人们关于"BIG MESS 构式"知识的图式必须包含关于形容词前修饰语的一些信息，知道什么样的修饰语可以出现在"BIG MESS 构式"中。人们很容易就能找到一些真实用例，其中有程度修饰词 quite, rather, too, somewhat, pretty 等，用疑问词 how 修饰的用例也相当普遍。但出人意料的是，用 very 修饰的用例非常罕见，此类用例对有些人来说甚至不可接受（详参 Van Eynde, 2007）。所以说，人们关于"BIG MESS 构式"的知识不仅仅是固定的一个词串，或者说固定的好几个词串，相反，它是对这些词串的一种概括或一般性归纳，这种概括规定了什么在起作用，什么没在起作用。

上述摘录文字中值得我们讨论的第二个例子就是"Most sitters are over 60, sensible and probably have pets of their own"一句。其中关键的短语是 have pets of their own，它代表了另一个习语表达式，有其内部的语法系统性。其中的 of 和 own 是常项，但在二词之间可以插入任一所有格限定词（如 my, your, his, her 等）。我们把这个构式称为"N OF ONE'S OWN 构式"，它包含一个名词性成分，该成分必须是不定指的。例如，"John now has a car of his own"一句是个习惯性表达，但如果把不定指的限定词换成定指的限定词 the，就会导致整句不合法，甚至很可能不能理解。相较之下，前面讨论的"BIG MASS 构式"用例中对名词性成分在数方面的限制在这里就不适用，因此人们既可以说"John now has a car of his own"，同样也可以说"John now has three cars of his own"。

我们来对上述讨论作一小结。有证据表明，很多习语都不能以固定词串的形式存储于人脑，这就必然要求我们把它视为一个一个的图式，这些图式有很多空槽（slots），这些空槽只能由某些特定的成分来填充。有些习语中的空槽对语法性差异很敏感，比如单复数的差异，以及定指和不定指之间的差异等等。上述观察和发现便将词典加表征语言知识的语法模型置于一个相当尴尬的境地：词典里的习语附录部分是否应该增加一点语法信息以便于让这些习语得到解释？这样处理当然是可能的，但你会发现这样一来就模糊了词典和语法的界限。如果语法信息进入该附录，词典和语法之间就会出现一大片灰色区域，该区域中，人们所记住的那些模式表现出一个个词条所具有的特征，但也表现出一个个语法规则所具有的特征。构式语法学研究者就把这个灰色区域称为"构式库"[①]（construct-i-con）。

1.1.3 习语表达式都具有能产性

将词汇和语法作为语言知识的独立表现形式相区别开来，有个很好的理由就是，单词可被视为数量极为庞大的"建筑板块"（building blocks），但它们从根本上讲是固定的、原子式的，而另一方面，各种句法规则和词汇的形态建构过程具有能产性（productive），换言之，借助它们，人们可以创造出许多全新的、有创意的结构形式来。因此，词汇就是建筑材料的一个有限集合，而语法赋予了语言产出无穷多样新话语的能力。

如果一个个的习语从根本上讲同一个个的单词一样，是既固定且可学得的词串，那么语言知识的词典加语法模型观点就更有说服力了。在前一小节中我们指出，这个观点站不住脚。很多习语表达式并没有完全注明或限定能进入其中的词条成分，还有不少的表达式甚至允许不同的语法性成分进入其中可以被填充的变量空槽（variable slots）。例如，短语表达"the more, the merrier"例示（instantiates）了一个图式，而由该图式还可以产生其他很多的表达形式，这些表达形式结构相同，但在比较级成分的位置上包含着不同的形容词，比如"the bigger, the better"或是"the redder, the deadlier"，等等。这样看来，"the more,

---

① 译者注：根据原著者对构式的界定标准，construct-i-con 一词是指（英语的）语言结构各层级上的各种各样构式的总的集合，它们是语言知识的实际内容，当然，这个总的集合又是一个有机的网络系统，内部成员之间有着纷繁复杂的承继关系。在这个意义上，construct-i-con 可译为"构式库藏"，本译本内简称为"构式库"。

the merrier"一类的结构,有人称之为"比较共变构式"(COMPARATIVE CORRELATIVE construction,见 Culicover & Jackendoff, 1999),还有人称之为"THE X-ER THE Y-ER 构式"(见 Fillmore et al., 1988),它具有能产性,这就使得人们能够创造出很多原创性话语。不过,这种能产性,并不止于能插入该构式的类型众多的形容词,它还可以扩展延伸,表现为各种语法形式的变化多端。例如下面这一句,"The darker the roast, the stronger the taste"(烤得越狠,味儿越重),每个形容词后面都跟了一个名词性成分。再如"The stronger a voice we have, the more effective we are"(我们的声音越有力,就越有表达效果)一句中,两个形容词都出现在从属小句中。在句子"The more carefully you do your work, the easier it will get"(你工作做得越仔细,它就越发容易)中,前半部分实际上是状语成分,而非形容词性质。所以说,人们关于该构式的知识并不局限于知道有一些开放性的空槽,以及不同种类的形容词可以进入这些空槽,实际情况是,他们对各种各样能够合法进入该构式的语法单位都能灵活掌握。既然人们知道如何灵活创新地使用各种习语表达式,那么把词汇知识和语法知识截然分开的做法就必须摒弃了。

1.1.4 附录规模的增大

前面几个部分进行的讨论分析说明白了一个道理,这就是,人们一般所持的语言知识可区分为词汇知识和语法知识的这个观点有一个重大缺憾,即习语表达式附录的规模会增大,这就要求我们进行紧急处理。这个附录能否像做外科手术那样被切除,这样病人就能康复了呢?Charles J. Fillmore 及其同事早年有一篇论文,自发表后就已成为构式语法研究论述中的核心参考文献之一,他们在文中提出了一个解决方案,其所行研究路线之与众不同而令人惊讶。该文对所谓"LET ALONE 构式"进行了研究(例如"I don't eat fish, let alone raw oysters"(我不吃鱼,更别说吃生牡蛎了)),在其结论部分他们提出如下观点(详见1988:534):

在我们看来，为描写本文着力讨论的所谓次要的或边缘的构式，所需之机制或体系必须有足够的解释力，它可以被概括成更为世人所熟知的各种结构形式，尤其是体现为单个短语结构规则的那些结构形式。

(It appears to us that the machinery needed for describing the so-called minor or peripheral constructions of the sort which has occupied us here will have to be powerful enough to be generalized to more familiar structures, in particular those represented by individual phrase structure rules.)

换言之，倘若语言中果真存在着众多的习语表达形式，倘若它们也不能被处理为固定词串，而且人们也确实能灵活自如地使用这些习语表达形式的话，那么我们就真的应该对这些表达形式进行恰当地分析。既然习语表达形式容纳不同的单词，而且表现出结构上的变化和差异，那么用来进行这种分析的工具就必须对词汇和语法方面的变化和区别非常敏感。故而，这些分析工具也应该能适用于分析"更为世人熟知的各种结构形式"，亦即能够用于分析那些过去被处理为词典加语法模型中语法部分里的全部内容，这也就是 Fillmore 等人观点的首要问题。现在，要描写语言知识所需要的就只剩下构式库，而不是词典加语法。至关重要的是，这就意味着，就好像手术之后，主刀医生们都惊讶地注视着接下来所发生的事情：被切除的附录从手术台上站起来，向手术室里的每一个人表示感谢，然后走出了医院，这一切都是它自己完成的。

迄今为止，本章对语言知识展开了相当宽泛的讨论，尚未涉及的一个问题就是，构式究竟是什么，我们对此还没有给出更为详尽的阐释。在接下来的几个小节中，我们就来重点讨论这个问题。

1.2 何为构式？

construction 一词不光在构式语法中使用，几乎所有和语言相关的研究领域都用到这个词。所以，construction 是什么，你可能已经有了一些了解，不过你的这些了解可能与本书所讨论的 construction 的含义不完全一致。在教科书中，construction 的典型意义是指具有某种语法功能的复杂语言形式（译者注：在中国大陆，传统上将其译为"结构"），比如"被动结构"（PASSIVE construction，"The village was destroyed"）、"祈使结构"（IMPERATIVE construction，"Go to your room and stay there"）和"过去完成体结构"（PAST PERFECT construction，"I had already heard the news"）等等。前几个小节中讨论过的习语表达形式用例似乎说明，construction 的这个用法跟构式语法里的用法有一定的相似之处，读者可能会想，construction 的上述用法就是更加宽泛一些，它不仅包括像过去完成体这样的语法类结构，而且还包括习语和单词。这个臆测确实好，但有关的理解缺失了一个重要的内容。我们回想一下，前面说，构式语法是描写语言知识的一种理论，所以，构式首先都是跟认知有关的，也就是说，关乎说话人所掌握的某个语言知识。说得更具体一些，我们可以说，construction 是人们在他们所接触到的大量语言形式的基础上作出的一种概括（a generalisation）。我们再来看一看"比较共变构式"（COMPARATIVE CORRELATIVE construction）的一些具体用例：

(5) the more, the merrier
the bigger, the better
the redder, the deadlier
the younger, the messier
The darker the roast, the stronger the taste.
The larger the company, the worse is the service.
The stronger a voice we have, the more effective we are.
The more that Mrs Bell reflected upon the subject, the more at a loss she was.
The less he knows, the better.

The more carefully you do your work, the easier it will get.

正如前面讨论中所指出的那样,在所能容纳的词条方面以及能够例示该结构的语法单位方面,该构式表现出极大的差异。然而,你很可能也赞同我们的观点,即就其所能进入的共同结构性模式而言,上述所有的例子都"一样",因为它们属于共同的构式性模式或模型(a common constructional pattern)。若你对此表示赞同,这就足以证明你的语言经验能让你从类似上述诸例的句子之间所存在的一个一个的差别之中进行抽象,并进而形成一个概括形式。构式语法学家们在讨论"比较共变构式"的时候所说的"构式",就是指这个概括形式。

1.2.1 界定构式:初次尝试

前面的讨论已经提到了构式具有的一些特征,不过并没有为这个术语提出一个令人满意的定义,以便让我们在观察语言使用情况的时候能识别出此类构式。Adele E. Goldberg(1995:4)对构式有一个界定,引用广泛,表述如下:

> 当且仅当 C 是一个形式—意义匹配对应体 $<F_i, S_i>$,且该匹配对应体的形式或意义的某些方面不能通过 C 的组成成分或者其他先前已知结构形式而完全预测出来,那么 C 就是构式。
>
> (C is a CONSTRUCTION iff$_{def}$ C is a form-meaning pair $<F_i, S_i>$ such that some aspect of F_i or some aspect of S_i is not strictly predictable from C's component parts or from other previously established constructions.)

这个界定抓住了三个要点。其一,构式将语言形式和语言意义对应匹配起来(上述界定中,F 代表 form,即形式,S 代表 semantics,即意义)。其二,正因为它是一个形式—意义匹配对应体,构式就是一个知识单位,而不是那种可以不需要联系说话人的语言知识就能描写清楚的形式。其三,该界定引入了一个我们迄今为止还没有明确提及的标准,亦即构式的不可预测性的标准。也就是说，作为形式—意义匹配对应体，构式的形式或者意义的某个方面不可预测。这是什么意思呢？就意义而言，该界定抓住了习语共同具有的一个特点，那就是，对整个习语的解读不仅仅就是把构成该习语的各个单词的意义加起来，构式的意义也不仅仅是组成构式的各单词的意义的叠加组合。试看下面的习语，它们都含有非组构性（non-compositional）意义，因此也都含有不可预测的意义：

（6）We're back to square one.（我们又要从头开始了。）
Will and Jenny finally tied the knot.（Will 和 Jenny 终于喜结良缘。）
His theory is totally off the mark.（他的理论完全不靠谱。）
Let's call it a day.（今天就到此为止吧。）

非组构意义可能是识别构式时使用得最广泛的诊断标准，但请注意，上述界定并非仅仅谈到构式不可预测性的意义，如果形式方面也有不可预测性，据此也能识别构式。如果一个结构形式并不例示一个更具一般性的形式模式，比如说某个特定句型或者形态图式（sentence type or a morphological schema），那它就是不可预测的。下面这些例子说明，习语可以有不可预测的形式：

（7）all of a sudden（突然；冷不防；出乎意料地）
by and large（大体上；总的来说；一般来讲）
the more, the merrier（越多越爽）
Try as I might, I just couldn't grasp the principle.（我虽已尽力，但还是理解不了该原则。）
How big an area are we talking about?（我们讨论的范围有多大？）
I have waited many a day for this to happen.（我为这一刻已经等待好多天了。）

这些例子都违背了典型的短语结构规则，而依据此类规则，可以构建诸如 the large sandwich with egg salad 这一类短语的结构。其实，上述有些用例中，每一个构件单词（component word）的词性甚至都不能确定。比如，all of a sudden 中的 sudden，我们应该将之归入哪一个词类呢？by and large 中的 by 是介词吗？如果是，它后面怎么没有跟上名词性成分（如 by the lake），或者至少跟另一个介词并列起来（如 made by and for dog-owners）？有些例子里面，其组成部分很容易识别，不过它们的词序似乎背离了常见的句法模式。例如，没有哪一个一般性短语结构规则能让说话人认为 many a day 是惯用的英语表达。通常情况下，many 和复数名词连用，或者其自身就用作代名词。在这些情况下，many 可以用 few 来替代，但这一规则却不适用于 many a day。Fillmore 等人（1988：506—510）就讨论了这些类型的例子，他们写到，"构件成分熟悉，但其组织方式陌生"（familiarly pieces, unfamiliarly arranged）和"构件成分陌生，其组织方式也陌生"（unfamiliar pieces, unfamiliarly arranged）。有关习语的教学类著述中，这两类结构常常被拿来作简单比较，讨论的重点就放在像 set the record straight（弄清问题真相；纠正误解）、tie up loose ends（处理细枝末节问题；完成收尾的工作）、show someone the ropes（传授秘诀；告知窍门）这样的表达形式上。其实你也能注意到，这些习语表达确实也有非组构性意义，但是形式上它们却是"构件成分熟悉，其组织方式也熟悉"，也就是说，它们的形式谈不上什么习语性，只是意义有习语性。

有了上面的这些观察和了解，我们现在就可以对语言材料进行观察和认定，看看哪些表达形式够得上标准，是否可以算作构式。既然 Goldberg（1995）的定义中提出的一个标准是其形式或者意义的不可预测性，对那些既有语义组构性、其形式又是根据一般性短语结构规则或者构词法而形成的语言表达形式，我们就有理由把它们统统排除掉。例如：

(8) John enjoys playing the piano.
    Strawberries are more expensive than apples.
    I wonder why he keeps wearing that hat.
    Harvey's taunting of the bear was merciless.

说这些例句不是构式当然会引发人们的疑问，那它们还可能会是什么呢？而且人们可能还会问，构式语法理论的建立不是有这样一个前提吗：关于语言的知识其实就是关于构式的知识，除此之外再无其他。现在又作出判断，说某个语言表达形式不是构式，这样的话，上述主张如何与这一判断统一起来呢？其实，我们说"John enjoys playing the piano"不是构式，真正想要表达的意思是说，这个具体的例句本身并不是构式，理由是：其一，整句的意义完全可以从其各个组成部分的意义之中推导出来。其二，整句的结构完全可以依据英语中已存已知的那些构式而得到解释。因此说，该句例示了好几个更具一般性的构式，最基础、最常见的就是"主语＋述谓结构"（SUBJECT PREDICATE）构式，例示该构式的句子都表现为做主语的名词短语加上做谓语的动词短语。说得更具体一点，前述句子例释了（exemplify）单及物构式（TRANSITIVE construction），该构式把像 enjoy 这样的动词同充任句子直接宾语的结构对应匹配起来。在"John enjoys playing the piano"一句中，宾语不是名词，而是一个分词小句，这说明，这个句子还例示了"分词-ing 小句构式"（PARTICIPIAL-ing CLAUSE construction）。在这个分词小句中，我们又找到了单及物构式的例子，因为 the piano 是动词 playing 的直接宾语。其三，短语 the piano 例示了"限定性名词短语构式"（DEFINITE NOUN PHRASE construction）。总之，说某个具体的句子不是构式，等于就是说该句的每一个组成部分都可以用更具一般性的构式来分析。针对这些本身并不能算作构式的语言表达形式，甚至还专门有个术语用于指代它们，即"构例"（constructs），它是指例示了更具一般性构式的那些短语和句子。如果对这个术语作少许思考，你会注意到 by and large 算作构式，因为它没有例示较其本身更具一般性的任何构式。all of a sudden 也与之情况相同。然而，句子"I have waited many a day for this to happen"中的短语 many a day 算作构例，因为它例示了一个更为一般和普遍的模式，即"MANY A＋名词构式"（MANY A NOUN construction），从这个构式还可以衍生出 many a time，many an Englishman 等短语。因此，构式和构例之间的差别就是一个抽象概括和具体体现者之间的差别，前者是抽象的类，后者是表征抽象类的实例。你或可记住一条经验法则（rule of thumb），即构式相对更抽象，而构例相对更具体。这条普遍性法则你肯定会用得上。不过，我们也要注意到，像 by and large 和 all of a sudden 这样的表达模式虽说是构式，但也并不比它们的例示实例更抽象，因为对这样的模式来说，构例，亦即语言使用中出现的那些实际表现形式，与其表征或体现的构式拥有完全相同的语言形式。

1.2.2 界定构式：跨越不可预测性

形式或意义的不可预测性标准是识别构式的具有高度解释力的诊断特征。如果一个表达形式的意义不能从其各组成部分的意义之中推断出来，那就毫无疑问地得出结论，即人们必须得把这个表达形式本身当作一个形式—意义匹配对应体来学习，换言之，它就是构式。

然而，当今构式语法的很多研究者大多已经摈弃了这样一个理念，即某些表达形式若要算作构式，那么不可预测性就必须是其必要条件。作出如此判断的理由就是，有很多表达形式在语义和结构形式上都是透明的，可它们似乎仍然算得上构式。比如下面的一组表达：

(9) I love you.
　　I don't know.
　　Take a seat!
　　Can I ask you something?
　　How has your day been?

读者也会认为，上述这些表达形式都必须视为构例，因为它们都例示了非常具有普遍性的那些句法模式，比如"I love you"一句例示了单及物构式的最基本的形式，"I don't know"一句则例示了"DO 否定构式"（NEGATION WITH DO construction），等等。不过，尽管这些例句结构上都是透明的，语义也可以从组构特征方面来推知，我们还是有理由把这些表达形式看作是构式，这个理由就是，上述这些表达形式都是描写和表达事物的时候高频使用且高度规约化的形式。比如"How has your day been"这个问句，其字面的意思是问某人某天过得怎么样，但请注意，这样问，同"Of what quality has your day been"的问法是大不相同的，后句似乎是前句的一个粗略释义，但它却不能用来开启一段简短闲谈的会话。所以说，有一些表达形式可能从表面上看像是构例，但经过不断重复使用之后，它们已经变成了适用于某个特定交际情景的默认表达选项。Taylor（2012：100）给出的一个此类典型用例就是"How old are you"，在询问谈话人年龄时，就不能用"How long ago were you born"来替代它。如果你精通英语，对此你必然熟知，因此，此类知识需要以构式的形式来表征。语言知识不仅仅只包括能理解一切话语，至关重要的一点，是它还包括能进行地道的表达。为了将语言知识的这个重要方面涵括进来，Adele E. Goldberg（2006：5）对她早期提出的构式定义作了修正，如下：

> 任何一个语言模式，只要它的形式或功能的某个方面不能通过其组成各部分或业已认定和存在的结构中完全预测出来，就应视为构式。此外，有些模式即使可以被完全预测出来，但只要它们有足够高的使用频率，那也是作为构式而存储的。
>
> （Any linguistic pattern is recognized as a construction as long as some aspect of its form or function is not strictly predictable from its component parts or from other constructions recognized to exist. In addition, patterns are stored as constructions even if they are fully predictable as long as they occur with sufficient frequency.）

不难看到，该定义中的第一句话是一个优先界定，即有不可预测性特点的结构仍应界定为构式。但其第二句话扩大了界定范围，将使用频率足够高而被当作构式记忆的那些形式也囊括进来。这些表达形式包括句子层面的，如"How old are you"和"I don't know"，但关键是，它还包括有屈折形式的单词形式，如cats, walked, easier。根据语言知识的"词典加语法模式"，这些表达形式是不会以该形式被记忆存储的，而且根据 Goldberg 较早时期的定义，这些形式则会被视为"复数构式"（PLURAL construction）、"过去时构式"（PAST TENSE construction）以及"形态型比较构式"（MORPHOLOGICAL COMPARATIVE construction）的构例。简言之，如果你知道单词 cat，也知道它的复数形式如何构成，那么从技术上讲，你就没必要去记忆它的复数形式 cats 了。然而，形式上规则但使用频繁的表达形式是存储于构式库中的，这一个观点不仅在理论上站得住脚，而且从很多心理语言学研究中也获得了实证支持（详参 Stemberger & MacWhinney，1988；Arnon & Snider，2010）。本书后面的章节将讨论支持构式语法理论的心理语言学证据。

1.3 识别构式

手里有了构式的定义，我们现在就可以对语言材料进行分析，以便能找寻和识别出各种构式。想一想你都有什么爱好——构式语法的很多研究者都是真真正正的语言爱好者，他们最大的人生乐趣莫过于找寻出一个有特殊不可预测特征的构式，而且最好是前人从未研究过的那些构式。偶尔，有些构式语法的研究者甚至也会承认他们喜欢"招蜂引蝶"（butterfly collecting）（见 Hilferty，2003：49），可是他们常常又会加上一句，说他们努力的终极目标是找出各种各样的概括形式。找构式是实践性较强的活动，尽管有些人似乎具有察觉语法怪相（grammatical oddities）的天赋。本节就讨论一些对区分和识别构式有用的策略。

1.3.1 这个说法是否偏离了典型模式？

第一个策略跟 Goldberg 的不可预测性标准相关，特别是与该标准的形式方面内容相关。如果一个语言表达形式表现出的一些形式特征偏离了更具典型性（译者注：即 canonical，有时也译为"一般性""最常见""最普遍的"等等）的语法模式，那么你就有理由说这个表达形式是一个构式。对典型模式的形式上的偏离可以用几种方法来识别。以 by and large 这个表达形式为例，人们初步的印象就是这个短语包含了一个介词、一个连词和一个形容词，并以该顺序排列，这在英语语法里是与众不同的。诚然，我们也可以在一些短语里看到同样词性的单词以同样顺序排列，比如 acquainted with and supportive of the school aims（了解并支持校方宗旨），但必须注意，其中的 with and supportive 并不构成该短语的一个独立组成成分。另一条证据就是，如果短语 by and large 中的 large 用同义形容词 big 来替换，那么这个短语就会变得完全不能解读了。总的来看，这些证据让我们得出这样一个结论，即世上并不存在一个更具普遍性的概括形式能让人们产出或者理解 by and large 这个说法。各位读者来看看下面的例子，你们来想想上面这个逻辑是否也适用其中：

(10) There was cat all over the road.
　　The tractor was driven by a 16 year old boy.
　　John is best friends with Eddie Murphy.

例（10）中第一句说的是一只猫遭遇了车祸，结果很不幸，这句可能是最容易分析的。在多数情况下，cat 这一词条都是个可数名词，在上例中，cat 在结构上表现为一个集合名词。构式中如果有可数名词用如集合名词的情形，那么该构式很贴切地被称为"打磨构式"（GRINDING construction，见 Fillmore et al., 2011）。上例中有两个结构性特征值得推敲。其一，cat 没有和限定词连用；其二，若用如集合名词，cat 是不允许用复数形式的。若是在 "There were cats all over the road" 一句中，cats 就只能作可数名词理解，也就是指许多毫发无损的猫科动物占据了公路。再来看第二个例句。句尾的名词短语 a 16 year old boy 所例示的构式可以称作"度量语修饰构式"（MEASUREMENT AS MODIFIER construction），其中可见的显著特征就是名词 year 是单数形式，尽管有人认为应该用其复数形式，因为那个男孩是 16 岁。这个特征具有系统性，还能见于类似 a twelve-inch-thick wall 或 a six foot-tall athlete 的表达形式。第三个例句表达了 John 和 Eddie Murphy 之间的相互关系，即二人是最要好的朋友。该句在结构上最显著的特点就是，主语 John 是单数形式，但主语补语是复数形式的 best friends。在典型的表语结构（predicative constructions）中，主语和主语补语必须保持数的一致，比如 John is a doctor 或者 They might be giants。此处也请注意，和典型表语结构不同的是，这个"相互性表语构式"（RECIPROCAL PREDICATIVE construction）要求使用一个介词短语，如 with Eddie Murphy。总的来说，纵使形式的不可预测性不是识别构式的一个必要标准，但找到形式上的特异点（formal idiosyncrasies）也能为识别构式提供强有力的证据。

1.3.2 这个说法是否有非组构性意义？

有助于找寻和识别构式的第二个策略和 Goldberg 的不可预测意义的标准有关。听者能否通过将一句话的各组成部分的意义总和相加而想明白整句话的意义？或者说，整句话是否表达了想不明白的、其他额外的意义？如果一句话的意义"不止于其各组成部分意义之总和"，那就有理由说它是构式。非组构性意义在"get your act together""make waves""call the shots"等习语中是显而易见的，学英语的二语学习者可能知道组成这些习语的所有单词的意义，但他们也不能据此就能得出这些习语的整体意义。在前面各小节中，我们讨论过一些表达法，它们可能并不像修辞格那样突显（salient），但是都表达了非组构性意义，比如 in winter 表示"一般意义上的'在冬季'"，"How has your day been"是用来打开话匣子、开始一段聊天会话的惯用方式。学英语的二语学习者要理解这些可能不难，可事先他们可能无从知道，这些说法是表达上述相关意义的典型、地道的方式。要想找到语言表达的非组构性意义，从根本上讲，就要求你要"装傻充愣"（play dumb），对那些依据整句的各组成部分的意义仍不能想明白的任何东西，都假装不要去想。我们来看看下面的几个例子，先来练练手：

(11) During the game John broke a finger.（比赛中约翰断了一根手指。）

The result was not much of a surprise.（结果并不令人

惊讶。）

The Royal Shakespeare Company is a tough act to follow.（皇家莎士比亚剧团的演出水准是很难跟得上的。）

第一个例句表达的是约翰遭遇了一次事故，导致他断了一根手指。关键是，他没有弄断别人的手指，即使该句中全部的单词都没有任何东西来排除上述解读。第二句中，短语"not much of a surprise"所指的并不是"一点吃惊"（a small part of a surprise），或者说其他什么意思，它表达的意思是"一点都不吃惊"（no surprise at all）。Taylor（2012：60）称之为"（NOT）MUCH OF A＋名词"构式，并指出它的一些结构和语义特征。最后一个例句可能比前两个要更复杂一些。它其实是所谓"TOUGH-提升"构式（TOUGH-RAISING construction，见 Langacker, 1995）的一个特例。像 tough，difficult 或 hard 这样的形容词出现在像"Proust is tough to read"这样的句子里，表达"读普鲁斯特的文学作品"（reading Proust）这件事具有"困难"的特征，而不是作家"普鲁斯特"本人具有"困难"的特征。学英语的二语学习者或许会以为，在上例中，皇家莎士比亚剧团并非代表了"晦涩难懂的舞台演出"（译者注："tough act"有歧义，也可理解为"晦涩难懂的一幕""硬派动作，强硬行动"等），可实际上，该句的意思是，要跟上皇家莎士比亚剧团的演出水准是一个很大的挑战。

至此，我们需要引入一个概念，这个概念对构式的非组构意义特征来说至关重要，那就是"压制"（coercion），它指的是这样一种现象，即某个词条的意义可以根据它所在的构式语境的不同而出现系统性变化。Laura Michaelis（2004：25）提出的一条压制原则（principle of coercion）说明了这个问题：

如果某词条在语义上与其形态—句法语境不相容，则该词条的意义与其所嵌入结构的意义相一致。

(If a lexical item is semantically incompatible with its morphosyntactic context, the meaning of the lexical item conforms to the meaning of the structure in which it is embedded.）

这句话的意思是，构式的意义可能凌驾于每个单词的意义之上，因此而产生出非组构性的构式意义。这里所说的"形态—句法语境"就是某词条所在的构式，所以说，它有对该词条的某些语义特征进行改变或抑制的能力。一旦发现词义在构式语境中发生了改变，我们就称之为压制效应（coercion effects）。从下列例句可见压制原则在起作用：

(12) Three beers please!（来三份啤酒！）
John sauced the pizza.（John 在皮萨上抹了酱汁儿。）
Frank played the piano to pieces.（Frank 把钢琴弹散了架。）

第一个例句跟前面例句"There was cat all over the road"的表达形式正好相反，名词 beer 一般用作集合名词，因此它在语义上与其屈折性复数形式以及数词 three 不相容。所以说，beer 所在的形态—句法语境赋予其一个有别于该词默认意义的解读：此时它不是用作集合名词，在该例中它指的是三个单位装的啤酒，例如瓶装或玻璃杯装的。像这样把集合名词用如可数名词的构式，本书也会讨论，称为"个体化构式"（INDIVIDUATION construction）。再来看第二个例句，其中的名词 sauce（酱汁儿）被用作动词，整句表达的意思是：John 把酱汁儿抹在皮萨上。这个意义不能从组成该句的一个个单词的意义中得出。二语学习者对该句可能会有不同的解读，比如他们可能以为是 John 把一片皮萨浸到了酱汁儿里，或是 John 用大功率搅拌器把皮萨弄成了浓稠的、令人倒胃口的酱汁儿。可是与此不同的是，通晓英语的人能正确理解该句的本义，因为他们的语言知识里有一个"单及物构式"的子类型（subpattern），该类型含名转动词（denominal verbs），而名转动词用法可见于 pepper the steak, butter the toast 及 egg and breadcrumb the fish 等。有关构式对 pepper, butter, egg 和 breadcrumb 的词汇义进行了压制，使它们表达"（将某物质）涂抹在表层"的意义，这就极大地丰富了语义表达的内容。

最后来看第三个例句，该句例示了英语的"动作-结果构式"（RESULTATIVE construction，译者注：一般简称为动结式），所表达的意思是：Frank 弹奏钢琴，用力过猛，钢琴最后因此破碎了。play 的词汇意义确实和某个被奏响的乐器相关，但它并不包含该乐器可能发生了状态变化。正是动结构式的形态-句法语境对 play 的词义形成压制，使之能表达"通过弹奏而造成某种状态变化"之意。压制效应之显著，还可见于类似"John sneezed the napkin off the table"（John 一个喷嚏把餐巾纸喷离了餐桌）或"She smiled herself an upgrade"（她靠微笑让自己升了职）的句子，这就给"构式是有意义的象征性单位"的观点提供了强有力的证据。毕竟，上述例子中动词意义仅可能的另一种解释是：sneeze 或 smile 有内容非常具体的从属性意义，即"通过打喷嚏的方式致使某人或物沿着某路径移动"或"通过微笑的方式致使某物在施事和接受者之间发生转移交接"。Goldberg（1995：9）指出，构式语法认为没有必要去为动词设置此类似乎不合情理的意义。在语言知识的"词典加语法模式"下，不会有第二种解释方案。

1.3.3 这句话有什么特别的限制条件吗？

迄今为止，我们已经讨论了用于找寻和识别构式的两种策略，也就是寻找形式方面的不可预测的特征，或者寻找非组构性意义。本节讨论第三种策略，它和构式的形式和意义都相关。假设我们看到这样一句话，"The dog over there is asleep"，乍一看，它似乎完全没有什么特别之处。结构上，这个句子的每个组成部分都可以看作是例示了英语语法中更具一般性的结构，比如，the dog over there 例示了"限定性名词短语构式"（DEFINITE NOUN PHRASE construction），它融进了一个介词短语，和 the book on the table 并无两样。而整句话例示了"表语构式"（PREDICATIVE construction），从这个构式也可以衍生出"The book on the table is new"一类的句子。除此之外，这句话还有一些特征使得我们必须对它进行构式语法的分析。我们现在就来揭开其中的秘密。asleep 属于英语中有特别限制条件的一类形容词，它们不能作为定语性修饰词使用。你可以说 an interesting book，但英语语法不允许你说 * the asleep dog。显然，这一类限定条件，学英语的人必须学到，而且有证据显示，语言学习者非常注意像 asleep 这样的词出现在什么语境中，没出现在什么语境中（详参 Boyd & Goldberg, 2011）。不管怎么说，对 asleep 之类的形容词的句法位置的限制条件，其本身也是语言知识的一部分，因此它应该被计入构式库。下面的一些例句表明，有些限制条件对英语的其他构式也产生影响：

(13) I brought John a glass of water.
  * I brought the table a glass of water.

  Mary is a smarter lawyer than John.
  * Mary is the smarter lawyer than John.

  She elbowed her way through the room.
  * She elbowed her way.

  I have long known your father.
  * I have long read this book.

第一组例句体现了英语"双及物构式"（DITRANSITIVE construction）所受的一个限制，就是，如果涉及的是实际物品的转移交接，接受者论元的所指必须是有生的（animate）。如果是双及物构式的隐喻性表达，例如"Give the table a good scrub"，该限制条件会变得宽松。请注意，这是语义上的限制，而不是形式上的限制。第二组例句说明的是"程度标志成分构式"（DEGREE MARKER construction）所受的一个限制，如例所示，该限制关乎限定性，只有使用不定冠词的那一句才是可接受的。第三组例句讲的是"WAY 构式"（WAY construction，详参 Goldberg, 1995）。当代英语中，该构式要求使用一个表示路径的论元，此例中即 through the room。但据 Israel (1996) 的历时考察，情况并非总是如此："WAY 构式"中曾经可以不出现表路径的论元，但随着使用该论元的用法频率不断增高，一个限制条件就形成了，对当代英语者来说，这个条件是确信无疑的，它使得该组例句中的第二句变得不合语法规范。最后一组例句中，long 用作副词，表达"好长时间（for a long time）"的意思。一方面虽然可以假想，体现为"I have V-ed NP for a long time"结构的所有句子都可以被转释成"I have long V-ed NP"，但实际上该组例句中的第二句又是不可接受的，这表明情况并非如此。"HAVE LONG V-ed 构式"是受到一定限制的，了解这一点，也是英语使用者语言知识的一部分。

找出构式使用时所受到的一些特别的限制，可不像识别构式形式方面的不可预测性特征或者非组构性意义那样简单直接，这主要是因为，在语料库中找到诸如"The dog over there is asleep"或者"I have long known your father"之类的句子，这些句子也并不会告诉你可能影响它们表达的任何限制。用乔姆斯基的话来说，"语料库绝对不会告诉你什么是不可能的。其实，它甚至也不会告诉你什么是可能的。"（Aarts，2000：6）。和乔姆斯基的观点相反的是，如果运用定量分析工具的话，语料库就既能告诉你什么是可能的，也能告诉你什么是不可能的（详参 Stefanowitsch，2008、2011；Goldberg，2011）。不过，乔姆斯基所说的如果改一改的话，也会有一定的道理："单个孤立的用例绝不会告诉你什么是不可能的。其实，它甚至也不会告诉你什么是可能的。"所以，如果真是那样的话，我们该如何区分何谓可能和不可能呢？长久以来，语言学家们解决这个问题的办法就是自拟句子，然后根据自己的语感来判断这些句子是否合法。将使用语感（linguistic intuitions）来作为寻找搜集证据的唯一方法，这从方法论上来说是有很大问题的（Schütze，1996），而且对本书的非英语本族语的读者们来说，这样做甚至不具有可行性。然而，将语感妖魔化也是错误的。实际上，在分析那些特别的限制条件的时候，我们还必须借助语感，不过，那也只是手段和方法的一部分。关于如何分析构式及其受限条件，我推荐的方法是，使用语感来自拟例句，然后比照大型语料库来验察上述例句，比如 Mark Davies 所建的系列语料库，在因特网上都是免费使用的（例如 Davies，2010）。如果你在语料库分析方面经验有限，那么读一读 Lindquist（2009）的著述是一个绝佳选择。第一步，想一想,像例(14)中各句所示的这些构式都受到哪些限制。首先,找一些和例句完全一致的句子,最多也就只是变一变具体词条;然后,确定各句之中每个组成成分的词性;接着把它们的某些形式特征变一变,看看其结果是不是表明有条件限制:

(14) Most at risk are the very young and the elderly.
I check my email once every ten minutes.
I'm willing to go thermonuclear war on this.

即使刚开始你的语感并不能帮助你作出"正确的"预见,知道哪些在语料库中能够找到,哪些找不到,但是很可能你会更加清楚地了解每个构式是如何使用的,其中又有哪些限制条件在起限制作用。

1.3.4 这句话是否有搭配上的偏好?

还有一个用于识别构式的策略需要讨论。即使一句话看上去形式规则、意义透明,句法表现上也没有明显可见的限制,其本身仍可能是一个构式,而不是例示了一个更具一般性的模式,试以下句为例:

(15) I will call you tomorrow morning.

这个句子是英语中"WILL-将来时构式"(WILL FUTURE construction)的一个表现实例。下面我们花点时间来思考这样一个问题:如果我们可以认定某个含有助动词 will、之后又紧跟一个不定式动词短语的句子层面上的结构就是一个构式,那我们的依据是什么?显然,各派教学语法也都称之为 construction,但这个 construction 是否同我们在前面几个小节里所确立的构式定义和标准是一致的呢?基于不可预测性的结构性标准的主张似乎并不适用,因为存在一个更具一般性的模式,根据该模式,助动词可以同不定式的动词性补语结构连用。同样,基于非组构性意义标准的主张对我们来说也是于事无补:例(15)中句子的整体意义显然可以从其组成部分的一个个单词的意义中想得出来,对 will 一词,我们可以查阅《古英语词典》(OED),并采纳如下定义:"表示将来时态的助词,暗含意图或意愿义。"(见 OED:will, v.,11)那我们能不能找出限制条件呢?看起来,will 可以相当自由地和不定式动词连用。所以,我们不得不承认,我们分析的这个结构是一个构例(construct),它例示的构式或可称为"助词＋不定式"构式(AUXILIARY PLUS INFINITIVE construction)。

然而,有证据表明,它可以是另外一种情况。尽管从技术上讲,will 可以和英语中几乎所有的动词连用,来自语料库的数据却表明 will 和有些动词共现的频率更高。或许你会说,假定某些动词本身就使用频繁,如 be,而另外一些动词使用本就不多,如 procrastinate,那就不是很正常了吗?这当然也是对的!但是,如果你比照一下 be, procrastinate, arrive, eat, copy, argue 以及其他所有和 will 连用的动词各自的频率,你会发现有些动词的共现频率出乎意料地更高,而另外一些动词的共现频率则出乎意料地更低。Gries & Stefanowitsch(2004a)分析了 will 和 be going to 的搭配偏好,结果发现,这两个表达将来时的形式在与其共现的动词类型方面呈现出显著的偏好差异。Hilpert(2008)重述了他们的核心研究发现,即 be going to 更倾向于和具有施事性、瞬时义特征的动词以及高及物性动词(agentive, punctual, and high in transitivity)共现,相反,will 更倾向于和非施事性、持续义(durative)动词以及低及物性动词共现。Gries et al.(2005)给出了实验所得的证据,发现说话人对构式及其典型搭配成分之间的关系高度敏感。结果研究人员发现,构式库对语言使用信息的存储非常详尽,其中就包括语言单位之间组合方式的大量信息。因此,我们可以打包票说,"Will＋不定式"结构是一个构式(WILL PLUS INFINITIVE construction)。至于构式是否有搭配上的偏好,要回答这个问题,可以根据语料库数据来计算相对频率(relative frequency)。Stefanowitsch & Gries(2003)提出了一个很好的方法来进行这种计算,叫作"搭配性结构分析"(collostructional analysis),它在很多英语构式的分析中得到了普遍应用(详参 Gries & Stefanowitsch, 2004; Gries & Wulff, 2005; Hilpert, 2006; Stefanowitsch, 2006,等等)。

1.4 总结语

本章我们提出了这么一个问题：说人们知晓一门语言，比如说英语，那么它们应该知晓什么东西呢？常识告诉我们，语言知识由几种不同的知识构成。在语言学领域，这种思想促成了关于语言知识的所谓"词典加语法模式"的兴起（见 Taylor, 2012），这种模式将词汇知识和语法知识作截然区分。构式语法理论则选取了一个与之大相径庭的研究视角，主张语言知识应该构建为构式知识，除此之外别无其他。采用构式语法的研究路子主要有如下一些理由：首先，根据观察可知，习语性表达完全渗透在日常言语中，把所有的习语性表达作为心理词库（mental lexicon）的附录收录进来，那么该附录的规模会急速膨胀。不过第二点问题更大，很多习语都不能归结为固定的词串，并以词串的形式被记忆和表征。而实际情况是，习语表达形式有诸多能够容纳不同词条和不同语法结构体的空槽。再者，很多习语表达形式明显都具有能产性。这样，人们才可以生成全新的、原创的语言表达。综合上述观察，我们可以得出一个总结论，即包含单词知识的心理词库和包含规则知识的心理语法这两者之间的界限变得越来越模糊。基于上述认识，构式语法学家们主张将它们全盘摈弃，而认为应该把语言知识视为由许多构式组成的一个大规模清单，即构式库（construct-i-con）。

从这个角度看，构式被界定为说话人通过内化而得出的对语言的概括形式。具体来说，本书所采纳的定义是把构式视为形式与意义的匹配对应体，这些匹配对应体或是有不可预测的形式特征，或者非组构性意义，或是因为有足够高的使用频率而以其整体形式被人们记住（详参 Goldberg, 2006: 5）。

此外，本章还讨论了用于识别构式的四条策略。第一条策略是找到某表达形式偏离于更典型语言模式的那些结构性特征；第二条是依据非组构性意义来识别构式；第三条，有些特异性限制条件涉及到形式或意义，它们也是用来识别构式的一个高效和灵活的验察手段；第四条，我们提出，即使使用前三条策略都不能断定某个表达形式是不是构式，还可以对其进行搭配性偏好分析，这样也可能搞清楚该表达形式是否具有构式地位。

1.5 后面几章的内容概要

本章主要旨在为本书读者提供一个构式语法研究内容概览，在接下来的几章里，上述概览就会陆续展开和充实，以便对很多开放性问题进行讨论，而这些问题可能现在就在你的脑子里。那么后面我们会讨论什么内容呢？这可以分为两大部分：从第 2 章到第 5 章，我们会讨论构式语法理论中的一些核心概念，以便让读者熟悉它们，我们将会描写大量的构式，向读者展示如何应用上述概念来进行描写。具体说来，第 2 章讨论"论元结构构式"（argument structure constructions），第 3 章讨论"抽象短语和小句①构式"（abstract phrasal and clausal constructions），第 4 章讨论"形态构式"（morphological constructions），第 5 章讨论"信息包装构式"（information packaging constructions）。因此，这将会是一场游览英语语法的盛大之旅。在这场旅行中，我们还会在某些多多少少似曾相识的地方稍作停留，但我敢保证，在这些地方我们也会以新的眼光来游览。本书的第二大部分包括第 6 章到第 8 章，讨论重点是构式语法和语言研究的其他一些领域的某些（重合）界面（interfaces）。构式语法作为一个语言理论之所以有吸引力，尤为重要的一点就是，因为它和你可能感兴趣的许多研究领域都联系起来，这一点确实大有裨益。我们将会在第 6 章讨论心理语言学领域中的构式研究，第 7 章讨论语言习得研究，第 8 章讨论语言变异和演变。最后一章是结论，将会对全书的要点

---

① 译者注：关于 clause 的译名，一直没有规范和统一。较为传统和现代的称名一般有"从句、子句、分句、小句"等等，一般认为小于句子但大于短语、词或语素的语法结构单位就是 clause，一种传统分类方法是把 clause 又分成主句（main clause）和从句（subordinate clause）。译者在本书译文中多数情况下使用了"小句"译名，如果涉及到主、从句对立或对举的情况，就会使用"从句"译名，但也会根据习惯和个人偏好，对某个特定句法结构的译名作专门处理，比如"关系分句"。对此，特提醒读者了解和鉴别。

进行串并总合，为读者今后的研究提供一些具体的建议。

思考题
1. 什么是语言知识的词典加语法模式？
2. 什么是构式库？
3. 构式是如何界定的？
4. 摈弃把不可预测性作为构式定义性标准的做法，其原因有哪些？
5. 构式和构例之间的区别是什么？
6. 你可以用哪些策略来识别构式？
7. 所谓"压制"是什么意思？

延伸阅读

Adele E. Goldberg（1995，2006）对构式语法的相关研究极具影响力。Goldberg（2003）对构式语法进行了概括性介绍，这一篇可以作为读者进行延伸阅读的绝佳起点。本章所提出的所有问题，在《牛津构式语法手册》（*Oxford Handbook of Construction Grammar*，Hoffmann & Trousdale, 2013）一书中有更详细的讨论。同时，在此我也向读者朋友们真诚地推荐，在关于认知语言学的两部引介性专著中，各有一章关于构式语法的研究，即 Croft & Cruse（2004）和 Evans & Green（2006）。Fried & Ötman（2004）一书中的前两章为构式语法和形式化表征提供了很多知识背景方面的信息。Sag et al.（2003）也讨论了形式化表征的问题。关于构式语法的主要著作，Fillmore et al.（1998）和 Kay & Fillmore（1999）最值得一读。要读懂这些文章或论著虽然不易，但定会让你受益匪浅。

2　论元结构构式

2.1　分析"简单句"

我们在上一章指出,语言使用中习语性表达俯拾皆是,它们在形式和意义两方面具有特殊性。这一类结构形式在构式语法理论的许多经典研究中都有讨论,比如 Fillmore et al.（1988）主要讨论了像"I don't eat fish, let alone raw oysters"一类的句子。作为一个语言学理论,构式语法的核心研究对象和目的放在习语表达式上:如果说话人必须记忆大量特异性、半固定的结构性图式（constructional schemas）,那么语言知识的词典加语法模型就站不住脚。虽说习语如此重要,你可能会很惊讶地发现,构式语法理论最有影响的研究之一竟是讨论"简单句",乍一看,这样的句子在句法表现上似乎比 let alone 之类的构式还要更规则。在其《构式:论元结构的构式语法研究》一书中（*Constructions: A Construction Grammar Approach to Argument Structure*）,Adele Goldberg（1995）讨论了如下表达形式:

(1) Pat gave Bill a book.（Pat 给了 Bill 一本书。）
　　John threw the ball over the fence.（John 把球扔过了篱笆。）
　　Bob hammered the metal flat.（Bob 把那块金属锤打平整了。）

从表面上看,这些句子似乎并不符合界定构式的最重要的那些标准,因为不管是其形式或是意义,这些句子似乎并无任何反常之处。一个学英语的人,如果认识这些句子里所有的单词,那么理解句子的含义就不会有任何问题。不过，还是有很多证据表明，应该将这些句子视为一类特殊构式的体现用例，亦即"论元结构构式"（argument structure constructions）。本章就来讨论这些论元结构构式，同时也会解释此类构式在当今研究中持续引发密切关注的原因。

本章其余各小节安排如下：接下来的一节就术语"论元结构"作一介绍，并具体讨论它在语言知识的构式主义理论中所扮演的角色。随后的小节会讨论"增价构式"（valency-increasing constructions）的几个例子，亦即能给动词的事件结构增加论元的构式，这其中一个就是动结构式（RESULTATIVE construction），不过英语里还有其他不少增价构式。这之后的小节把重点放在相反的句法操作上，集中讨论减价构式（valency-decreasing constructions）。此类构式中，动词的事件结构中本有的一个角色受到"抑制"（suppressed），也就是说，没有得到显性表达。减价构式最显著的例子可能就是被动构式（PASSIVE construction）了。比如"Mistakes were made"一句中，动词 make 被被动化，犯错误的那个人并没有说清楚是谁。因此，被动构式通过抑制施事论元减少了动词 make 的价。本章中还会讨论与之有类似句法表现的其他几种构式。本章最后一小节讨论的是论元结构构式之间的关系，这其中会引入"句法变换"概念[①]（syntactic alternation）。

[①] 译者注：生成语法学家主张将 syntactic alternation 视为句法生成关系和现象的一个具体实例，因此在译名上有人倾向于使用"句法转换"，以彰显其生成语法性质和标签。然而认知学派的构式语法理论并不赞同这个主张，而是认为，syntactic alternation 过程中并不涉及所谓转换和生成的性质，读者可以从本书后文原著者的有关介绍和阐释中发现，syntactic alternation 涉及同一事件的不同视角的表达，有信息结构、话语篇章和交际功能等方面的复杂动因，还有用法上的各种限制条件；此外，作者还提供了不少实证研究方面的证据，包括儿童语言习得实验研究结果。因此，本书译者采用"句法变换"译名，相应地，后文的 dative alternation 就译为"与格变换"。

2.2 论元结构

"论元结构"一词所描述的现象常常指的是"价"。"价"一词借自化学,其本意是说明一个化学元素能和多少不同的原子结合而形成一个复杂的分子。各化学成分在这个特征方面是各不相同的。比如氢原子只能与其他一个原子结合,而碳元素可以和其他多个原子结合,从而形成更大的分子。语言中的单词可以同化学成分这一表现特征联系起来:例如动词 yawn 通常只和一个成分结合,即同它的主语结合("The cat yawned");而动词 send 典型地同三个成分结合在一起,即同其主语和两个宾语结合("Sylvia sent me a message")。价是动词最基本也是最重要的一个特征,但这一特征也适用于形容词和名词。例如,形容词 certain 可以和 that 小句("I'm certain that he left")或者不定式小句("John is certain to win the election")结合。名词如 fact, suspicion 也可以和 that 小句结合("the fact that he left""the suspicion that sausages contain dog meat")。因此,语言学中所说的论元结构和价的概念指的是指示行动、状态或事件的谓词(predicate)和各参与者或曰论元(arguments)[①]之间的关系。例如在"John threw the ball over the fence"一句中,动词形式 threw 是谓词,John, the ball 以及介词短语 over the fence 是其论元。所以说,论元不仅可以由名词性结构来表示,其他短语类型和小句也可以表示。

论元结构之所以是个不好处理的概念,是因为它可以从语义和句法两方面来解读。比如动词"吃"激起的场景(scene)联想涉及两个参与者:吃东西的人和被吃的东西,这就是"吃"的语义论元结构,有时也称"事件结构"(event structure)。为了说清事件结构,语言学家们用了一个新词,它区别于单个具体的动

---

① 译者注:arguments 一词在国内有关文献中也是有很多不同译名的,最常用的还是"论元",但是从事件结构和语义角色意义上讲,似乎"(命)题元"的称名更有道理。因此,将 thematic roles 译为"题元角色"。

词，具有抽象意味，描写的是各不相同的语义角色，有时也称为题元角色（thematic roles）。下面表 1 列举了 11 种常见的语义角色（见 Saeed, 2003: 153）：

表 2.1 题元角色

角色名称	定义	例句
施事（agent）	动作的发起者	**Pat** ate a waffle.
受事（patient）	经历了动作或状态改变的参与者	Pat ate a **waffle**.
客体（theme）	发生了运动位移的参与者	Pat threw **the rope** over.
历/经事（experiencer）	感觉了某种刺激的参与者	**Pat** heard a sound.
刺激体（stimulus）	被感知的参与者	Pat heard **a sound**.
受益者（beneficiary）	受益于某动作行为的参与者	Pat sang **for me**.
接受者（recipient）	接受某物的参与者	Pat gave **me** a waffle.
工具（instrument）	充当动作方式手段的参与者	Pat opened it with **a knife**.
处所（location）	事件发生的地方	Pat was born in **Florida**.
目标（goal）	运动位移的终点	Pat threw it into **the fire**.
来源（source）	运动位移的起点	Pat came home from **work**.

当然，这份清单是开放性的，这些角色也不一定彼此排斥，而且这种区分也可能做得更精细，或者也可能构建出更为抽象的角色。比如，接受者和受益者同受事都有一些共同点，目标和来源都包含处所的信息。动词的事件结构限定了可能与之共现的角色类别。从上表中前两个例句可以看到，动词 eat 典型地同一个施事与一个受事共现，但是其他的配置方式（configurations）也是可能的。重要的是，eat 自己也有一个句法论元结构。人们都知道，eat 通常同一个主语和一个直接宾语共现，但他们也知道，eat 有时候也用作不及物动词，比如"Thanks, I have already eaten"。在语言知识的词典加语法模型中，词典里表示词汇成分的词条，如 eat，会提供其事件结构方面的信息，包括吃东西的人和被吃的东西，同时也会提供其句法论元结构模式的信息。典型的情形是，这样的模式有好几个。例如，词条 sweep 的句法论元

结构模式就可能罗列出下面几种，当然还有其他形式①：

(2) We still have to sweep. （我们还得清扫。）
We still have to sweep the tiles. （我们还得清扫瓷砖。）
We still have to sweep the tiles squeaky clean. （我们还得把瓷砖清扫干净。）
We still have to sweep the mud off the tiles. （我们还得把瓷砖上的泥巴清扫掉。）

人们会很自然地认为，对 sweep 这样的动词的了解包括该动词典型地用于什么样的结构当中。然而，Goldberg（1995）主张，仅依靠词条并不能实现对论元结构的完全解释。在这方面有一条重要的证据，即人们偶尔会"创造性地"使用动词，也就是说，他们使用的论元结构并不是按照习俗规约和有关的动词发生联系。下面各例说明了这个问题：

(3) John played the piano to pieces.
He pulled himself free, one leg at a time.
No matter how carefully you lick a spoon clean, some goo will cling to it.

动词 play 可以用作不及物动词（"The kids were playing"）和及物动词（"Sylvia played a Schubert sonata"），还可以用于介词性与格构式（PREPOSITIONAL DATIVE construction，"John played the ball to the center forward"）中，这三种用法代表了动词 play 的最具习惯规约性的论元结构模型。典型的情况就是，同一个动词用在不同的句法模式当中，其意义也不尽相同。上例

---

① 译者注：例（2）中的四句分别例示四种句法构式，即不及物构式、单及物构式、动结式和致使位移构式。其中，动结式的典型形式是"S+V+O+Adj."，表示"S 通过动作 V 使得 O 变成了 Adj. 所表达的性质或状态"，即对 O 进行的动作行为 V 导致 O 发生了 Adj. 所表示的结果。而致使位移构式的典型形式是"S+V+O+PP"，表示"S 通过动作 V 使得 O 发生了 PP 即介词短语表示的某种位移"。后面例（3）和（4）主要是动结式的例子，但读者会发现（其实也有很多学者主张），致使位移构式的某种引申用法可以表示动结概念，亦即它和动结式有某种语义交集。

中，用作不及物动词的 play 唤起的信息是"和玩具互动";用作及物动词的 play 表达了"使用乐器"之意;而在介词性与格构式中，play 只表示"(传递而使之)通过"的意思。尽管有这些区别，三句中"the kids, Sylvia 和 John"各自的活动都算得上是 playing 的具体实例。而上例(3)中也用了 play，整句的意义就没有这么简单直观了。该句表达的意思是，John 的 playing(弹奏)对钢琴产生了一个效应或影响，故而它成了碎片。我们不能将这个意义解释为动词 play 的习惯规约性意义，实际上，正是这个句子的句法结构形式引导人们实现对其非组构性意义的解读。Goldberg(1995)把这种句法形式叫作"动结构式"(RESULTATIVE construction)。将短语 played the piano to pieces 与另外两个短语 pulled himself free 和 lick a spoon clean 作一下对比，我们会发现，三个短语中，都是动词连接着一个直接宾语和一个表示结果状态的述谓成分。动结构式是一种论元结构构式，因为它给动词如 play, pull, lick 的习惯规约性论元结构"增加"了一个成分。在使用 play 的上例中，额外添加的成分就是介词短语 to pieces。Goldberg 认为，像动结构式这样的句法构式，不仅仅是一个用来把单词组合成短语和句子的结构模板，而是自身就表达意义。也就是说，讲英语的人都明白，有这么一个句法模式，它表达"X 使 Y 变成 Z"的意义，这个意义表达独立于出现在该模式之中的具体动词。这种形式和意义的匹配对应体就存储于构式库，它使得人们能够产出和理解含有表示"导致结果"义动词的那些句子，而不论这些动词的习惯规约性论元结构本身是否已经限定了结果元素，或者甚至规定好了一个直接宾语。动词 play, pull, lick 后面常常跟直接宾语，甚至像 run, sneeze, worry 这样的不及物动词也可以被插进动结构式，如下所示:

(4) John ran his feet sore.
　　Frank sneezed his cat soaking wet.
　　Bob's mother worried herself sick.

上述诸例中，动结构式不仅提供了结果论元，甚至也提供了受事论元, his feet, his cat, herself 等短语就指示受事，即作为某动作的结果都经历了某种状态的变化。这个论元的表达形式其实还可以更自由狂野，人们可以用自造词（nonce words）造句，这些自造词既不与习惯规约性的论元结构发生关联，也不与某个特定或具体的语义事件结构产生纠葛。以下三个例句就含有自造词，来自英国作家刘易斯·卡罗尔（Lewis Carroll）的名诗《空洞巨龙伽卜沃奇》（*Jabberwocky*）：

(5) The children were gimbling the cat frumious.
Chortle the toves into small pieces. Season liberally with salt and pepper.
David has whiffled my borogoves completely vorpal again!

要理解这些句子自然得依赖语境提示信息，因此人们会根据他们对小孩和小猫互动的典型方式的了解，将 gimbling 与 frumious 两个单词同那种情境下发生的活动和状态联系起来。不过请注意，上述第三个例句非常缺少这样的语境提示信息，但人们还是可以想像得出 David 可能做了些什么事。若不考虑这些信息，读者对此句的理解大概就会是：David 轻摇 borogoves，而这种"轻摇"动作让它们再次变得 vorpal。如果你对这些单词的意义本就毫无头绪，那能作出上述解读就已经很了不起了！

综上所述，英语中的所谓"简单句"对构式语法研究而言至关重要，因为它们就是对各种论元结构构式的例示。人们的语言知识必须包含关于这些构式的知识，原因有两点：第一，这些构式能改变动词的规约性价模式（conventional valency patterns），从而产出有特殊结构形式的表达式。比如 sneeze 这样的动词一般不带受事论元，但在动结构式里，它就可以带一个受事论元。第二，论元结构构式表达的意义无法用组构性特征来解释。例(4)(5) 中各句里的动结意义并不能通过叠加各单词的意义就能简单地得来，实际上，正是这样的句法构式给这些单词赋予了上述意义。Goldberg（1995）指出，动词和构式的结合也并非完全不受约束。只有当某动词的事件结构和某构式的论元结构语义相符时，该动词才能进入该构式。例如，sneeze 可以用在动结构式中，就是因为 sneeze 和动结构式都要求在主语的位置上有一个施事论元。因此，各有关的角色能够"融合"（fused）在一起。这一观点在所谓"语义一致原则"（semantic coherence principle, Goldberg 1995：50）里有更准确的表达：

> 只有语义上彼此协调相容的角色才能融合在一起。角色 r_1 和 r_2 在下列情形中语义上彼此协调相容：r_1 可被识解为 r_2 的一个实例，或者 r_2 可被识解为 r_1 的一个实例。
>
> (Only roles which are semantically compatible can be fused. Two roles r_1 and r_2 are semantically compatible if either r_1 can be construed as an instance of r_2, or r_2 can be construed as an instance of r_1.)

语义一致原则解释了为什么像 hear 或者 sink 这样的动词不能直接进入动结构式。像"* John heard his ears deaf with loud heavy metal"（* John 用喧闹高亢的重金属音乐把自己的耳朵听聋了）或者"* John sank himself drowned"（* John 把自己沉下去淹死了）这样的句子听着荒唐怪诞，就是因为动结构式要求其主语必须是施事角色，而这两个动词在其习惯规约性的事件结构中并未限定必须使用该施事角色。动词 hear 在其事件结构中限定了必须使用历事，而 sink 则限定使用客体角色。

论元结构构式概念对构式语法研究至关重要还有另外一个原因。语言中的那些简单句往往具有能反映不断发生的日常生活经验类型的那些基本意义。换言之，各种语言都会有一种简单句模式来表达某行为导致的结果，因为人对其周遭事物施加某动作以导致某种结果，这是人类行为的一种基本的、不断发生的重要模式。例如，某一天，你很可能用下面的方式开始你的早晨：极不情愿地起床，拉开窗帘，打开咖啡机让它工作起来。在你还没开始冲澡之前可能又已经进行了几个动结式动作行为。同样，各种语言都有双及物构式，就是因为"给予、派送、主动提供、展示"等行为场景是人际间互动活动里的核心部分。杜·波伊斯（1985：363）有一句名言，即"语法是对人们的普遍高频行为最好的编码"（Grammars code best what speakers do most），它所表达的大意就是，语法结构是对日常生活中各种现实的反映。Goldberg（1995：39）提出所谓的"场景编码假设"（scene-encoding hypothesis）对这种思想进行了诠释：

> 与基本句子类型相对应的构式，其核心意义是对人类经验中最基础部分的事件类型所作的编码。
> （Constructions which correspond to basic sentence types encode as their central senses event types that are basic to human experience.）

"场景编码假设"预言，在众多的语言中，应该普遍存在一些基础的句法模式来表达各种意义，比如导致某种结果、转移交接某物、沿着某路径位移、经历某种状态改变或者经历某种刺激，等等。Goldberg 讨论过的英语论元结构构式当中，动结构式、双及物构式和致使位移构式（CAUSED MOTION construction）确实与人类经验中那些最基本的场景紧密对应。

2.3 增价构式

各种语言中，增加动词价的构式往往都含有类似的意义，其中最显著的就是动结构式、使役构式（CAUSATIVE construction，译者注：也有人译为"致使结构"等）以及所谓施用构式（或译为"变价构式"，APPLICATIVE construction，详参 Payne（1997）的跨语言考察总览）。英语中，用来说明增价构式的是上文提到的动结构式，以及双及物构式（"Sylvia wrote me an email"），致使位移构式（"John sneezed the napkin off the table"）和所谓的"WAY 构式"（WAY construction）。接下来我们会对上述构式一一进行讨论。

2.3.1 双及物构式

双及物构式可以用下面的例句来说明：

(6) I gave John the keys.（我把那些钥匙给了 John。）
　　Sylvia wrote me an email.（Sylvia 给我写了一封电子邮件。）

Sally baked her sister a cake.（Sally 为她妹妹烤了一个蛋糕。）
Could you draw me a picture of the suspect?（你能不能为我画一幅那名嫌疑人的肖像？）

　　双及物构式使得有关动词与三个论元发生关联，即一个主语和两个宾语。这三个论元映射到三个不同的语义角色上。主语论元被解读为转移交接行为的施事（agent of a transfer），该行为涉及第二个宾语，其语义角色即指被转移交接之物。该宾语由施事被转移交接至接受者，该接受者句法表现为第一个宾语。虽然 give, send, offer 及其他很多英语动词在其论元结构上的习惯性用法都包含两个宾语，但并非所有用于双及物构式的动词都是如此。比如动词 bake 和 draw 虽然用于双及物构式而没有任何问题，但语料库调查显示它们很少接两个宾语。为解释此类用例的可接受性，有必要假定有那么一种构式，而它也是人们语法知识的一部分。基于同样的原因，仅靠动词 bake 和 draw 也就不能解释各自用例的总体含义，亦即转移交接之意。如果我们说 "Sally baked her sister a cake"，那我们的意思就是 "Sally 做了一个 cake, 这样的话，她的妹妹（如果愿意）就能接受这个 cake"。除非我们给 bake 专设一个含义（an ad-hoc sense），即"给某种食材加热并意图做出某种食品，该食品可以被转移交接给某个愿接受它的人"，否则全句的整体意义并不能从各个单词的意义中推导出来。另一种做法就是，我们提出双及物构式，将其视为本身就表达意义的象征性单位（symbolic unit），我们看到动词 bake 的价增长了，而这正是它造成的。此例中，动词 bake 所表达的还是它的惯常词汇义，但双及物构式让它的论元结构实现了扩容而增加了论元，亦即囊括进了一个接受者论元。

　　双及物构式的一些语义特点需要指出来。首先，施事看起来需要有意地、主动地来实施转移交接行为。例如，假如说了 "Sylvia wrote me an email" 一句，但实际上 Sylvia 是无意间点击了 "全部回复"（hit to all）键而发出去了一封我完全不该看的私人邮件，那这个句子就很有误导性了。其次，接受者也同样必须是主动愿意接受被转移交接之物。比如 "We threw the squirrels some peanuts"（我们扔给那些松鼠一些花生）一句，它所表达的意思是"squirrels 愿意接受我们扔出去的 peanuts"。这个句子就不能用来描述把 peanuts 扔给死的 squirrels 的动作行为。下列诸例中，各有关接受者没有满足"主动愿意接受"的标准，因此通晓英语的人都觉得这些句子很怪[①]：

(7) ? Bill threw the coma victim a blanket. (I threw John a blanket.)

? John gave the house new windows. (I gave John a new key.)

? I left the baby some beer in the fridge. (I left John some beer in the fridge.)

当然，可能也会有人表示反对，认为也有很多双及物构式的用例，其中的接受者并不想接受被转移交接之物，但是句子本身照样没有任何问题。例如：

(8) The professor gave the student an F. （教授给这个学生一个 F 的评级。）

The plumber mailed me another invoice. （那管道工又给我寄来了一张发票。）

The criminals sent him a ransom note, asking for 1 million dollars. （那些犯罪分子给他寄了一封勒索信，勒索一百万美元。）

一般来说，几乎没有人乐意接到糟糕的成绩单、意料之外的账单或者敲诈恐吓信。就上述这些例句而言，似乎更应该说，接受者都是不得不去接受被转移交接之物，或者说，一般情况下人们会

---

① 译者注：著者在例 (7) 中所举各句有个共同特点，即间接宾语在语义上都不是或者不具有"主动愿意接受"的特点，the coma victim 是"昏迷者"，the house 根本无生命或意志，the baby 显然不会喝啤酒。这些都表明，英语里典型的双及物构式表示的"（物品所有权）转移交接行为"要求间接宾语即接受者是有生的，且主动愿意接受之。这是一种语义条件限制。当然，像基于 give 的隐喻性的用法就另当别论了。

认为他们理应那样做,正因为如此,他们才会被贴上"满足社会性限制条件的接受者"(socially qualified recipient)的标签。但即使如此,还是有些用例似乎跟我们迄今为止对双及物构式的讨论相冲突。例如:

(9) The noise gave me a headache. (这噪音让我头疼。)
The music lent the party a festive air. (这音乐让整个聚会有了一种节日氛围。)
The flood brought us the opportunity to remodel our old bathroom. (这次洪灾给了我们一个重建老旧浴室的机会。)

关于上述用例首先要注意到的一点就是,被转移交接之物都是非物质性的。"头疼"和"机会"不属于那些能够进行物质性交换的东西。同样地,这些例句都有做主语的名词性短语,指代 noise, music 和 flood,但它们都不是有主观意志的施事(volitional agent)。Goldberg(1995:144)认为,这些例句对双及物构式的基础意义进行了隐喻性延伸。尽管双及物构式表达的基础意义是物质性的转移交接(physical transfer),例(9)中的诸句表达的却是因果关系。因果关系因此可以通过隐喻的方式被理解为给予和接受两个事件。导致"头疼"的"噪音"可以被描述为"给我头疼",导致"浴室"毁坏的"洪水"呢,若以相当乐观的人生观视之,就可以被识解为"带来了一个重建的机会"。双及物构式的语义图谱(semantic spectrum)进而还包括只在将来才发生的转移交接、促成接受某物的行为和阻碍可能的转移交接的行为等三种。例如:

(10) John ordered Margaret a gin and tonic. (John 为 Margaret 点了一杯 Margaret 加奎宁水的杜松子酒。)
The doctor allowed me a full meal. (医生允许我吃全餐。)
The banks refused him a loan. (银行拒绝给他贷一笔款。)

至此，我们已经区分了双及物构式特有的几个语义特征，该构式的其他一些语义特征与其搭配表现有关。具体说来，有那么几个动词就是不能用在双及物构式里，尽管它们的词汇意义符合双及物构式的意义，例如：

(11)　＊Sally shouted John the news.
　　　＊John explained me the theory.
　　　＊Margaret donated the Red Cross £100.

为什么这些动词在双及物构式中"不工作"呢？尽管我们也可以怀疑，这些只不过是特定动词才有的语义特征，我们还是可以找到一些总括性特征。例如，动词 shout 的含义和其他好多动词一样，都是描写说话的不同方式的，如 scream, murmur, whisper 和 yodel（"用真假嗓音交替歌唱"）等等（见 Goldberg, 1995：128）；动词 explain 和 donate 有一个共同点，即都是拉丁语源的专业性词语。Gropen et al. (1989) 指出拉丁语源词汇有一些形态－音位学方面的特征，特别是牵涉到不同的重音模式和添加词缀，这些特征在一定程度上可以帮助我们预测，哪些动词可以用于双及物构式，哪些则不能用于双及物构式。然而，还是有许多问题没有得到解答，有些动词，如 obtain 或 purchase 用于双及物构式时，其可接受度如何，在不同的说话人之间还存在相当大的差异。Goldberg（1995：129）认为句子"＊Chris purchased him some food"不符合语法规范，但我们在语料库检索中发现好几例 purchase 用于双及物构式的合法句子，如"Hannah purchased him a microscope"。在构式语法理论中，各种构式所表现出来的词汇（使用）偏好特征，甚至还包括人们对这些偏好所持的态度的差异，都可以被处理为个人所掌握的语言知识的一部分。构式对于其所能容纳的动词的那些类型，其实会表现出一定的规则性，但是它们在搭配上表现出一定的特异性，这也是完全可以理解的。

综上所述，作为基础意义，双及物构式表达的是发生在一个有主观故意的施事和一个主动自愿的接受者之间的转移交接行为。习惯上，出现在此构式中的动词一般是 give, send 和 offer,

但是 bake, feed 和 leave 等动词也能用于双及物构式。这表明，对于那些一般不带两个宾语的动词，双及物构式可以积极地增加它们的价。除了上述基础意义，双及物构式还可以借助隐喻机制表示因果关系，这些引申的意义包括未来的转移交接、"被允准"的转移交接（enabled transfer）以及被阻滞的转移交接（blocked transfer）。双及物构式还表现出搭配上的一些限制，因此它并不能任意接纳数个特定类型的动词。

2.3.2 致使—位移构式

以下一组例句说明的是致使—位移构式（CAUSED MOTION construction）：

(12) The audience laughed Bob off the stage. （直译：观众们把 Bob 笑出了舞台。）
John chopped carrots into the salad. （John 把胡萝卜切成了色拉。）
The professor invited us into his office. （教授邀请我们进他的办公室。）

与双及物构式一样，致使—位移构式也可以改变和扩容与之结合的动词的论元结构。在上述诸例中，致使—位移构式为动词 laugh, chop 和 invite 增加了论元。虽然 laugh 的事件结构只是限定了在笑的人，上述含 laugh 的例句中，构式增加了被致使发生位移的某人这么一个论元，即一个所谓的客体，以及位移的目标。动词 chop 的事件结构包含了一个受事论元，也就是被切碎的东西。而上例中，该论元有双重角色：胡萝卜被切碎，但它们除了做受事论元之外，还可以被理解为正朝着一个目标移动（变化），即（移动）变成沙拉，这一点是确信无疑的。因此，在致使—位移构式的语境中，把胡萝卜的角色定位为既是受事也是客体，也是恰当的。因此，此构式可以增加动词的价，或者通过增加一个路径/目标论元，或者通过增加一个客体和路径/目标论元。

语义上，致使—位移构式表示某施事实施了某个动作行为，从而致使某客体沿着某路径或朝着某目标移动。简单地说，此构式表示"X 致使 Y 沿着或朝向 Z 移动"。因此，上例中，笑声就是致使 Bob 离开舞台的最根本原因，即使我们假定当时的情形是 Bob 确实正在走。因此，与致使—位移构式最和谐一致的动词有 throw，kick 和 pull 等，这些动词一般与包含一个客体论元和一个路径/目标论元的事件结构相联系。例如：

(13) John threw the ball over the fence.
Franz kicked the ball into the goal.
She pulled a handkerchief out of her pocket.

除其基础含义，致使—位移构式还表达其他意义，如助力性位移（assisted motion，"John helped Mary out of the car"）、禁绝性位移（prevented motion，"John locked the dog into the bathroom"）、允准性位移（enabled motion，"Mary allowed the dog out of the bathroom"）和促成性位移（promoted motion，"The professor invited us into his offices"）等。

人们关于致使—位移构式的知识包括对下面几个限制条件的了解。首先，施事论元不能是工具。虽然工具常常能充任主动句的主语，如"The key opened the door"或者"The knife chops and slices beautifully"，致使—位移构式则要求其施事论元必须能自主地发出动作。试看下面各例：

(14) * The key allowed John into the house.
* The gun threatened the hostages into the back office.
* The knife chopped the carrots into the salad.

对致使—位移构式的另外一个限制，就是客体位移路径的表达其背后通常都是主观故意的。因此，不可能说一个人把胡萝卜切到地板上，或者把牛奶倒在杯子的旁边。不过，如果某动词限定的动作行为从一开始就不是故意的，那么句子表达一个非主观设定的唯一路径也没有任何问题，如下面例句中动词 sneeze 的使用：

(15) *John chopped the carrots onto the floor.
　　*Bob poured milk next to his glass.
　　He sneezed his tooth right across town.（Goldberg,
　　2006: 6）

对致使—位移构式中位移路径还有其他限制。具体地说，就是致因事件（causal event）必须完全决定客体位移的路径。因此，如果位移路径本身就有了具体的目标，或者该目标要求客体沿着某路径作独立位移，就会导致下列例句语法上不可接受：

(16) *The audience laughed Bob home.
　　*Mary allowed the dog to the next village.
　　*Bob threw the stone to the bottom of the lake.

总之，致使—位移构式表达的意义是"X致使Y沿着Z或者朝向Z位移"。此构式可以给动词的事件结构增加一个客体论元以及一个路径或目标论元，还能够表达与致使位移的基础场景信息相关的好多种意义。致使—位移构式主要受到主语和路径方面的限制，即主语不能是工具，路径必须由致因动作完全决定。

2.3.3　WAY构式

英语中的WAY构式与本章所讨论的那些构式不同，因为在形式上，它限定了必须使用一个词汇成分way以及一个属格限定成分，如his, her, their等，其有关用法如下所示：

(17) Frank dug his way out of prison.（Frank一路挖，最后出了监狱。）
　　John elbowed his way across the room.（John用胳膊肘一路拐着穿过了房间。）
　　She slowly climbed her way up through the branches.（她慢慢地往上爬，一路越过各个部门。）

正如前文所讨论的那些构式一样，WAY构式也可以给有关动词的事件结构增加论元。此构式关联激活的场景知识是：某施事沿着某路径进行位移，且该位移艰难。能用于WAY构式的动词可以是指向性位移动词（directed movement），如 climb，但也可以是 dig，elbow 之类的动词，这些动词并不内在地表达沿着某个投射轨迹位移的意思。因此，WAY 构式会将上述意义强加于其自身所含的各个单词，从而增加了多达两个论元，即 way 论元和路径/目标论元，这与前文所论致使-位移构式中有关论元的情况并无二致。例如动词 dig，它习惯上带一个直接宾语（如 digging a hole, digging your own grave），似乎也可以说，his way out of prison 就是一个名词短语，例示了直接宾语，所以此句也并无任何特殊之处。然而，上述例句并不止于表达"Frank 在监狱里挖出了一个隧道"（Frank has dug a tunnel out of prison）之意，它实际要表达的意思是，Frank 成功地穿越了隧道，从而逃离了监狱。Goldberg（1995：200）指出，WAY 构式蕴含了运动位移的含义，所以下面的句子都不成立：

(18) * Frank dug his way out of prison, but he hasn't gone yet.
  * Staying behind the counter, the bank robbers shot their way through the crowd.

像 climb 这样的动词在其事件结构中确实限定了一个路径论元，但是 WAY 构式中增加了 way 论元，而该论元不能由其他更宽泛地表示路径或投射轨迹的词汇成分替换。因此，以下各例不可接受，尽管它们表面上和上述含 climb 的例句相似：

(19) * She quickly climbed her escape route down the stairs.
  * She steadily climbed her track up to the summit.

在 WAY 构式的基本含义中，动词表达的意思是路径形成所依赖的方式手段，上述诸例中，分别是通过 digging, climbing, elbowing 甚至 shooting 等方式手段。因此，在 WAY 构式的很多实际用例中，施事位移所沿路径并不是预先存在的，而是创造出来的，在典型意义上，是经过一番努力之后才得到的。WAY 构式义的这个特点就能解释为什么 move 和 step 这样的基本运动义动词不能进入该构式，例如：

(20) * She moved her way into the room.
　　 * She stepped her way down the stairs.

WAY 构式的隐喻性用法很普遍，比如完成了一项艰巨的任务，就被表述为开创了一条路径并沿着该路径前进。WAY 构式的隐喻用法可见于以下诸例：

(21) Sally was crunching her way through a bag of potato chips. （Sally 正嘎吱嘎吱地穿过一袋炸薯条①。）
Bob worked his way to the top of his profession. （Bob 一直艰苦努力，最终到了行业内的最顶端。）
The three girls sang their way into the hearts of the audience. （这三个姑娘一路唱来，唱进了观众们的心里。）

在此基础上，WAY 构式还可以用来表达另一个意义，它并不是指示开创路径所用的方式手段，而是描述实施运动位移的方式。下列诸例中，动词所指称的动作行为和运动位移行为同时发生，但该动作行为既非造成也非允准运动位移行为的发生。所以，我们讨论 WAY 构式意义的时候，要将其更为普遍的方式手段义和位移方式义区分开来。例如：

(22) Sam joked his way into the meeting. （Sam 一路玩笑不断地进了会场。）
John was whistling his way down the street. （John 一路上吹着口哨，顺街而下。）
Triathlete Paula Finlay cried her way across the finish line. （铁人三项赛选手 Paula Finlay 一路喊叫着冲过了终点线。）

Goldberg (1995: 212) 提出了关于 WAY 构式的一些语义限制

---

① 译者注："嘎吱嘎吱"即形容 Sally 咬炸薯条/片的声音，亦即形象地描绘她一直在吃炸薯条/片，慢慢地把一整袋炸薯条/片吃完了，这个过程就像她从一大堆炸薯条/片中缓慢穿行而过一样。

条件，这些限制条件同开创路径或者沿该路径运动位移艰难有关。首先，有关动词所指示的动作行为必须是无界的（unbounded）或者具有可重复性（repetitive），因此我们可以说某人 climb one's way up a cliff（沿着悬崖峭壁一路往上爬），但不能说他 jump one's way off a cliff。另外一个与运动位移相关的限制条件要求，运动位移必须是自我推进的（self-propelled）。因此，人们不会说"*The snow melts its way into the river"，因为其中的运动位移并非自我推进，但是人们却能接受"The probe melts its way through the glacier"，因为"探头"（the probe）是自主运动位移的。至于第三个限制条件，Goldberg（1995：214）认为，WAY 构式所编码的运动位移是有（先设）方向性的，而并非漫无目标。这当然是其最典型的情形，但还是有很多用例表明，要突破这条限制也是相当容易的，比如可以说"James Bond womanizing his way across the globe"（詹姆斯·邦德跑遍全球，一路上美女不离左右）或者"young people drifting their way through life"（年轻人生命之中一路漂泊），等等。

综上所述，WAY 构式也可以视为一种论元结构构式，它可以实现对动词的增价，从而囊括进一个有不同词汇性体现形式的 way 论元和另外一个表示路径或目标的论元。WAY 构式有两种基本的语义解读，也就是手段义解读和方式义解读，前者更为普遍；动词编码的是手段信息，即开创和/或通过路径的方式手段，后者中的动词对与运动位移同时发生的动作行为的方式作出了限定。在 WAY 构式的手段义解读中，施事发出的动作行为通常比较艰难，这个特点就给 WAY 构式所能表达的运动位移的类型设置了一些限制条件。

2.4 减价构式

在构式语法研究的文献中，对论元结构构式的讨论主要都围绕着增价构式的话题展开，个中原因也不难看出，就是因为有些动词虽然通常用作不及物动词，但构式能给这些动词的事件结构增加多个论元。这就有力地证明，语言知识必须包括构式知识，也证明了构式可以凌驾于词汇义。具体说来，人们必须明白，说出"Sally baked her sister a cake"之类的句子是可以的，而且也明白动词 bake 的词汇义因为其所在的构式语境而得到丰富，从而能表达转移交接（transfer）义。在本书的引介一章里，构式对词汇意义的凌驾现象就是在压制原则中讨论的（Michaelis, 2004），不过，增价构式仅仅代表了英语变价构式的一部分，接下来这一小节中我们会证明，对于构式语法研究来说，减价构式的重要性并不亚于其他那些更为人们熟知的各相关构式。

能减少动词价的、跨语言普遍存在的构式主要有被动构式（PASSIVE constructions, "Mistakes were made"）、反身构式（REFLEXIVE construction, "John shaved"）、相互构式（RECIPROCAL construction, "Let's meet again soon"）以及祈使构式（IMPERATIVE constructions, "Go!"）等。这一小节中，我们将进一步讨论所谓的"空例示构式"（NULL INSTANTIATION constructions），例如"Tigers only kill at night"和"I know"。这样的实际用例中，有关动作的核心参与者并没有明确表示出来，但是人们却都知道这些参与者是谁。

2.4.1 被动构式

英语中讨论含有 be 的被动构式的时候，常常把它视为含及物动词的主动句的典型对应结构，因此，以下两组例句就是对应的句对（pairs）：

(23) The reviewer rejected the paper.（审稿人把这篇文章给毙了。）

The paper was rejected (by the reviewer).（这篇文章被（审稿人）毙了。）

John paid the bill.（John 结清了这笔帐单。）

The bill was paid (by John).（这笔帐单（给 John）结清了。）

鉴于各组内句子之间关系紧密，也由于主动句明显代表了一种适用范围更广的构式，因此，对被动句主要特点的研究就典型地被表述为，被动句是如何偏离于标记性不那么明显的主动句的。Huddleston & Pullum（2002：1428）指出，主动句和被动句之间存在三点对应：首先，主动句的主语（the reviewer，John）在对应的被动句中是作为旁格宾语（oblique object）出现的，由介词 by 标记。如上例中括号所示，在被动句中省略该旁格宾语论元是可能的，而且这在实际语言使用中的确是默认的做法。正是这种类型的省略让我们有理由把被动句归入减价构式范畴。其次，主动句里的宾语（the paper，the bill）在其对应被动句中是作为主语出现的，所以说，被动式起到了保留及物动词事件结构中两个论元的相对显著性的作用。尽管一般情况下，及物动词的施事必须表达出来，而受事论元在一定条件下可以被省略（例如"Thanks, I have already eaten"），被动构式却使得受事论元必须表达出来，而施事论元是否表达则是任意的。第三，被动构式中的动词在形式上比对应主动句中的动词更为复杂，表现为一个助动词 be 后面跟一个过去分词。

鉴于两式有上述鲜明的对应性，人们完全就有理由将被动式视为一种语法规则，它以及物性的主动句为语言输入形式（input），从而产出一个对应的被动句。不过，Huddleston & Pullum 给出了如下一组例句，它们在好几个方面并不符合上面的描述，但我们仍有理由说，它们例示了被动构式：

(24) John was given a large data set for the analysis. （有人给了 John 很多数据用于分析。）
＊A large data set was given John for the analysis.
Sally's papers are referred to a lot. （Sally 的论文被（人）多次提及。）
＊The children are looked to a lot.

第一句中的 give 是双及物动词，而非及物动词。而第二句则显示，只有接受者而非客体才能做被动句的主语。这一点，其本身对于上面我们提出的被动化规则并不是一个问题，因为这个规则只需要再囊括进一些其他信息仍可成立，亦即对客体论元不能进行被动化操作。上述含 Sally's papers 的那个例句说明存在所谓的介词性被动式（prepositional passive）。该句中，动词 refer 的那个跟在介词后面的宾语是被动句中的主语。但与之形成对比的是，同样的用法并不适用于动词 look。如果按照一般性的语法规则，我们很难把 refer 和 look 之间的区别解释清楚，但如果我们把被动式看作一个构式，而它在搭配上有着明显的偏好，那么，两者的区别就好理解了。根据我们的经验，带介词短语的被动式适于接纳高度稳固或习语化的动词及其介词宾语的组合。因此，approve of a plan, pay for everything 或 deal with issues 等表达都是说明介词性被动句很好的例子，但如果说 search under a bed, walk across a hallway 或者 choose between two theories，那其合法性就值得打上问号了。试看下列各例：

(25) The plan was approved of by my mother. （这计划被我妈批准了。）

Everything was paid for in advance. （所有一切提前付清了。）

These issues will be dealt with in another paper. （上述问题将另文讨论。）

? The bed was thoroughly searched under.

? This hallway was walked across by George Washington.

? These two theories have to be chosen between.

如果涉及到小句结构做被动句的主语，那么，其可接受度大小如何，在被动式的实际用例中也是情形各不相同的。下列各例中做主语的分别有-ing 小句、不定式小句和 wh-小句，对于使用同类型主语的这些被动句而言，我们既可以看到听起来非常地道的用例，也可以看到其他一些看来很有问题的用例：

(26) Texting a marriage proposal is not recommended. （不建议通过发短信求婚。）

* Texting a marriage proposal was remembered (by John).

Not to go would be considered rude. （不去会被认为很无礼。）

* Not to go was decided (by John).

Whether it was feasible had not yet been determined.（是否可行，尚无定论。）

* Whether it was feasible was wondered (by John).

如果用一个普通的被动化（语法）规则来解释上述不对称现象，其作用会非常有限，并不能够完全解释这些不对称现象。若是依据语言知识的词典加语法模式，那么唯一有效的解决办法就是用专设规则的方式，把上述这些限制条件分别写进各自动词词条的语义解释内容之中。可是，这样做又会带来新的问题，尤其是涉及到新造单词的时候。以新造动词 blog（写博客、发博文）为例，它经常用于被动式，即使你很少见到此类用法，你可能也会认为"Our wedding was blogged about!"一句是英语中的一种地道表达法，而"* That we married was blogged by John"一句却不是。因此，这就表明你的语言知识就包括你知道 blog 如何用作动词，知道它的动词用法和其他动词的用法有哪些区别，也知道这些动词应该出现在什么形式的被动句中。这种知识可以直接表现为关于构式库的知识。

最后，Huddleston & Pullum (2002：1435) 特别指出，有些动词似乎只能用于被动式，例如"be reputed to, be said to 和 be rumoured"等等。试看下面各例：

(27) Pat is reputed to be very rich.（Pat 以富有见称。）

Kim is said to be a manic depressive.（据说 Kim 是个狂躁抑郁症患者。）

It is rumoured that there will be an election before the end of the year.（有传闻说，今年年底之前会有一场选举。）

从前文有关被动句的某些用例可见，有些被动句并不能转换成对应的主动句，因此，想要用一条语法规则来把这两种构式系统地联系起来，这种观点就很难站得住脚。但无可否认，人们会意识到，这两种构式之间存在一些对应，且这种对应很重要，它们常常可以用来相互释义，也可以表达相似的事件状态，不过所有这些也并不对下述观点构成反例，即被动式本身就是个构式，是一种概括形式，人们只能将它作为语言知识的一个独立单位来学习和了解。

2.4.2 祈使构式

英语的祈使构式可见于如下各例：

(28) Call me after lunch.
　　 For next time, please read chapters three and four.
　　 Take one of these in the morning, and another one before bedtime.

祈使构式是一种减价构式，因为它对有关动词的一个核心论元亦即施事进行了抑制。将这个施事论元显性表达出来，我们也能很容易地造出几个句子，来对上述用例进行释义。比如"I would ask you to call me after lunch"一句就表明，是要求受话人来实施该动词所指示的动作行为。所以说，祈使构式所表达的意义是非组构性的，我们不能仅从各有关动词的词汇意义就能推导出"Call me after lunch"一句中的施事就是受话人。除此重要的一点之外，还有其他一些证据都表明祈使句是一种构式。可能更重要的一点就是，祈使构式同其他构式相结合的时候会受到一些条件的限制。通晓英语的人们就会认为下列例句有问题：

(29) * Must/ should/ got to leave!
　　 * Be called later!

第一例说明，在祈使句中使用情态助动词就会生成虽能理解但不合法的句子，就这样一个请求而言，其语义表达并无任何怪诞之处，人们认为不可接受的其实是它的结构形式。关于第二例，Takahashi (2012: 124)曾注意到，有些时候，祈使句和被动式结合会生成不可接受的句子。不过，此类结构也可能生成合格的句子，例如"Be checked over by a doctor"（请个医生给你检查一下）或者"Stand up and be counted for what you are about to receive"（站起来，待会儿要发东西时也算上你一个）等。此外，祈使句与完成体或进行体连用则相对罕见，前者如"Have your homework done by 5!"（5点之前把家庭作业做完!），后者如"Be waiting in the lobby at 9!"（9点钟在大厅等候!）。Huddleston & Pullum（2002：932）对此进行了解释，他们指出，向人提出请求，其典型意义是要促成动作行为的实现，而非状态的实现。因此，祈使句在这方面的句法表现是现实世界里各种场景导致的结果。

此构式的一个不可预测的语义特征涉及如何解读祈使小句和陈述小句的并列组合结构。以下例句中，位于句首的祈使小句被认为表达条件意义：

(30) Take an aspirin and you'll feel better. （要是吃一片阿斯匹林，你会感觉好些。）

Ask him about his dissertation and he will be rambling on for hours. （要是你去问他的毕业论文，他就会东拉西扯好几个钟头。）

Do that again and you will regret it for the rest of your life. （要敢再搞一次，你就要后悔下半辈子。）

关于上述例句值得注意的就是，通常情况下，整句的意义同祈使小句的意义是直接冲突的。尽管上组例句中的第一句是在建议听者服用阿司匹林，后面两句则是警告听者不要按照句首位置表达的要求去做。

此外，英语的祈使句还表现出非常明显的搭配性选择偏好。Takahashi（2012：24）注意到，动词 let, tell, look 和 come 是祈使句中最常用的几个动词，其中有些动词甚至还有自己偏好的论元实现模式，比如 tell 常和 me 搭配。试看下面的例句：

(31) Let's not argue anymore.

Tell me about it.

Look, we all make mistakes sometimes.

Come on!

Takahashi 所做的有关使用频率的调查表明,祈使句并不常用来发出指令,此构式更普遍的用法是对语篇进行组织以显得更有礼貌,比如 let's see, look, listen, trust me, guess what 等表达。这一发现与 Stefanowitsch & Gries(2003)的一个类似发现相呼应。

2.4.3 空例示

"空例示"一词是指一种语言现象,即某动词的事件结构中的那些论元并非全部都有显性表达。很多情况下,动词有空例示的用法会被视为该动词的词汇义特征写进去。例如,动词 eat 允许其受事论元的从缺(The children ate noisily),但是动词 devour 不行(*The children devoured noisily)。关于空例示,我们感兴趣的是,动词在可被省略论元的定指性(definiteness)特征方面是有差异的。Ruppenhofer(2005)区分了不定指空例示(INDEFINITE NULL INSTANTIATION, INI)和定指空例示(DEFINITE NULL INSTANTIATION, DNI)两种类型,前者特征可以 read 用法为例、后者特征可以 understand 用法为例说明。它们的关键区别就在于,说话人是否知道被省略论元究竟是什么。试比较下面两句:

(32) Kim was reading.　　I just don't remember what.
　　 Kim understood.　　 * I just don't remember what.

对于本书作者来说,说"Kim was reading"完全可以接受,只是对于她读的是什么并不是很清楚,但说"Kim understood",其意思就是,她究竟懂了什么,我多多少少是知道的。不定指空例示动词和定指空例示动词的不同句法表现就给我们提供了一个很有意思的研究课题,不过本小节的讨论重点是空例示的第三种类型,也就是构式允准某个论元从缺的情形。Ruppenhofer & Michaelis(2010)研究过此类型数个结构形式,发现这些结构形式的使用受到特定体裁的限制(genre-specific),也就是说,它们只适用于少数几个非常具体的交际情景。例如所谓的标签体形式(labelese construction)。

(33) Contains sulfites.（含亚硫酸盐。）
Creates visibly fuller, thicker hair.（让你的秀发更加饱满厚实看得见。）
Eliminates pet odors.（祛除宠物身上的异味。）

标签体结构形式抑制了动词的主语论元，但这并不会造成任何交际问题，因为该结构只能以印刷粘贴于具体所指物的方式出现，虽然该物并未在该结构形式中显性表述出来。标签体结构形式不仅可与动词同现，也适用于类型多样的述谓结构，例如 easy to use（使用简便），for children 4 years and up（适用于 4 岁及以上年龄儿童），made in China（中国制造）以及 dietary supplement（膳食补充品）等等。上述诸例中，读者明白像 made in China 这样的表达描述了粘贴该标签的产品的某个特点。

另外一种空例示结构形式限于食谱中所用的语言，例如：

(34) Season liberally with salt and pepper.（表面调以食盐和胡椒。）
Chill before serving.（食用前需冷藏。）
Cut into one-inch-thick slices.（切片，一英寸厚。）

Ruppenhofer & Michaelis（2010：181）称之为指导性祈使构式（INSTRUCTIONAL IMPERATIVE construction）。与标签体形式相同，它也代表着说话人肯定已经学到的一种概括表述形式。尽管有人也可能认为，一个相当普遍的情况是，如果在某语境中，某个论元的所指是显而易见的，那么该论元就可以省略，但此说却不能解释为什么"Cut into one-inch-thick slices"一句以书面指导语形式出现没有问题，但在口语中却绝对听着怪异。下次你跟朋友一起做饭的时候，谈话间你也可以来上几句类似"Fry until lightly brown"（翻炒至微褐色）的句子，看看朋友会作何反应。

2.5 论元结构构式之间的各种关系

英语中的很多论元结构构式都可以用另外一个与之有形式和意义关联的论元结构构式来释义。我们在前面的小节中讨论了主动句和被动句的一些例子，这些例句通过一些对应关系而相互关联。还有一种论元结构构式也有一个非常近似的释义结构形式，这就是双及物构式，其"孪生"构式就是介词性与格构式（PREPOSITIONAL DATIVE construction）。试看下列例句：

(35) John gave Mary the book. （John 把那本书给了 Mary。）
John gave the book to Mary. （John 把那本书给了 Mary。①）

另外两个构式之间也存在着非常密切的联系，也就是致使位移构式（CAUSED MOTION construction）和"with-施用构式"（WITH-APPLICATIVE construction），例如：

(36) John brushed barbecue sauce onto the ribs. （John 往排骨上抹了烤肉酱。）
John brushed the ribs with barbecue sauce. （John 用烤肉酱抹了排骨。）

对这些构式之间的关系，不同理论流派的语言学家们长久以来一直都很感兴趣。上述成对的构式就是人们熟知的句法变换形式（syntactic alternations）。例（35）和例（36）中的句子分别叫作"与格变换"（dative alternation）和"方所变换"（locative alternation）。就像主动句和被动句之间的关系一样，上两组句子之间的对应关系使得有人提出这样的观点：有一个语法规则将它们彼此系统地联系在一起。根据语言知识的词典加语法模式，这样的语法规则使得人们把该组句中的一个当作输入形式，根据它就可以推衍出该组句中的另外一个，亦即输出形式。这条规则普遍适用，无论哪种动词类型，除非有动词词条释义本身就已注明

---

① 译者注：由于这两个构式中的直接宾语是定指的，且所涉动词是"give/给"，依照汉语的语法规范和表达习惯，定指的直接宾语用"把"字结构前置，此时两句都作相同翻译。一般情况下，to 主要表示运动或位移方向，不一定抵达终点，但限于"give/给"的事件语义特征，此时的 to 表示"物品的运动或位移已经抵达终点"。但其他情况下，一般译为"把 O_d V 给 O_i"，如"寄给、送给"，汉语普通话里不能说"给给"，但汉语的某些方言里，例如兰银官话，可说"给给"。

排斥该用法。但无论是与格变换还是方所变换，都存在一些所谓的非变换动词（non-alternating verbs），如下所示：

(37) John took his son to the door.
　　 * John took the doctor his son.
　　 John filled the glass with water.
　　 * John filled water into the glass.

动词 take 不能自由进入双及物构式，而动词 fill 也不用于致使位移构式这一点，甚至是要教给英语作为第二语言的学习者的。或许读者您已经猜到了，有人认为像这样的成对构式成员之间是靠一条语法规则联系起来的，但构式语法的研究者们认为这个观点是有问题的。Goldberg（2006：25）为此提出了另外一个观点，她称之为"表层概括假设"（surface generalization hypothesis）：

> 假设有一个表层论元结构形式以及另外一个与之相区别的表层论元结构形式，且假设前者在句法或语义方面衍生自后者，那么，相较这两式之间的句法和语义关联，还存在着在句法和语义方面涵括更广的概括形式与前者相关联，这种情形最常见。
>
> （[T]here are typically broader syntactic and semantic generalizations associated with a surface argument structure form than exist between the same surface form and a distinct form that it is hypothesized to be syntactically or semantically derived from.）

这里的"表层论元结构形式"的说法是以不带任何理论色彩的方式对"构式"一词的释义，上述假设的核心主张是，可以相互释义的一对构式，宜对其成员进行独立分析，而两式之间全部的对应关系都应不予考虑。该假设还进一步预测，上述成对构式中的每个成员，都会有与其自身的形式和意义相关的系统性概括形式，而且每个成员都会表现出不同于彼此的系统性差异，在那些系统性概括形式方面也会表现出系统性差异。上述要点，都可以用双及物构式的句法表现特点来说明，而且，让人感兴趣的是，双及物构式的这些用例不单单与介词性与格构式的用例相关，还和"FOR-施益构式"（For-BENEFACTIVE construction）的用例相关。例如：

(38) John gave the book to Mary. John gave Mary the book.
John poured a scotch for Mary. John poured Mary a scotch.

依照语言知识的词典加语法观，上面两对句子就需要两个独立的语法规则来关联，这就意味着右边的两个双及物式句子例示的实际上并不是同一个构式，尽管它们有着相同的表层论元结构形式。但是，这个结论值得商榷。Goldberg（2006：27）提出多例（见下面例（39））来证明，对应于介词性与格构式用例的双及物句以及对应于For-施益构式用例的双及物句实际上有完全相同的句法表现。如果一方成立，另一方也成立；如果一方存疑或不合格，另一方也存疑或不合格：

(39) 双及物句   释义句
Mina bought Mel a book.   Mina bought a book for Mel.
Mina sent Mel a book.   Mina sent a book to Mel.
?? Mina bought Mel it.   Mina bought it for Mel.
?? Mina sent Mel it.   Mina sent it to Mel.
?? Who did Mina buy a book?   Who did Mina buy a book for?
?? Who did Mina send a book?   Who did Mina send a book for?
* Mina bought Mel yesterday a book. Mina bought a book yesterday for Mel.
* Mina sent Mel yesterday a book.   Mina sent a book yesterday to Mel.

Goldberg的结论是，代表双及物构式表层形式的各用例之间的相似性，较之代表句法变换构式各用例之间的相似性更多、更明显。用她（2006：33）自己的话说就是，"概括力强的概括形式就是表层概括形式"（the robust generalizations are surface generalizations）。

2.6 总结语

本章介绍了论元结构的概念，它也是价的同义词。论元结构描写的是某个特定语言项（linguistic item）所能绑定而与之结合的语言成分的数量和特点。通过讨论我们知道，论元结构一词与被绑定语言成分的意义和形式都相关，其中，意义面叫作事件结构，形式面叫作句法论元结构。一般认为，论元结构构式就是一条条的语言知识，有了这些知识，人们就知道如何将动词用于不同于其惯用法的句法语境中，像 "John sneezed the foam off his capuccino" 这样的 "著名" 用例恰能说明这一点。此外，论元结构构式是句法构式性质，它们可以被各种各样的词汇填充，其自身也表达某种意义，该意义超出了构式组成成分的词汇意义的总和。因此，关于论元结构构式有两种主要的证据：其一，构式允许动词及其所在句法语境的非常规性结合；其二，构式能表达非组构性意义（non-compositional meaning）。但是，动词和论元结构构式的结合也不是不受限制的，Goldberg 提出的语义一致原则指出，某动词能否用于某构式，取决于该动词和该构式各自所激发和关联的事件参与者在语义上是否契合。因此，动词和构式的结合是有限制的。在讨论论元结构构式在一般性的构式语法研究中的重要性时，我们结合了场景编码假设，该假设主张，一个语言里的那些基础的句法模式实际上是对不断发生的事件类型的编码，这些事件是人类生活经验的基础或是不可缺少的部分。

我们在本章还区分了增价构式和减价构式。增价构式，如动结构式、双及物构式，致使—位移构式以及 WAY 构式，等等，为动词的事件结构增添论元，因此，这些构式为该动词的事件结构增添参与者。与之相反，减价构式，如被动式、祈使式、标签体构式和指导性祈使构式等等，会抑制各有关动词事件结构中本有的参与者的显性表达。通常，被抑制而未表达出来的论元很容易根据有关语境而被还原出来。标签体构式中的那些用例，如粘贴于红葡萄酒瓶上的 "Contains sulphites" 等等，能够让我们毫无疑义地读懂它们的意思。不过，应该说，能够通过语境来进行

（论元）还原并不是使用上述结构形式时的唯一限制条件。

本章最后一部分讨论了可相互释义构式亦即所谓句法变换形式之间的关系。有人认为，存在着这样一些语法规则，它们将那些表达相似意义的论元结构模式系统地联系起来，但与之相反，表层概括假设表达的观点是，对论元结构构式最宜进行独立分析，因为有着相同表层形式的用例之间的相似性，比句法变换形式的用例之间的相似性要更多、更明显。

总之，尽管一些"简单句"，如"Pat gave Bill a book"或者"Bob hammered the metal flat"，等等，给我们的第一印象是完全规则的，且语义表达上具有组构性，它们仍旧例示了各自所属的构式，这些构式的存在，是支持语言知识的构式观的强有力证据。任何一个语法理论都需要解释如下语言事实，即英语中"John cut the rope in half with a knife"（John 用刀把这绳子割成两半）一句是成立的，而"*John heard his ears deaf with loud heavy metal"一句却不成立。我们提出论元结构构式的观点，并提出动词同构式结合所遵循的一些限制性原则，这样就能提供符合人们的语感且可以进行验证的解释。

思考题

1. 什么是论元结构？
2. 举一例说明，其中动词的事件结构与其句法论元结构不相匹配。
3. 什么是题元角色？
4. 表层概括假设作了什么预测？哪些语言事实可以让我们对该假设产生怀疑？
5. 要区分论元结构构式，最主要的两条证据是什么？
6. 什么是语义一致原则？
7. 空例示是什么意思？
8. 你能否列举一个本章没有讨论到的英语变价构式的用例？

延伸阅读

本章的核心参考书目是 Goldberg（1995）。Goldberg（2006）中的第二章和第九章是 Goldberg（1995）有关内容的继续研究。Boas（2003，

2005）和 Goldberg & Jackendoff（2004）都讨论了英语的动结构式。有关动词及其论元结构的话题的讨论，奠基性著述可参阅 Pinker（1989）、Levin（1993）以及 Levin & Rappaport Hovav（2005）。Herbst et al.（2004）所编纂的《英语价词典》（*Valency Dictionary of English*）也值得一读。此外，还可参阅 Herbst & Götz-Votteler（2007）的相关研究。若要了解对变价构式的一般性概述，可参阅 Payne（1997）和 Haspelmath & Müller-Bardey（2004），从这些著述中可找到来自英语之外其他语言的很多用例，这将有利于我们以更加辩证的方法和视角来审视英语的有关事实。

3 构式库的内部结构

3.1 无意义的构式？

我们在前两章里提出的观点是，语言知识应该被构建为构式库，亦即由形式和意义匹配对应体构成的一个巨大的网络，它容纳了单词、习语、半固定形式表达式（semi-specified patterns，如 THE X-ER，THE Y-ER）①也包括论元结构构式，如双及物构式和动结构式等等。对上述所有这些类型的构式而言，我们可以相当直白地说，它们的形式或意义的某些方面并不能从英语语法中业已存在的、更具一般性的各种模式当中预测出来。简言之，根据语感，很明显，像 dog 或 green 这样的单词是有词汇意义的语言形式，同样也很明显，短语 pushing daisies 有习语义，像 "John sneezed his cat soaking wet"（如前注，这是动结式用例）这样的例子含有非组构性意义。有了这条证据，我们就应该将英语的动结构式归进人们的语言知识，成为其一部分。但是，读者或许会问，仅凭这些证据就能断定语言知识的"全部"都是由形、义匹配对应体组成的吗？所有的句法形式都有意义吗？如果认为语言知识就是一个巨大的象征性单位库藏（repository of symbolic units），那么上述问题的答案必然就是"是"，因为一个象征性符号之所以是一个象征性符号，就是由于它既有形式也有意义；同样地，还有很多句法形式，如果不用最具抽象概括性的话语来表达的话，想要说清它们的意义，还是相当困难的。试看

---

① 译者注：原文拼写如此。此例即所谓比较共变构式，相当于汉语的"越……越……"构式，这在前文 1.1.3、1.2 小节都有提及。

下面的例句:

(1) John sings.
　　Bob heard a noise.
　　One sock lay on the sofa, the other one under it.

上述第一例说明了英语语法中可谓是最根本的原则之一,即动词与其主语保持一致,同时还显示数和人称范畴的屈折变化。在一般现在时的句子里,第三人称单数的主语要求与之共现的动词以后缀/-s/结尾。说这话的人显然对此心知肚明,但这样的知识表征的是构式吗?第二个例句,"Bob heard a noise",其中的动词结合了一个主语和一个宾语,形成一个及物性小句(transitive clause)。我们在前一章讨论过,论元结构构式是有意义的语言结构单位,如果比照双及物构式和动结构式来类推,是否可以说该句也代表了某个或可称为"单及物构式"(TRANSITIVE construction)的构式呢?如果是这样,它有何意义?受到"Bob hit the nail"或"Bob ate the sandwich"等用例的启发,我们或可回答后面的那个问题,将典型的单及物小句视为这样一种小句,即其中的施事对单个离散的(individuated)、无生的(inanimate)受事论元有意地施加了影响(详参 Hopper & Thompson, 1987; Thompson & Hopper, 2001)。但假如单及物构式能包括像"Bob remembered his appointment""Bob walked a mile"或者"Bob weighed 200 pounds"这样的用例,上述的语义特征概括可能就难以成立了。我们再来看第三个例句,"One sock lay on the sofa, the other one under it",它所说明的句法模式内有两个并列的小句,且第二个小句省略了两小句中都有的成分,本例中即为动词 lay。很明显,说这话的人也知道,这一特定模式用于表达某特定含义时是可行的,但如果说成"*One sock lay on the sofa, the other one under"就不可接受了,尽管这看起来似乎只是个很细微的区别。那么,这样的知识仍可说是关于构式的知识吗?

是否所有的构式都是有意义的?对于这个最根本的问题,构式语法研究文献中的回答很多都是彼此矛盾的。Goldberg(2006;

166—182)的主张是,即使是高度抽象的模式也是有意义的。她讨论了"主语—助动词倒装"(SUBJECT-AUXILIARY-INVERSION)构式,该句法模式用于疑问句、条件句和感叹句中,也可用于其他多种结构类型中。下面仅举数例:

(2) Would you mind if I smoke in here? (我可以在这儿抽烟吗?)
Had I known this, I would have stayed at home. (要是当时我知道的话,我就会呆在家里了。)
May he rest in peace! (愿他安息!)
Rarely have I heard such nonsense. (从来没听到过这样的鬼话!)

尽管以前的研究认为上述类型多样、涵括更广的结构形式正说明"主语—助动词倒装"结构仅仅是一个形式特征而并无实质语义内容(见 Green,1985)。Goldberg 却认为,共有这种句法特征的所有这些结构形式,其实在语义特征上也有共同点,特别是(语气)表达的非果敢决断意味(non-assertiveness)。尤其是疑问句、条件句和表达希望祝福的句子都是描写事物的非事实(not factual)的状态。不过,Fillmore(2012:326)反对她的观点,他明确提出"语义为空的构式的合法性"。无意义的构式可能就是指与传统的短语结构规则无异的那些语言概括表达形式,比如名词短语的构成方式可以概括为一个限定词、一个定语形容词和一个名词的结合。这样一个概括表达形式所限定的全部内容就是,对几个句法结构的某种配置就会产出语法上可以接受的英语短语来。请注意,我们当前讨论的正是该由语言知识的词典加语法模式中的语法板块去处理的那个东西,所以,把语法同词库区分开来,是否有道理呢?我们所说的构式库能否容纳那些纯粹形式性的语言概括式?要想回答这些问题,我们需要对"无意义"构式进行更细致的考察。

Fillmore 等人(2012)区分出了三类他们认为无意义的构式。第一种,恰如例句"John sings"所示,由主语和与之保持一致的动词结合构成,形成所谓的"主谓构式"(SUBJECT-PREDICATE construction)。该构式反映了一种形式上的概括性，但其自身并不表达任何超出其组构性词汇成分各自意义总和的意义。Fillmore 等人甚至还拒绝接受这样的观点，即主谓构式可能会激发关联着某个高度普遍或概括性的意义，比如"提出一个人们当前正在谈论的话题"。比方说，在句子"There's a problem"（有个问题）或者"It's a shame"（真是遗憾）当中，主语成分（there，it）没有所指内容，因此不可能是谈论话题。因此，如果说主谓构式本身有意义，这一观点非常牵强。另一个纯形式的结构形式是"定中构式"（MODIFIER-HEAD construction），例如一个形容词和一个名词组成的 red ball，或者一个副词和一个形容词组成的 completely full。这种结构在形式上所限定的就是，前一个成分修饰限定后一个成分，而后一个成分决定着整个结构体所代表的短语的类型。尽管有人可能会认为，该构式表达的意义是"某个 X 具有作为 Y 而有的性质特点"，但其实这种释义只是适用于例示该构式的所有用例中的一个部分。试看如下各例：

(3) John smoked a fat cigar.
    I never see any of my old friends anymore.
    The judge found the alleged murderer innocent.
    Bob's restaurant was closed down for hygienic reasons.

虽然 a fat cigar（粗大的雪茄）就是"雪茄粗大"，但是 old friends（老朋友）不是指"老的朋友"，同样，an alleged murderer（涉嫌的杀人凶手）也不是说"杀人凶手被指控（alleged）了"，hygienic reasons（卫生原因）也不能说是"很卫生的原因"。所以说，即使上述那些例句都具有相同的定中式句法机制，但各自的解读却各不相同。

Fillmore 等人讨论的第二种构式自身并非没什么意义，其实，与各自相应结构形式的用例相关联的有多种意义，而这种构式就这些意义方面而言是有相当高的异质混杂性的（rather highly heterogeneous）。Fillmore 等人在对这种构式的讨论中就涉及到"主语－助动词－倒装"结构，他们（2012：327）批评 Goldberg 关于"共有核心义"的论述太模糊。虽然疑问句、条件句和感叹句可能会有一些共同的语义特点，但是Fillmore等人还是质疑一般的英语者能够在如此高的抽象程度上进行语义概括。不过，他们也认为，人们对"主语—助动词—倒装"的结构模式还是知晓的。投射于众多语义之上的另外一个高度抽象的形式化概括可见于所谓各种"填充物—空位"结构（FILLER-GAP constructions）(Sag, 2010)。这些结构有一个共同点，也就是动词的一个论元，通常是直接宾语，出现在一个不同于其简单陈述小句中典型句法位置的位置上。例如，"Bob ate the sandwich"一句中，宾语是直接跟在动词之后的。我们将这一句同下面含有动词eat的各句作一比较：

(4) What kind of sandwich did you eat?
How many sandwiches he ate!
Keep track of all the sandwiches you eat!
Normally the kids don't touch sandwiches, but this one they'll eat.
The more sandwiches you eat, the hungrier you get.

上述各用例体现了不同的构式，也就是WH-问句、感叹句、关系分句（RELATIVE CLAUSES）、话题化构式（TOPICALIZATION construction）以及"THE X-ER, THE Y-ER"构式等。每例中，被吃的东西都表达出来了，但它们都出现在动词之前，而非之后。如果用专业术语来描述这种状态，我们可以说被吃的东西，亦即"填充物"（the filler），出现在一个非论元位置，而上述各例中的论元位置，也就是紧跟在动词eat之后的位置，并没有被任何语言材料填充，所以我们称之为"空位"（gap）。从有关"填充物—空位"结构研究的公开发表文献中，读者可以找到很多"填充物"和"空位"同指（co-indexed）的实际用例，形式也同上述各例一样，例如下面这一句：

(5) [What kind of sandwich]$_i$ did you eat _____$_i$?
　　　filler　　　　　　　　　　　　gap

和"主语—助动词—倒装"结构一样，这些"填充物—空位"

结构看来确实反映了一个涵括广泛的句法概括形式，根据该形式，动词的一个论元可以出现在非论元位置上。如果一个语言学理论能够对上述概括进行表述，且可以对上述（4）中各句所代表的各种构式的句法行为作出通盘解释，那这个理论就可以说"很精妙"（elegant）。同理，这些结构类型显然并没有一个共同的语义核心。Fillmore等人（2012）因此提出，"填充物—空位"结构应该是一种抽象的句法性概括，它在不同的构式之中起作用，这种概括形式本身没有意义。而实际情况是，上述那些结构类型（即Wh-问句、感叹句、关系分句、话题化构式以及"THE X-ER, THE Y-ER"构式）只是跟它们各自的意义有关联。

第三，Fillmore等人认为，各种省略结构也是自身并不表达意义的句法性概括形式。他们讨论的三个具体的结构形式分别叫作"预留空位"（gapping）、"成分剥离"（stripping）和"共享封闭端"（shared completion）（也被称为"右节点提升"（right node raising））。我们来看下面各例：

(6) One sock lay on the sofa, the other one under it.
John put the bowls in the dishwasher, and the plates, too.
The South remains distinct from and independent of the North.

在"预留空位"的典型用例中，两个短语性成分被并置（juxtaposed），且第二个短语成分中没有出现在第一个短语成分中出现的动词，这种空缺就叫作"空位"（gap）。由于该短语的其他剩余部分都仍旧存在，"空位"一词因此得名。上述例句中，短语the other one和under it被称作"剩余成分"（remnants）。第二个例句体现的是"成分剥离"（详参Hankamer & Sag, 1976），该词所表达的意思是，一个整句只剩下一个成分，而所有其余成分都被剥离。上例表达"John put the plates in the dishwasher"的意思的方式，是单单提及the plates。"成分剥离"因此可以看作是"预留空位"的一个激进或极端形式。"成分剥离"的一个典型特点就是，句中使用了状语too或者否定算子

not，例如"Eric played the guitar solo, not George"一句。上述所列第三例代表的是"共享封闭端"的情形。我们有必要将 distinct from 和 independent of 视为共享同一个语言表达终端的两个形容词性短语，该终端即是 the North。"共享封闭端"里的这个共享终端可以是完成一个介词性短语表达的名词短语部分，不过，以下例句表明，其他类型的模式也可以实施这个功能：

(7) His theory is based on-but more complicated than-string theory.
Stretching can help prevent or at least reduce soreness.
He is one of the most—if not in fact THE most—tragic figure in sports history.

以上各例都包含一个要求带补足成分的短语性中心成分（phrasal head），例如介词 on、动词 prevent 和限定词 one 都要求后面接一个名词性的补足成分，然而接在这些中心成分之后的成分却是连词（分别是 but, or, if），连词之后又接了其他的语言材料，最后才接上预期本应出现的名词性结构成分（即 string theory, soreness, tragic figure）。请注意，词串 prevent or at least reduce 或者 one if not the most 都不是句法结构成分。实际上，把词串 or at least reduce 和 if not the most 看作是插进中心成分及其补足成分之间的插入语结构似乎更合适。对各种插入语结构（PARENTHETICAL constructions）在构式语法研究中的地位的更为详细的讨论见于 Imo（2007）和 Leino（2010）。综上所述，像"预留空位""成分剥离"和"共享封闭端"这样的省略构式并不造成语义压制，它们自身并不表达意义，由它们产生的句子所表达的意义，可以通过对组成句子的各单词意义的处理而推导出来。

前面我们讨论过，构式库被视为形式和意义匹配对应体的库藏，那么以上对"无意义的"构式所作的考察分析将置该主张于何地呢？构式库或许也需要一个句法规则附录，就像传统的语法观需要一个习语表达式附录一样？就像我们在前两章里讨论的那样，对构式语法观来说，最确信无疑的就是基于各种"主语—助动词—倒装"结构或者"填充物—空位"结构的构式家族这样的构式类型。其实，这里只有两种可能的分析思路，都是由Stefanowitsch（2003：420）提出的，他的研究讨论了英语的两种属格构式（GENITIVE constructions）中的修饰限定成分和中心成分之间各种不同的语义关系。他说：

> 对这个问题我们可以从两个角度来分析思考（……）：进行原型特征分析，将其中（修饰限定成分和中心成分之间的）一种语义关系（简称"MH 关系"）视为最基础的关系，并且找到一个科学、系统的方式来解释其他所有的语义类型，将它们统统处理为源于这个基础的原型语义的各种引申意义；或者进行图式化分析，找到一个抽象的特征描写方式，该描写涵括该特定构式所编码的全部的语义关系类型，且仅限于这些类型。
>
> (There are two ways in which this issue can be approached (...): by a prototype analysis that takes one of the semantic relations (between modifier and head, MH) as basic and finds a principled way of accounting for all other relations as extensions from this basic prototype; or by a schematic analysis that finds an abstract characterization that covers all and only the relations encoded by the given construction.)

我们都知道，Goldberg（2006）采纳了图式化分析的路子来分析"主语—助动词—倒装"结构，试图找到以这种句法形式出现的所有的构式所共有的语义核心。Taylor（1996：343—347）则采纳了原型特征分析的路子，对英语的 S-型属格构式（S-GENITIVE construction）进行了分析，试图找到该构式的各个不同解读之间的语义关系。这两种分析路子原则上都是可行的，因为所谓的人们是在哪些抽象的层面上来进行总结概括的问题，从根本上讲是一个实践经验性质的问题，需要根据具体的个人和具体的语法现象来进行具体的分析。此外，还有一种可能，也就是图式化分析和原型特征分析甚至并不会彼此排斥，因为人们可能同时就能作出好几种总结概括，这些概括有些是在较低的层面上，有些则是在更高、更抽象的层面上。因此，迄今为止，我们认为构式库并不需要附录，但其他的无意义构式是否需要呢？

Fillmore等人（2012）所讨论的第一种构式类型就是主谓构式，它要求将图式化分析和原型特征分析这两条路子结合起来对其进行分析。Fillmore等人指出，为所有的主谓结构找到一个图式化的意义，就像是一项前途渺茫的工程。存现构式（existential and presentational constructions）的句子，如"There are no unicorns"或者"There's beer in the fridge"，若要进行图式化分析就会有困难。反过来，要想把如此一个抽象意义同由存现构式句表达的更为具体的意义联系起来似乎也很困难。因此，作为Stefanowitsch所推崇的两个解决方案之一，原型特征分析方法的适用也是有限的。跳出这一困境的办法或许是把这两种分析方法结合起来：我们可以用图式分析法来分析诸如"John sings"和"A man walks into a bar"这样的句子，而另一方面，我们可以对"There's beer in the fridge"这样的句子提出独立的构式性图式。实际上，构式语法的奠基性研究中有一项就是研究这个问题的，它对英语的"there构式"进行了基于原型的分析（详参Lakoff，1987）。其主要观点就是，那些更具体的构式会共有较之更具概括性的构式的某些特定的形式和功能特点，但同时它们又会表现出那个更具一般性的图式所没有的一些特征。所以，我们可以把像"主谓"和"定中"构式这样的概括形式也归入构式库的范畴。

然而真正成为问题的就要属省略构式了。前面我们讨论过的"共享封闭端""预留空位"和"成分剥离"等构式似乎具有传统短语结构规则的所有特征，但其自身并不表达任何实质性意义。如果我们要给各个构式算"无意义性"程度的话，上述这些构式无疑应该位于清单的最顶端，即使算上主谓构式和定中构式。而且，这些句法模式是否会表现出构式的其他显明典型的特征，也就是各种特异性限制条件（详参1.3.3小节），或者搭配性偏好（详参1.3.4小节），这也并非一望便知。如果用于界定构式的全部标准都不适用，我们就必须承认，上述这些句法模式不是构式库的一部分,当今很多构式语法研究者都提出了这一观点。

综上所述,纯粹形式上的概括形式,亦即无意义的构式,在构式库中没有天然的位置。实际上,如果构式语法真可被视为有关语言知识的理论,那么这个理论就会理直气壮地主张,绝不可能存在无意义的构式。一个科学理论所提出的主张如果能够被证伪,那我们通常就会说这个理论"好"。因此,要想说构式语法是个好的语言知识理论,就必须说清楚有哪些实证证据能够表明它错了。所以说,构式语法学家们需要正视像"共享封闭端""预留空位"和"成分剥离"等结构模式提供的关键证据,以便挽救他们当前所持的构式库主张,或者以某种专设规则的方式对其理论进行调整,以使其可以解释那些经验事实。我们知道,省略构式的使用相当频繁,且具有较高能产性,而且无意义构式的"问题"也延伸到一些短语构式,如动词短语构式和介词短语构式等等,所以作出明确的回答是必要的。构式语法学家们最不该做的是,只看到"THE X-ER, THE Y-ER 构式"或"WAY 构式"等这样让他们感到称心如意的结构模式,然后假装根本不存在什么无意义构式的问题。

3.2 构式库:相互联结构式所形成的网络

行文至此,我们对构式库的描写还是相当的模糊,我们说它是代表说话者的语言知识的、形式与意义匹配对应体所构成的一个巨大的库藏。对此,我们要提出一条相当重要的补遗,也就是,这个知识库不是一个单维平铺的清单或者杂乱无章的"构式袋",而是一个结构高度复杂有致、表现出层级特征的网络系统,这个网络系统中的所有构式都彼此联结起来。我们在接下来的几个小节里就来讨论构式库里的那些构式是怎样彼此联结起来的。

3.2.1 承继关系

在这方面有个核心的思想,那就是承继关系(inheritance)的概念。"承继"一词描写的是更为抽象的构式和更为具体的构式之间的一种关系,前者处于靠近构式网络顶端的位置,后者则处于构式层级的更低一些的位置。当然，在抽象构式和具体构式之间没有简单的二元区分，而实际上，构式性的概括表达形式分布在一个连续统（continuum）上，其中一端是那些非常抽象的图式，往下走到另一端，则都是非常具体的词汇性模式。因此，具体模式例示着处在图式化水平不断增高的层级上的更抽象的构式。例如，像 face the music 这样的习语表达式（意为"接受因自己行为而造成的令人不悦的后果"）有非常具体的词汇表现形式，它例示了数个更为抽象的构式，比如动词 face 用如及物动词以及更具一般性的单及物构式，下面我们用图 1 来直观地表达这些特点：

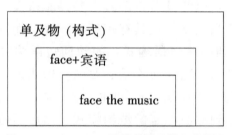

图 1 face the music 及其所例示的几个构式

构式性特征，亦即形式和意义方面的特征，是沿着向下的方向被承继，即从更高层、图式化水平更高的层级朝向更低层、更具体的层级。举例来说，迄今为止我们碰到的最为抽象的构式中，有一个就是主谓构式，英语里几乎所有的小句性结构都有一个共性的形式特征，即动词在数和人称上要与其主语保持一致，因此，那些具体的小句构式从主谓构式那里承继了这个特征。Goldberg（2013）又举了承继的另一个例子，试看下面一组例句：

(8) He is in prison.
　　She came from school.
　　John is going to university.
　　They are on vacation.
　　Herbert has been at sea for three years.

上述各例都包含一个介词（preposition）加一个光杆可数名词（bare count noun）的序列，Goldberg 把这种模式叫作"PN 构式"。该构式从介词短语构式这个更具一般性的构式那里承继了一个最基础的形式特征，亦即介词加名词性补足成分的线性序列组合形式。除了这个被承继的形式特征，PN 构式还表现出几个构式特异性。首先，该构式表达了一个程式性的角色，因为某人只能以犯人而非看守的身份处于 in prison（坐牢）的状态；go to college（去上大学）的只能是学生，而不是给他们上课的教授，也不是门卫或者校长。其次，和规则的介词短语不同，这里的名词性补足成分不能用形容词来修饰（例如不能说"*They are on sunny vacation"）。第三，尽管规则的介词短语可以由任一类型的名词构成，PN 构式在这方面显然是受限的。人们可以 go to bed（上床睡觉），但不能 go to couch（*上睡椅睡觉），所有这些特异性特征都是 PN 构式所独有的，普通意义上的介词短语并无这些特征。因此，承继关系是一种"下行"（downwards）关系，更加具体的构式的那些特征是不会"上行"（upwards）投射的。

承继关系不仅是个语言形式问题，它还可能是个意义问题。为了说明这一点，Michaelis & Lambrecht（1996：237）曾指出，名词短语偶尔可以表达感叹，比如下面诸例：

(9) The time he takes!
    The amount of plastic waste!
    My car payments!

以上各例所表达的意思是，每个名词短语的指代物都代表了听话人必须理解的某个量度上的一个极点（an extreme point on a scale）。即使是那些被剥离了语境的用例，理解起来也不难。第一句说的是某人花费了较长的时间，第二句是说垃圾量巨大，第三句是说用于汽车的各种开销比较高。Michaelis & Lambrecht 把这样的语义模式叫作"转喻性名词短语构式"（METONYMIC NP construction）。这种构式的语义特征被形式上更为具体的构式中的名词短语所承继，如下所示：

(10) I can't believe the money I spent on clothes!
     It's ridiculous the amount of plastic waste!

上面第一句，Michaelis & Lambrecht（1996：244）认为是"NP补足语类型感叹构式"（NP-COMPLEMENT EXCLAMATIVE construction）的一个实例。该句中，承担感叹任务的名词短语是动词 believe 的一个论元。上面第二句例示的是"名词性成分外置构式"（NOMINAL EXTRAPOSITION construction），它由一个述谓性小句和上述表感叹的名词短语组成。因此，这两种构式都从"转喻性名词短语构式"承继了它们各自的语义内容。

现在就我们初步讨论的承继概念作个总结，可以这样说，它就是更抽象构式和更具体构式之间存在的一种关系，也就是更具体构式会表现出更抽象构式在形式和功能方面的某些特点。正如同"松鼠"既是啮齿类动物，同时也是哺乳类动物和动物的一种，像 face the music 这样的习语表达式也同时例示好多个更为抽象的构式。

3.2.2 承继链的种类

在前文讨论的基础上我们可以认为，承继或多或少可以看作是把语言里的各种构式组织建构成为一个层级体系的问题，我们已经讨论了其中一些更为抽象的构式类型，也讨论过这些类型的更为具体的例示实例。这当然是整个研究中很重要的一部分，但构式库中还有其他一些与之不同的承继链也值得我们来讨论一下。承继链的最基础的类型叫作"实例链"（instance link，详参 Goldberg，1995：79），我们在上文也有讨论，正是这个链把 face the music 和用如及物动词的 face 与单及物构式联系起来——习语 face the music 是单及物动词 face 用法的一个特殊用例，而 face 用作单及物动词的那个用法反过来又是单及物构式的一个特殊用例。

Goldberg（1995：75）认为，"一形多义链"（polysemy links）是承继链的另一种类型。我们在第 2 章里讨论过，很多论元结构构式都是一形多义，因此，它们有好几个在概念上有关联的意义。比如双及物构式就是这样，该构式的基础意义是"X 致使 Y 接受 Z"，它还有好几个引申出去的意义，例如"X 允准 Y 接受 Z"或"X 企图让 Y 在将来接受 Z"。下面三例分别说明了上述意义类型：

(11) John gave Mary the book.
The doctor allowed me a full meal.
I promise you a rose garden.

在构式库中，双及物构式的核心义会通过一形多义链同其他的引申义联系起来。读者请注意，我们现在并不是在讨论分类关系的问题，因为严格说来，"期望式的转移交接"（intended transfer）并不是转移交接的一种。不过，显然一个"期望式的转移交接"义还是从一个更具一般性的"转移交接"义那里承继了大量的语义内容。我们有理由把一形多义链看作是转喻关系，也就是一个事件场景（scenario）的整体同其各组成部分之间的关系。典型的情形是，一个构式的引申义表征一个事件场景，而同该构式基础意义关联着的，是另一个事件场景，前一个事件场景承继了后一个事件场景的核心部分。一形多义链的另一个例子可见于英语的"S-型属格构式"的语义图谱（semantic spectrum）中。Taylor（1989）认为，该构式的核心意义是"领有"，这个核心义就是通过一形多义链和构式的引申义联系起来。试看下面各例：

(12) John's book
John's office
John's train
the country's president
yesterday's events
inflation's consequences

虽然上例中第一句的属格表达了所有权或领有的含义，其他各句表达的却是彼此有较大差异的相关语义。Taylor（1989：679）列出了原型的领有义所具有的几个特征，比如领有者必须是有生的，被领有物必须是具体有形的物品，领有者对被领有物必须有绝对的掌控处置权，领有关系是长期的，等等。虽然像John's book这样的短语可能符合原型界定的全部标准，其他各例标准符合的数量却是依次逐渐减少的。例如，John's train（"John 的火车"表示"John 所乘坐的火车"）并不表示"火车"为 John 所领有，而且 John 和"火车"之间也只是短时的关系。不过，S-型属格构式的这些引申义还是会通过一形多义链而与其核心义联系起来。

各构式之间还可以通过各种隐喻链（metaphorical links）而联系起来。跟上文讨论的一形多义链一样，这种链接形式本质上是语义性质的，它将构式的基础义和引申义联系起来。隐喻链的特殊标志就是，两个有关联的语义代表了概念隐喻（conceptual metaphor）中的源域（source domain）和目标域（target domain）（详参 Lakoff & Johnson，1980、1999）。Goldberg（1995：81）认为，致使位移构式（见 2.3.2 小节）和动结构式（见 2.1 小节）之间有隐喻链。联系两个构式的概念隐喻就是"改变即运动"（CHANGE IS MOTION）（详参 Lakoff，1993）。源域同空间位移有关，它由致使位移构式的核心义表征，例如"John combed his hair to the side"（John 把头发梳向一侧）一句。有趣的是，人们普遍使用与之完全相同的句法模式来表达动结事件，例如"Ann tied her hair into a bun"（Ann 把头发结成发髻）。Goldberg 对这个现象的解释就是基于"改变即运动"的隐喻，这个隐喻思维是上述两个构式的意义产生关联的动因基础。

说明构式的基本义和引申义之间存在隐喻链接的另一个例子就是英语的情态助动词构式（MODAL AUXILIARY constructions）。英语的核心情态助动词（如 must，may，can，should，等等）都表现出系统的一形多义模式，而该模式被认为具有隐喻性。Sweetser（1990）认为，下面的各组例句就是通过隐喻而联系起来，该隐喻将人类所处的社会物质世界作为其源域，把可能性、必然性和似然性（possibility, necessity and likelihood）等特征领域作为其目标域。下面每组的第一句（译者注：即左栏各句）表达所谓义务情态义（deontic modal meaning），第二句（译者注：即右栏各句）则表达认知义（epistemic meaning）：

(13) You must be home by ten!　You must be David's brother!
（十点前你必须到家！）　（你肯定是 David 的兄弟吧！）
You may now kiss the bride.　He may have escaped through the window.
（现在你可以亲吻新娘。）　（他可能已从窗户那边逃脱了。）
I can't open the door.　That can't possibly be true.
（这门我打不开。）　（那不可能是真的。）
You should try the sushi.　Prices should go down sooner or later.
（这寿司你应该尝尝。）　（物价迟早会降的。）

我们讨论的这些例句所关联的构式都包含一个像 must 这样的情态助动词和一个非定式动词性补足成分（non-finite verbal complement），如 be home。"You must be home by ten!" 一句和 "You must be David's brother!" 一句之间的语义区别在于，前一句表达的是命令，后一句表达的是推论。在构式库中，情态助动词构式的每个义务情态义和认知情态义的用例都会通过隐喻链而相互关联。

承继链的第四种类型可以把那些在形式或意义方面有部分相似性的构式关联起来，这就是所谓的元件链（subpart links，详参 Goldberg（1995:78），亦可译为"子部分链接"），这种链接将那些在形式或意义特征方面有一定重合的构式关联起来，但也因为这种链接，我们也不能把其中一个构式归为另一个构式的用例。比如，单及物构式和双及物构式就有相当多的共有特征：它们都有一个施事主语和做受事或客体的直接宾语。试看以下两例：

(14) John wrote a letter.
John wrote Mary a letter.

上面两例显然有诸多相似处，因此，如果认为，人们的语言知识包含知道单及物构式和双及物构式有一些共有的特征，这也并非毫无理据。前面我们说过，有些构式有着共同形式或意义特征，但又不能被视为彼此的实际用例，此类构式之间存在的那些关联性在构式库中就表现为元件链。还有一点就是，每个复杂句法构式都是由很多更小的短语构式构成的。例如，每个单及物构式的实际用例必然都借助元件链联系着一个名词短语构式和一个动词短语构式。不过，用所谓句法混合体（syntactic amalgams）的例句来阐释元件链这个概念，会激起我们更大的兴趣。Lakoff（1974）讨论过下面的例句：

(15) John invited you'll never guess how many people to his party.
（John 邀请了很多人参加他的聚会，数量之多，你都猜不出来。）

　　对这样的用例我们尚没有更好的称名，关于此类句子，我们在这里就权且称为"主句型修饰语构式"（MATRIX CLAUSE AS MODIFIER construction）。此句可视为多个不同构式的结合体，不过其中一个构式只是作为一个句子元件出现。例句中，有一个组成分构式属于"补足语小句构式"（COMPLEMENT CLAUSE construction），该构式可见于 "You'll never guess how many people John invited to his party"一句。此构式应部分属于单及物构式，而依据单及物构式人们就可以说 "John invited very many people to his party" 一类的句子。词汇串 "you'll never guess how many"是补足语小句构式的一个元件，它用在单及物构式中就可以占据短语 very many 的位置，从而造成了句法混合体，亦即几个构式的混合体。这个混合型构式通过元件链和补足语小句构式发生关系，又通过实例链和单及物构式发生关系，因为它恰好例示了这个构式。

　　上述例句说明，构式库中的各个构式相互之间形成一个网络系统，而不仅仅只是层级系统。前述实例链、一形多义链和隐喻链将构式库中更高层次的抽象和更低层次的抽象（higher and lower levels of abstraction）联系起来，除此之外，元件链则将处于相同抽象水平的构式联系起来。因此，构式库中，并不是一个构式仅同另一个构式相联系，构式库其实是一个有着"多对多"联系（many-to-many links）的构式网络系统。在构式语法研究文献中,讨论元件链的时候常常也会讨论多重承继(multiple inheritance)现象,多重承继是指一个构式可能同时例示多个更抽象的构式,其抽象程度渐次升高。来看下例:

(16) The Smiths felt it was an important enough song to put on their last single.
(Smith 一家人觉得,这首歌也重要,应该挑出来,放进他们的最后一张单曲唱片。)

与前例相同,此句亦可视为句法混合体,其中有两个构式相互交织在一起。第一个构式是定语形容词构式,它由 an important song 或者 the red ball 这样的短语例示,第二个构式是"ENOUGH＋to-不定式构式"(ENOUGH TO-INFINITIVE construction),该构式还可以用如下各例来说明:

(17) You're old enough to know better.
I had trained enough to finish my first marathon in good shape.
This fridge contains enough food to feed a small village.
John remembered the incident clearly enough to identify the suspect.
I was not in control enough to stop this from happening.

"ENOUGH＋TO-不定式构式"的基础形式包含一个短语,该短语的中心成分由 enough 修饰,且该短语之后跟一个带 to 的不定式小句。从语义上讲,含 enough 的短语编码的是一个具有允准作用的先决条件(enabling precondition),有了该条件,由带 to 的不定式小句表达的事件或状态才能发生。因此,像 old enough 这样的形容词短语之后就可以跟上小句 to know better,像 had trained enough 这样的动词性短语之后就可以跟上 to finish my first marathon in good shape,名词短语 enough food 后边就可以跟上 to feed a small village。读者可以把这种结构跟前面讲 the Smiths 的例(16)作比较,就会发现两句有句法差异。在名词短语 an important enough song 之中,enough 修饰的不是有关短语的中心成分，而是形容词 important。因此，该名词短语后边跟的是带 to 的不定式小句，且该小句在语义上又倒回去同形容词相关。要对该句里的句法结构进行分析，我们可以提出一个方案，即将其分析为一个包含有两个句子的句法混合体，分析如下。正如其特殊的排列方式所示，这两个构式彼此交织在一起。两个源构式（source construction）里的语言材料在句法混合体中全都表现出来，而这个句法混合体借助元件链而同这两个构式都发生关系：

(18) It was an important   song.
     It was   important enough to put on their last single.

Michaelis & Lambrecht (1996) 也举了一个多重承继的例子。他们认为，我们前面一部分讨论过的外置感叹构式（EXTRAPOSED EXCLAMATIVE construction）和转喻性名词短语构式可以结合在一起而形成一个句法混合体，即他们所称的名词性成分外置构式（NOMINAL EXTRAPOSITION construction）。下面三个例句展现的是两个源构式和一个句法混合体：

(19) It's unbelievable what he can do with the piano!
     The things he can do with the piano!
     It's unbelievable the things he can do with the piano!

我们在前面几个段落中讨论过的那些例句可能会让读者认为，多重承继必然会生成句法上相当复杂的结构，但这也不尽然。例如，我们在第 2 章讨论论元结构构式的时候讲过的涉及压制的全部用例，其实都可以视为多重承继的例子。比如 "Bob sliced the carrots into the salad" 这一例句例示了致使位移构式，但它也可以通过元件链和单及物构式关联起来，因为 "Bob sliced the carrots" 是个典型的单及物小句。总之，元件链在构式库中极为普遍，而且正是这些关联方式的极其普遍性使构式库成为一个（译者添加：内部成员之间）相互紧密交织的构式结构体，而不只是一个构式层级。

3.2.3 完全承继 vs. 冗余表征（Complete inheritance vs. redundant representations）

在前面的小节中，我们介绍了实例链的概念，讲到了更为具体的构式如何从更为抽象构式中承继一些特征而使之成为它们自己形式和功能特点的一部分。在构式语法界有一个普遍的认同，即实例链是人们语言知识中一条重要的建构原则。但分歧点却关乎这样一个问题，即被承继的信息在语法中是否仅有一次表征，亦即只与最具一般性的构式发生关联，还是说，此类信息是以冗余的方式在所有共有该信息的构式中被普遍表征？简单地说，如果主谓构式已经作出限定，要求其动词在数和人称上与其主语保持一致，那么，对于每一个从主谓构式那里承继了部分形式特点的构式来说，前述那种信息（译者注：即一致性要求）是否必须得和这每一个构式都直接发生关系呢？显然，更为经济的办法就是对信息作一次性存储，这样，处于更低抽象水平上的构式就可以得到处理，处理的方法就是"查询"构式库中更高水平上的、所有的被承继信息。然而，与此同时，从心理语言学角度来看，关于语言知识的最经济的理论不一定非得是那种看似最合理的理论，这一点我们接下来会有讨论。所以，我们要问，人们记住的关于语言的知识到底是什么？他们在构式库中查询的都是些什么信息？要搞清楚我们当前讨论的这个问题，我们先来想一想Fillmore 等人（1988：502）说的一段话：

> 关于语言运作的许多彼此矛盾对立的解释都以某种方式把人们对其语言所知同他们必须领悟参透的东西区分开来，例如，说英语的人就得知道 red 是什么意思，也知道它是一个形容词，他们知道 ball 是什么意思，也知道它是一个名词，他们还得知道，在修饰结构当中，形容词可以同名词共现（比如短语 red ball），而且他们还得知道用一些恰当的策略来对这样的"形容词＋名词"结构进行语义解读，但是，他们并没必要单独去知晓或被告知"red ball"是什么意思，正是他们预先早已经知道的这些使得他们有能力去领悟

参透。

(All of the many competing accounts of the workings of language draw a distinction in one way or another between what it is that speakers know outright about their language and what it is that they have to be able to figure out. For example, speakers of English have to know what *red* means and that it is an adjective, and they have to know what *ball* means and that it is a noun. They have to know that adjectives can co-occur with nouns in a modification structure (as in a phrase like *red ball*), and they have to know the proper strategies for giving a semantic interpretation to such adjective-noun combinations. But they do not have to know separately, or to be told, what the phrase *red ball* means. That is something which what they already know enables them to figure out.)

有些关于语言知识的理论认为,最大限度的信息量是留待人们去领悟参透而非存储记忆的,这就促成了一个主张的形成,即完全承继。从这个角度开展研究的人通常来自构式语法学派的一些分支,他们的基本研究任务就是对语法知识进行计算机处理和应用。持此观点的人认为,被承继的信息只被存储一次,也就是以包含该信息的最具一般性的构式的形式来存储。他们自第一个观点衍生出的第二个观点是,被存储的只是构式性图式,而非它们的各个具体的实际用例。例如,一般现在时构式(PRESENT TENSE construction)规定,以第三人称形式出现的动词要加后缀-s,于是就有了 thinks, walks 或者 sits 等形式。由于这些表达的形式和意义完全都是透明的,人们也就没有必要记忆这些内容。知晓该图式就已经足够了,其余的都可以想出来。不过与此相反,本书所主张的观点支持冗余表征说,它的意思是,横跨不同的抽象水平而对同一条信息进行多重记忆(multiple memorizations)。我们认为,除了记住一般性的图式,人们还记住了这些图式海量的具体实例。我们持这一观点,也得到了实验证据支持：人们的记忆库中保留着关于各种语言使用事件（linguistic usage events）的高度具体翔实的记录（详参 Bybee，2006、2010）。该记录内容包括所说的具体话语的精细的语音特征、这些话语的结构性特征以及产生话语的情景语境（situational context）。当然，与任何一种记忆类型一样，每一项记录的内容丰富程度都会与日俱减，但它又会被新的语言使用事件刷新激活。关键的一点是，说话的人不会把这些记忆内容层层剥离而使之最后变成一个更具图式化的表征形式。Gurevich & Goldberg (2010) 指出，人们在听简短故事的时候会逐词逐句记住其中所有的语言，即使没有人明确要求他们那么做。因此，人们的记忆内容会保留一种高水平的细致翔实，这就会造成关于语言知识的各种冗余表征。有证据显示，即使是完全规则的屈折形式也存储于人类记忆中，只要它们出现的频率足够高（详参 Stemberger & MacWhinney，1988）。根据这一观点，构式库就是基于语言使用的（usage-based），也就是说，构式库是（人们）通过语言经验并且不断受到语言经验的影响而建立起来的（详参 Bybee，2013）。关于这一点，我们在第八章讨论语言差异和演变问题的时候会进一步详细讨论。

3.3 构式语法中的"规范句法"（normal syntax）

如果你选修过语言学引介类课程，那么在句法学课堂上你就会了解到各种词类，比如名词、动词、介词等等，十有八九，这门课还会涉及到这些不同的词类如何结合而形成短语和句子。当今市面上使用的大部分教材都会对句法图式（syntactic schemata）问题进行一些讨论，有了句法图式，就可以把名词短语、动词短语、介词短语以及其他类型的短语组构在一起。这样的句法图式，有时也称为短语结构规则（phrase structure rules），是人们用来表征语言知识的概念。人们都知道，不同类型的词可以组合在一起而构成更大的语言单位，比如下面这些例子，每一例都是名词短语：

(20) milk

　　an old donkey

　　the big one with the two horns

　　all of my personal belongings

　　my friend Amy, who recently moved to Italy

说以上各例都是名词短语，这很容易用一组句法测试来说明。比方说，可以用上述任何一例来完成下面这个词汇串"Let me tell you a story about..."。同样地，在听到你说出这一句之后，某人也可以问你"What did you want to tell me a story about?"，而对于该问题，你就可以用上述有关各例的光杆形式去回答。这些事实都强有力地说明，人们对不同种类的名词短语已经形成了一种概括化。然而，各位读者读到这里，可能就会问了：我们在语言学导论课程中学到的关于名词短语的那些短语结构规则，怎么能够和本书前几个部分勾勒出的构式库的那些情形契合呢？构式语法理论如何看待"规范句法"？是否存在名词短语构式？是否该结构本身就是短语结构规则但只不过是换了个新名称？

若要简要回答上述问题，答案就是，确实存在名词短语构式，但该构式跟人们一般所理解的短语结构规则在许多方面都有不同。这两个概念的一个关键不同就在于，短语结构规则就像组装指令（assembly instructions），如同使用手册一样，人们靠它来组装一套家具，但是抽象的短语构式是不同语言结构都具有的各种概括表达形式，人们根据这些概括形式来识别某个特定的结构，将其归入某个范畴。因此，名词短语构式相对于较之更具体的一些构式并不重要，如定语形容词构式（如 an old donkey, the red ball）、名量词构式（NOMINAL QUANTIFIER construction，如 all of my personal belongings, some of the juice），或者关系分句构式（如 the man who left, the sandwich that I kept in the drawer for too long）。实际上，名词短语构式是人们在观察各种不同结构之间的某些相似性的时候所产生的一种（自发）新现象（emergent phenomenon）。总之，虽然人们把短语结构规则视为联系组装短语和句子的基本工具，抽象短语构式则是真真正正的一种认知奢侈品——拥有它们当然很好，但于我们至关重要的东西却不能依赖于它们，不管是在语言产出还是语言理解方面都不能依赖它们。关键的工作都由处于构式库中较低抽象水平上的那些构式来完成。

位于高水平上的句法性概括形式，如名词短语、主语和宾语，甚至如名词或动词这样的词性范畴是否存在，研究构式语法的一些学者对此已经表达了相当严肃的质疑。例如，Croft（2001：55）说，"句法表征中并无任何具有独立单位性质的图式性句法范畴"，此句的意思是，位于高水平上的句法性概括形式只有在人们找出了各构式之间的相似性并作出概括之后才能成为他们语言知识的一部分。Croft 举了一个具体的例子，他认为，事实上根本就没有语法主语这么一个普遍和基础的句法范畴，而实际情况是，出现在单及物构式中的是某一种主语，而出现在不及物构式中的又是另外一种主语，等等。反过来，单及物构式中的主语又是一种概括形式，是人们在考察了那些更为具体的单及物性图式之后所作出的概括，如单及物动词 kick，read，eat 等的用法，等等。既然很多不同的构式都是把一个主语成分和一个动词成分结合在一起，那么人们就可以感知到这种相似性，从而作出一个更高水平上的概括，这个概括会对应于主谓构式，或者对应于针对小句性构式的某个短语结构规则。然而，虽然在语言知识的词典加语法模式中，这样的一个短语结构规则代表的恰恰就是语法知识的根基，基于语言使用的构式语法当中的主谓构式只不过是人们脑子里的一个模糊概念，这些人善于分析，足以能够找到不同构式之间共有的那些相似处。Croft（2001：57）就指出，实际上并非所有的人都能作出高水平层次上的那些概括，所以对他们的心理状态进行任何评价判断都可能会理据不足。而且重要的是，Croft 的观点不仅把抽象句法图式归为构式库的相当边缘的位置，而且还迫使我们去重新思考词类的认知地位，如名词、动词、介词和限定词等。在语言知识的词典加语法模式中，人们心理词典中列出来的每一个词条都有一个范畴标签，这个标签对于该词条的词类归属起着标识的作用。各个词类被视为构建短语和句子的建筑材料，而且关键的是，短语结构规则正以它们为基础，例如，某短语结构规则通过出现在某构式中的词类来界定该构式（比如名词短语构式）。可是构式语法完全颠覆了这种关系：各种构式是最基础的，在各种类型的构式基础之上所作出来的那些概括表征形式才是词性赖以体现自身的地方。因此，在构式库中，像限定词或介词这样的范畴代表的是在极高抽象水平上的概括表征形式，比如主谓构式。

其他研究者也表达了类似的观点，他们强调在低水平上的那些概括表征形式对构式库的整体架构的重要性。Boas（2003）对动结构式进行了分析，他认为，动结构式并不是一个一元化的现象（unified phenomenon），而是一个稍低水平上的一群概括表征形式。重要的是，动结构式可以容纳多种多样的动词和动结短语，但是对某一特定实例当中能出现的成分的种类却有一些限制。例如，"Jerry danced himself to exhaustion"（Jerry 跳舞跳到筋疲力尽）和"Nancy talked herself hoarse"（Nancy 侃啊侃啊，最后嗓子都哑了）两句都可以成立，但是"*Jerry danced himself exhausted"和"*Nancy talked herself hoarseness"两句毫无疑问就不符合表达习惯（详参 Boas，2005：449）。Boas 提出的解决方案，不是认定一个高水平上的论元结构构式，而是认定几个处在低水平上的概括表征形式，而且每个概括表征形式都可以发生引申。虽然用一个一般性构式还不能解释上述两例的非法性，上述经验事实还是可以用"能产性岛屿"（productivity islands）群来解释，"能产性岛屿"就是人们用以进行类推的那些小规模构式。

如果是涉及对词类甚至是单词本身的认知性表征问题，那么低水平上的那些概括表征形式当然也是很重要的。虽然抽象构式似乎表明，如果需要填进一个形容词，那么任何形容词都能填进去，但这显然不是事实。比如，定语形容词构式结合了一个限定词、一个形容词和一个名词，会产出诸如 the blue book 这样的语法结构。但如果我们试着把所有类型的形容词都填进去，它也会产出不合法的结构形式，例如：

(21) * the awake child
    * the ready food
    * the on computer
    * the fond of children lady

显然，人们关于定语形容词构式的知识包括，有些形容词不能用于该构式。这就等于说，此构式不能仅仅作出规定，说它要求使用某个形容词或任意形容词。相反，定语形容词构式是人们关于定语形容词经验的一种内容丰富且详尽细致的表征形式。像 awake, ready 或 on 这样的形容词很明显在上述经验之外，因此就造成了上述有关例句非法的效应。我们现在转过来，来看一个更为精细具体的水平，应该说，即使是一个单词，它也代表了某种意义上的概括表征形式。比如 walk, walks, walked 和 walking 等语言形式都例示了动词 walk，而 walk 就仅以该形式列入词典，即所谓的词目（lemma）walk。在语言知识的词典加语法模式中，当然只有词目，也就是基础形式（base form），才在心理词典中被记住，而那些屈折变化形式都是由语法规则产生的。但在构式语法中并非如此，根据构式语法理论，那些屈折变化形式可以在构式库中得到冗余表征，而且它们还可能在各自的意义方面发展出一些独立性。Newman & Rice（2006）对动词 eat 和 drink 的屈折形式进行了比较，结果发现，在宾语的隐现方面，有关用例是有差异的。这表明，论元结构与其说只是动词词目的特征，还不如说是某个动词屈折形式的特征。Newman & Rice 的结论是，仅仅从词目的角度来认识人们关于单词的知识还是不够的。

下面我们来对本小节作一总结。构式语法处理"规范句法"的方式必然要求一个观察视角的转变，不再从词汇、词类和短语结构规则的一般视角来看问题。这些范畴确实存在于构式库，但它们不是用于构建句法结构的建筑材料或组装手册，而是在一个较高抽象水平上的概括表征形式。而且，构式语法的研究还强调低水平上的概括表征形式在表征语言知识方面的重要性。从理论上来说，高抽象水平上的概括表征形式是应该掌握的，因为有了它们，就可以构建关于语言知识的"精妙"模式。同时，来自语料库和心理学实验的大部分有关证据都证明,低水平上的概括表征形式扮演着关键的角色。

3.4　总结语

本章讨论的问题是,人们的语言知识在构式库中是如何组织的,我们在前文中也有介绍,说构式库就是由形式和意义匹配对应体构成的庞大的网络系统。第一部分讨论的问题是,如果说构式都是有意义的,那么,这是不是适用于所有的构式,甚至包括像主谓构式这样的高度抽象的句法模式,以及像共享封闭端这样的省略构式?尽管像 Goldberg(1995,2006)这样的研究者认为,构式库是由各种有意义的语言形式所构成的一个库藏,构式语法理论的其他一些支持者,特别是 Fillmore 及其同事(2012)认为无意义构式也应包含在构式库中。他们区分了三种类型的构式,但对这些构式进行的语义分析是有问题的。第一种类型用主谓构式或定中构式来说明。这些构式代表的是极为普遍的形式化概括表达形式,它们对其所在的话语而言几乎没有任何意义。第二种类型用"主语-助动词-倒装"构式或"填充物-空位"构式来说明,它们表达的是一组异质的、各不相同的意义,因此,对它们进行共有核心语义的概括表达看来是有问题的。第三种类型包括各种省略构式,如"预留空位""成分剥离"和"共享封闭端"。这类构式类型形式上都限定为某种特定的句法模式,但并不表达可辨识的含义,也不会产生压制效应。要对上述结构也进行形式和意义匹配对应体来分析,本章讨论了两种策略:一种策略就是找寻出一个最基础的图式化意义;而另一种策略就是将它们分析为低水平上的构式所构成的网络,其中的每一个构式都有自己的意义。

本章第二部分引介了承继的概念,它反映的是构式库里各构式之间的不同联系类型。这些联系跟形式和意义两方面都相关。我们还区分出了多种不同的承继链。其中,实例链以一种上下层级的方式联系构式,把不同的构式类型同它们各自的具体实例联系起来。一形多义链把那些具有相同形式但有多种不同意义的构式联系起来，为此类构式所举的例子有双及物构式和 S-型属格构式。隐喻链和一形多义链相似，因为它们都把构式的基础义和引申义联系起来。例如，致使位移构式和动结构式之间存在隐喻链。最后是元件链，它把那些在各自的形式或意义方面有部分相似处的构式联系起来，那些复杂句法构式以及例示其部分结构成分的所有那些构式之间，就是靠元件链而发生关系的。构式库所具有的网络状结构特征在很大程度上就归因于元件链。我们讨论的与元件链有关的另一个语言现象就是多重承继，即一个构式可以同时例示好几个构式。此外，我们还考察了句法混合体现象，用以阐明多重承继的特征。这一部分最后讨论了被承继的信息在构式库中的表征方式，这涉及到两个对立的观点。其中，完全承继的观点认为，此类信息只作一次性表征，亦即在必要之时，在最具一般性的水平上表征，而与之相反，本书所持的观点以及一般意义上的基于语言使用的构式语法理论所持的观点，就是认为被承继的信息是以冗余的方式存在于不同的抽象水平上，表现在共有该信息的每一个构式身上。

本章最后一部分讨论了构式语法中"规范句法"的角色问题。在语言知识的词典加语法模式中，句法依存于单词、词类和短语结构规则等概念。我们作出了解释，认为这些概念在构式语法理论中有其自身的地位，但它们都被视为构式知识中的一些附带现象，而不是句法知识的基础。

思考题

1. 为什么说"无意义构式"的存在对于构式库的主张而言是有问题的？
2. Fillmore 等人（2012）认为哪几种类型的构式是无意义的？
3. 承继是什么意思？
4. 承继链有哪些类型？
5. 完全承继和冗余表征之间有哪些区别？
6. 结合下面的例句讨论一下多重承继的概念：
   This summer, John is traveling to I think it's the Bahamas.
   That's what bothers me is that he never really listens.
7. 短语结构规则和抽象短语构式之间有哪些相同点和不同点？

延伸阅读

　　承继的概念,具体涉及到不同类型的承继链,Goldberg(1995)在其第三章中有讨论。Zeschel(2009)详细讨论了语言知识里的完全承继和冗余表征这两种特征的区别。Hoffmann(2013)对抽象的短语性和小句性构式都有一些启发性的论述。Gries(2011)则讨论了适用于构式描写的"恰当的"抽象度水平问题。最后,Croft(2004)总结了几个核心论点,提出应该把构式视为高水平上的概括表征形式和范畴的基础,前者如词性,后者如主语和宾语。

4 构式形态学

4.1 超越句法理论

我们在前几章的讨论中已经表明,构式语法从总体上来讲是一个关于语言知识的理论。如果人们懂一门语言,那他们所懂的一切都要用构式库来表征,构式库就是由各种构式组成的庞大的网络体系。尽管构式库是无所不包的,但到目前为止,本书中所举的大部分例子都是句法性质的,比如说动结构式、双及物构式、"ENOUGH+TO-不定式构式"等等。其实,读者们所能接触到的构式语法研究文献的大部分都是专门研究句法现象的。不过,构式语法可并不仅仅只是一种句法理论。本章我们就把讨论重点转向形态层面上的构式(morphological constructions),也就是要求我们对单词内部结构进行分析的那些构式。近来,Booij(2010,2013)提出了形态分析的构式语法研究路子,本章就对该研究路径的基本主张和观点进行述评。那么,关于形态性构式都能举些什么样的例子呢?我们先来看看下面的例句:

(1) This is a wug. Now there is another one. There are two... wugs.
If you need to reach me, I'm skypable all morning.
Not quite shorts, not quite pants— shpants!
John gave me a what-the-heck-is-wrong-with-you look.

4.1.1 One wug, two wugs

第一个例子大家可能会觉得很熟悉,因为它来自于著名的

"wug 测试"（详参 Berko-Gleason, 1958）。在那项实验中，研究人员要求一些幼童说出一些生造词的复数形式，包括 wug, heaf, gutch 等。孩子们完成了这项任务，尽管他们之前显然从来都没有见过这些生造词，他们还是说出了带浊音/z/的 wugs，带清音/s/的 heafs，以及以/əz/结尾的 gutches。孩子们如此的表现说明，他们对英语复数的构成方式已经进行了某种概括，这种概括形式就是一种形态—音韵层面上（morpho-phonological）的构式。说它是形态层面上的构式，是因为规则的复数形式都包括一个词干（stem）和一个复数词缀（plural suffix），但我们还说它是形态—音韵层面上的构式，是因为该词缀的形式取决于该词干的音韵特征。这种现象就是语素变体（allomorphy），讨论语素变体现象一般都是从规则方面进行的。读者可能已经料到，从构式语法的视角来看这个问题，又会重塑一个理念，即这些规则就是构式，它们是构式库的一部分，可称作"复数构式"（PLURAL construction）。复数构式属于一组更大的构式，亦即"屈折形态构式"（inflectional morphological constructions）。屈折性构式反映的是语法上的差异，但在英语中数量很有限。我们从以下例子中总结出九种重要的屈折性构式：

(2) a group of cats　　　　　　　复数构式
　　 eats　　　　　　　　　　　 一般现在时第三人称单数构式
　　 John's sandwich that　　　　S-型属格构式
　　 he topp*ed* with cheese　　　过去时构式
　　 produc*ed*　　　　　　　　 过去分词构式
　　 by graz*ing* cows　　　　　 现在分词构式
　　 happ*ier*　　　　　　　　　 形态性比较级构式
　　 than the happ*iest* clam.　　 形态性最高级构式

惯常的情形总是这样的，即总体事实总是比上述用例表现出来的要复杂一些。除了有-ed 形式的过去时构式以外，用于表达过去时间指代的还有其他一些形式，最显著的是元音变换（如 sing/sang/sung）和不规则复数形式（如 put）。后缀-ing 在这里只是列为现在分词构式（用法），但它还可以例示进行体构式的一部分内容（如"He's reading"）。此外，过去分词构式还与完成体构式有关（如"They have produced a lot of cheese recently"）。然而，我们只是对英语的屈折形态构式作一个初步的了解，所以例（2）中所列的已经足够了。

4.1.2 Skypable

本章中，我们主要用派生性构式（derivational constructions）来阐释形态（层面上）构式这一概念。派生性构式用于构词。比如，上面例（1）中的 skypable 一词就告诉我们如何能造一个较新的词。该词的特点同 wugs 一词有些平行相似处：即使你以前从没有见过这个词，你也可能毫不费力地琢磨出这个词是什么意思。说某人是"skypable"，意思是说"此人可以被 skyped"，也就是说这个人可以获得某种计算机辅助性的交际渠道或手段（译者注：Skype 是流行于西方的一种音视频通话软件的名称，类似于中国大陆的 QQ、微信等聊天软件）。同理，说某种织物材料 washable，是说它"可水洗"，一张 foldable 的椅子是"可以被折叠的"，如此，等等。你会发现，人们总能造出这样新奇且有原创性的新词来，这就表明，他们的脑子里不仅存储了一长串的以-able 结尾的形容词，而且还存储了一种部分图式化的构式，就是依靠这些知识，人们就可以造出像 pigeonholeable（can be pigeonholed，可以分类的）、cut-and-paste-able（can be cut-and-pasted，可以剪切粘贴的）等这样的新词来。

研究英语派生性形态的学者们对这种现象的研究当然已经很久了，他们给这种现象起的名字叫"构词过程"（word formation processes）。在同语言知识的词典加语法观有关联的那些研究路子看来，具有能产性的构词法就是各种形态学规则（例如 Aronoff，1976，另详参 Plag，2003：30）。而构式性形态学的核心观点是，人们可以进行各种各样的概括，这些概括形式同有各自图式化意义的图式化形式相关联。比方说，有研究者认为，人们可以从像 baker, buyer, runner, seller, speaker 这样的一组单词中作出概括，于是形成了下面例（3）中所示的图式，有了这个图式，人们就可以造出新词来：

(3) [[X]_V er]_N — 'one who V_S' （做某事的人）（Booij, 2010:2）

从这一点来看，形态性构式同构词规则没有大的不同。然而，还是有一些证据表明，构词过程的运作在有些方面与句法构式的表现非常相似。这些表现上的特征很难用规则方面的特点来描写，但用构式的观点来解释却相当容易。首先，构词过程在接受哪些成分进入其中这方面具有选择性。例如，我们在第1章讨论过"have long V-ed 构式"，这个构式允许人们说"I have long known your father"，但不允许说"I have long read this book"。同样地，V-er构式允许人们说出 runner，swimmer 这样的词，但是大家都不愿意接受 stander（站立者）和 drowner（溺亡者）这样的词，认为它们是不合格的构例。因此，该构式仅局限于动词中某个有特定语义特征的次类。我们发现，其中的动词通常表达有自我操控性的动态行为。其次，构词过程表现出了压制效应，我们在前文中讲打磨构式的时候举例讨论过这种压制效应（例如"There was cat all over the road"）。举例说明，"V-able构式"典型地选择单及物动词进入其中（例如 washable，foldable，但不能是 *sleepable）。但偶尔它也会对某些不及物动词形成压制而使其表达准及物性意义（quasi-transitive senses），因此很微妙地改变了这些不及物动词的意义。具体说来，a laughable proposal 是指该 proposal "can be laughed at"（可被取笑），a livable wage 指该 wage "can be lived on"（可赖以维持生计）。这些例子表明，人们有时会对某构式性图式一般所能容许和限制的内容有所突破，从而造出一些不符合构式原型要求的新词来。不过，尽管如此，这些新词也还在这个构式的允准范围内。我们会在第8章再来关注这个话题，会对语言差异问题进行更详细的讨论。

4.1.3 Shpants

除了构词过程通过添加词缀来造新词的方法以外，还有几种形态性构式类型，可称作"非拼接式"（non-concatenative），顾名思义，这些类型并不是用一个语素跟一个语素的方式把语言材料拼接在一起。混合法构式（BLEND construction）就是这样的一个例子，它把既有单词其中的某一部分组合起来而构成一个新词，例如 shpants（shorts, pants）和 manwich（man, sandwich）等。尽管搞清楚像 V-able 构式这样的图式如何能将形式和意义结合在一起还算相对比较容易，但是，混合构词法（blending）可能一开始看起来就又像是一个无意义构式的情形了（试比较第 3 章第 3.1 小节）。因此，这个情形对语言知识的构式观来说可能构成一个问题。有确凿的证据表明，混合构词法代表着人脑中存在的一种形式化概括。混成词并不是将两个或多个单词随意地结合在一起而构成的，而是遵循着一个相当明晰的音韵模式，Plag（2003：123）将这种模式称为"混成规则"（blending rule）——两个单词相结合而构成混成词，该混成词由第一个单词的前半部分加上第二个单词的后半部分结合而成。例如：

(4) A B　　　　+　C D　　　>>　A D
    motor　　　　　hotel　　　　　motel
    smoke　　　　　fog　　　　　　smog
    stagnation　　　inflation　　　stagflation

像 shpants 和 guesstimate 这样的例子表明，混成词有时候甚至会包含一个构件单词的全部，不过也还是在这些情况下，第一个单词须提供它的首部，而第二个词须提供它的尾部。

这种系统性甚至还会过犹不及。混合构词法对其构件单词的音节结构很敏感。像 blip, couch 和 soft 这样的音节有三个主要部分，即节首（onset，开头的辅音）、节核（nucleus，元音成分）和节尾（coda，末尾辅音）。节核与节尾相结合就可以形成所谓的音节的韵脚（the rime of a syllable，或作"韵基"）。用混合构词法来构词，可以相对自由地对不同单词的各个部分进行组合，但关键的一点，每个所参与组合的音节的韵脚需要保持完好。试看下列各例：

(5) linguist　　magician　　>>　linguician　　linguagician
    dentist　　　torturer　　　>>　denturer　　　dentorturer
    chicken　　crocodile　　>>　chickodile　　chickendile

breakfast	lunch	>>	brunch	* brench
spoon	fork	>>	spork	* spoork
shout	yell	>>	shell	* shoull

从前三例（单）词对（word pairs）来看，有了混合法构式，人们至少可以造出两类混合词：比如，你可以问一问自己的几个朋友，一个半鸡半鳄鱼的怪物叫作什么？得到的答案可能包括chickodile 和 chickendile，或许还有其他一些表达形式。因此，这就有了差异性。混合规则并不完全决定两个单词的组合（及其结果）。但是，也不存在完完全全的自由。上述最后三组用例显示，韵脚限制条件使得我们不能造出 *brench，*spoork，*shoull 等新词。这并不是因为这些词读起来更困难，而是因为这些词所结合的是第一个单词的节核和第二个单词的节尾。比如，如果要造出"spoork"一词，得先从 spoon 一词中提取 spoo 部分，再从 fork 一词中提取 rk 部分，这样就切断了两个输入词（input words）的韵脚。如果你认为 spoork 这个词不能算作一个像样的混成词，那么你的英语知识中就包含混合法构式所具有的这种特异性的音韵限制条件。（不过混成词 spanglish 相对于这个一般性情形来说是个例外，这倒令人不解了。各位读者，如果您还发现有其他例外情形，务请电邮本书作者）

因此，尽管英语混成词的这种形式特征清楚地表明我们面对的是一种构式，要想对其意义进行概括却并非易事，毕竟，shapants，chunnel，brunch，spork 等词都是指相当与众不同的事物。最保险的办法可能还是采取我们在第三章中所列出的应急策略中的一条，提出一个比较具有概括性的意义，以便可以解释为什么混成词总是指代"客迈拉"这样的"嵌合体"[1]，亦即源于先前已有的两个或多个理念的概念重合交叠而产生的新的理念。产生这种意义，其背后是象似性（iconicity）动因，象似性指的是形式和意义之间的对应性，两个单词各拿一部分出来结合而成一个

---

[1] 译者注：客迈拉即 Chimera，是希腊神话中拥有羊身、狮头和蛇尾的会喷火的怪兽，由此隐喻异类事物之间的混杂结合体。在生物学上，它指的是来自不同个体的生物分子、细胞或组织被结合在一起成为一个新生物体，多译为"嵌合体"。

新词，那么，这个新单词实际上也结合了两个源词（source words）的部分意义。不过，有关分析的具体细节此处不作详述。

4.1.4　A what-the-heck-is-wrong-with-you look

形态性构式类型中的第四个例子就是所谓的"短语性复合词"（PHRASAL COMPOUND）。英语短语性复合词的最主要特点就是它们的非中心成分（non-head elements），也就是它们位于左边的成分，不是由一个单词构成，而是由一个短语构成。下面给出更多的用例：

（6）What really gets on my nerves are these countless 'me too' bands.
（真正让我心烦的是那些数不尽的把"我也是"挂在嘴边的人。①）
Over the counter drugs are medicines you can buy without a prescription.
（非处方药就是你不需要医生处方就能购买的药品。）
I prefer to take a Nietzschean god-is-dead approach to life.
（我喜欢尼采式的"上帝已死"的人生态度。）
The press photo shows Zuckerberg with a show-me-the-money grin.
（Facebook创办人扎克伯格在媒体上的照片露着一副"拿钱给我看看"的笑容。）
The army followed a don't ask don't tell policy.
（部队执行的是"不准问也不准泄密"的纪律。）

说上述有关形式实际上是复合词，其标志就是它们各自主要的重音都落在非中心短语成分的最右边，因此它们就被读作 over the COUN ter drugs 或者 god is DEAD approach（关于复合词和重音的有关讨论可详参 Giegerich，2004）。这一点至关重要，因为上述这

---

① 译者注：这一类人没有主见，人云亦云，缺乏创新性和原创性，总是照搬或抄袭他人成功的经验或做法。

些形式尽管长，但都被视为单个的单词。在语言知识的语法加词典模式内，短语性复合词很难得到解释，因为该模式是严格区分句法规则和形态规则的（见 Sato, 2010）。在心理语法中，要形成像 over the counter 这样的短语，那就是句法部门的任务了，而像复合法这样的构词过程就该留给形态部门去处理。在这样的理论框架内，"团队协作"之类的情形就需要予以一定的解释，一般都解释为是不同部门之间的界面（性质）。但在构式语法理论里，不需要用界面（an interface）来解释，因为句法性构式和形态性构式都是构式库的组成部分。短语性复合词只是代表了多重承继的一种情形，诸如重音模式和右中心成分等等特点均承继于"名—名复合词构式"（NOUN-NOUN COMPOUND construction），而非中心成分则承继了像介词短语构式或者动词短语构式这样的一般性短语构式的结构特点。人们通常并不认为构式语法是关于语言知识的一个非常精妙的理论，但在分析短语复合词的时候，它却能给出一个简明直白的解释，而这种解释直接的依据就是构式语法理论的那些最主要的组织原则。

我们来对以上几段进行总结。不同的形态性构式类型显示，构式语法能适用于单词的结构分析上，这一点很有用处。接下来几个部分的讨论均以前述发现和理念为基础，会涉及一些概念，这些概念对于从构式语法的角度来理解形态问题至关重要。

4.2 形态性构式及其特点

之前的讨论可能会让你纳闷儿，形态性构式到底是什么？如果有一个图式，比如说 V-er 构式，还有诸如 baker, swimmer, smoker 等等的形式，那么这个抽象图式就是构式吗？而例示该构式的各个实例也应视为构例吗？Booij (2010) 提出了他的观点，本书作者也采纳该观点，即认为只要有证据表明该图式及其各个实例都是规约化的形式和意义匹配对应体，那么它们都应视为构式。首先拿具体的单词来说，我们假定，说英语的人对 baker, teacher, smoker 等单词的了解其实是他们积极词汇（active vocabulary）中的一部分，这一点是毫无争议的。这些单词在构式库中有自己成熟稳固的表征形式，因此它们就是词条性构式（lexical constructions）。不过也请读者注意，像 baker，smoker 这类词已经有了超出"one who V-s"（做某事的人）的意义，例如，baker（面包师）表示以烘焙为生的人，smoker 表示习惯性抽烟的人。人们对这些知识心知肚明，这就是这些词具有构式地位的证明。我们说更为抽象的 V-er 构式也是构式，证据则来自于一个事实，即人们可以毫不费力地理解与该图式契合的那些新词的意义。我们再来看下面的例子，是 Berko Gleason（1958）所做的"wug 研究"中的一部分。在该实验中，实验人员给孩子们朗读了这个例句，同时向他们展示了一张图片，图片上有个男的鼻子上顶着一个球。

(7) This man knows how to zib.（这个男的会 zib。）
What would you call a man whose job is to zib?（如果一个男的，他的工作或职业就是 zib，那你们管他叫什么？）

为了说出 zibber 这个答案，孩子们就必须要求助于 V-er 构式，大部分孩子都是这样做的。最后说出来的 zibber 这个词并不是孩子们构式库里的一部分，至少在那一刻还不是。如果一个新单词听上好几遍，当然可能就会在构式库中建立起一个新的节点，从而肇生出一个新的词汇性构式。对前述观点一言以蔽之，例示构词过程的任何实例，只要它是规约化的形式和意义匹配对应体，那它就是构式；一个具体构词过程背后的抽象图式也应是构式，只要人们可以借助该图式生成或理解新的、原创性生造词。这后一种观点涉及形态能产性（morphological productivity）问题，我们有必要对这个问题进行更深层次的讨论。

4.2.1 形态能产性

要界定形态能产性这个概念可不容易（详参 Aronoff，1976；Mayerthaler，1981）。本书采用 van Marle（1985）的观点，对其作出如下界定：

(8) 图式化的形态性构式所具有的能产性，所描写的是一种认知简易度，即人们在该构式的基础上产出或理解新造的、结构复杂单词的容易程度。
(The productivity of a schematic morphological construction describes the degree of cognitive ease with which speakers can produce or process new complex words on the basis of that construction.)

上述定义意味着能产性是有程度区分的，而且构式可能或多或少都具有能产性。能产性强的构式有 V-er 构式（如 baker, smoker）以及 ADJ-ness 构式（如 loudness, softness），能产性更低一些的构式有 N-ship 构式（如 lordship, citizenship）以及 N-eer 构式（如 harpooneer, cannoneer）。对后两种构式来说，要产出新词比较困难，或许可以说是不可能的。有一些构词法确实看上去是完全不具有能产性的，一个典型的例子就是英语中在形容词基础上添加-th 词尾而构成的名词，例如 warmth, truth, depth, width 等。这些名词的构成显然遵循一个模式，不过你也能想见，这世界上没有什么 wug 研究能让孩子们造出像 *greenth, *wrongth, *roundth 等这样的名词来。同样，V-ment 构式（如 amusement, punishment）也不具有能产性。像 *emailment, *jogment 这样的词或许可以去作分析和解读，但也都是未经证实或广泛认可接受的词。形态能产性特征在对语言使用的各种记录中就表现出来了。我们在第 1 章讨论过使用语料库来分析构式的问题。在形态性构式的研究方面，语料库工具非常有用，因为它们能揭示出与能产性相关的两个重要方面的特点。第一，研究人员可以借助语料库对图式化的形态性构式全部实际用例进行统计。这种测量方法被称作形态性构式的类频率（type frequency）测量。举例来说，ADJ-en 构式（译者注：即"形容词＋-en 构式"），如今是完全不具有能产性的，在大英国家语料库（BNC）中的类频率仅有 44 例，而该语料库拥有的运行文本包含 1 亿个单词。下表 4.1 显示的是这些类型以及各有关形式在该语料库中出现的频次。

表 4.1　ADJ-en 构式的类数量

类型 (type)	例数 (tokens)	类型 (type)	例数 (tokens)	类型 (type)	例数 (tokens)
weaken	322	fasten	91	toughen	34
widen	317	flatten	89	blacken	28
tighten	302	dampen	88	smarten	25
soften	283	stiffen	74	moisten	20
broaden	269	ripen	70	cheapen	14
lessen	213	awaken	70	deaden	14
loosen	162	quicken	65	redden	11
shorten	144	darken	59	deafen	8
straighten	135	thicken	58	gladden	8
sharpen	132	quieten	56	sadden	7
harden	130	waken	48	neaten	6
lighten	128	fatten	43	steepen	6
deepen	119	sweeten	48	whiten	6
brighten	109	freshen	37	madden	1
worsen	104	slacken	37		

考虑到 BNC 的规模如此之大，44 的类频率数是很低的。像 ADJ-ness 构式这样高度能产的构式，其类频率数可达到成百上千，有的甚至可以达到成千上万。形态能产性的上限可以由屈折性形态构式来说明，比如复数构式和过去时构式，英语的复数构式适用于几乎所有的名词（这也就使得以英语为第二语言的学习者犯错而造出像 * informations，* experiences，* researches 这样的单词来）。关于过去时构式，读者可参看本章中的例（2）。这些构式的类频数可达数万。语料库揭示的形态性构式能产性特征的第二个方面，便是低频实例（low-frequency instantiations）的出现。对于那些在某特定语料库中只出现一次的语言形式，有个特别的术语，叫作罕用语汇（hapax legomena），或者简称为"罕词"（hapax）。我们来看看表 4.1，可看出在 ADJ-en 构式的 44 个类频中，只有一个罕用语汇，即 madden（使疯狂）。罕用语汇所

占比例很小，而这里四十四分之一的类频也是很低的，这都表明，能产性并不存在。显然，人们并不大用 ADJ-en 构式去造很多新（造）词（neologisms）。如果是一个能产性构式，语料库统计数据会显示，仅出现一次的类的数量占到一个很高的比例。并非所有这样只出现一次的词语都是新造词，有一些稳固成型的单词只是罕用而已。然而，还是有个很高比例的低频用例指向一个事实，即人们在造出新词的时候很自由随意，而且，他们都希望别人能毫不费力地听懂他们的新造词，比如 talkativeness, unexplainably, applauder 等等。一个形态性构式在构式库中被表征为节点的倾向越明显，那么对它的理解就越简单。

　　我们在前文有个假设前提，即能产性是有级差的，假如能产性的强度与其在构式库中的表征强度呈正相关关系，那么，像 ADJ-en 构式这样非能产的构词过程该置于何处呢？它们算不算得上是构式呢？Booij（2013：258）主张，非能产的构词过程也应被视为构式。论据之一，便是后缀-ship 在与 lordship, citizenship 等等这样的形式中是很容易能识别的，因此，人们完全会作出一个概括，尽管另一方面像 * secretaryship 和 * captainship 这样的词不被人们所接受。本书所持的观点是，像"N-ship 构式"这样的一个标签也可以是对一组单词的有益的描写，但如果我们要使用这个标签，就要找出证据来证明，人们（不仅仅限于搞语言学的人）确实是在众多相关单词的基础之上作出某种概括，从而在构式库中形成一个节点，无论该节点的心理表征有多微弱。正如语料库数据所测量的那样，能产性就是证明上述主张的一条证据。

4.2.2　纵聚合的组织形式

　　我们在上一章介绍了元件链（subpart links）的概念（详参 Goldberg, 1995：78），把那些有部分重合关系的构式联系起来，这种重合可能是在形式上，或者意义上，或者两者都有。在形式和意义两方面都有共同点的两个句法构式，我们可以举个例子，那就是单及物构式和双及物构式。我们来看下面的两个例子，两句都有施事主语和做受事或者客体的直接宾语：

（9）John wrote a letter.
　　　John wrote Mary a letter.

形态性构式之间通过元件链紧密关联。拿一个简单词条来说，比如动词 report，我们思考一下借助元件链同这个动词发生联系的所有的形态性构式。下面我们列出其中的一些构式：

（10）report-s　　　　　一般现在时第三人称单数构式
　　　report-ed　　　　过去式构式
　　　report-er　　　　V-er 构式
　　　report-able　　　V-able 构式
　　　mis-report　　　 Mis-V 构式
　　　report　　　　　 动源名词构式（the Deverbal Noun Consruction）

由于某个共有成分而通过元件链联系起来的那些构式被一一列举出来，这就是所谓的纵聚合列表（paradigms，即词形变化表）。读者可能在教学语法或语言课堂上见过屈折性形态构式的很多纵聚合列表（特别是不同的动词时态构式或者名词性格尾标记）。上面所列内容涵括更多，同样也包括了派生性形态构式。现在我们要问，为什么元件链和纵聚合对基于构式语法的形态学研究那么重要？为了回答这个问题，Booij（2013：264）举出了以下一组例子：

（11）alpin-ism　　　登山活动　　　alpin-ist　　　登山家
　　　commun-ism　共产主义　　　commun-ist　共产党员
　　　de-ism　　　　自然神论　　　de-ist　　　　自然神论者
　　　fasc-ism　　　法西斯主义　　fasc-ist　　　法西斯主义者
　　　solips-ism　　唯我论　　　　solips-ist　　唯我论者

以语言知识的词典加语法观来看，复杂的词素性单词（morphological words）是以这样一种方式构成的：从字典中搜到某个输入词（input word），然后该词借助语法规则的手段与语法中词素部分里的某个词缀结合。比如，为了构成 alpin-ism 这个词，某人就要从他的心理词库中调取出形容词 alpine，并将其与

-ism结合，组成一个新词，表达"登山运动，亦即与大山如阿尔卑斯山有关的体育活动"。重要的是，这个构词过程似乎并不同样适用于以上所列所有词对：* de，* fasc，* solips 等都不是独立的词条。但为了维系词典加语法观，有人就会假设人们先从心理词库调取出 fascism 这个词，继而通过一条语法规则用-ist 替代词缀-ism，从而构成新词 fascist（详参 Aronoff，1976）。Booij（2013：264）指出，在构式语法视角下的形态学研究中，没必要使用这样的删除规则（deletion rules），如果人们知道有一组词通过元件链而相互关联，他们就会对这一组一组的词作出概括。换句话说，人们知道 alpine，alpinism 与 alpinist 这一组词同 social，socialism，socialist 以及 ideal，idealism，idealist 这两组词同属于一个纵聚合列表，这三组词均是例示该列表的具体实例。如果人们对这样一个列表的知识掌握得足够稳固了，那么，一旦听到 ventriloquist（意即"腹语术者，即表演者巧妙运用其声音，使它听起来像是从木偶身上发出的，而不是他自己"）这个词，便能以之为线索推测到可能有一个词用来表达此类的表演，比如 ventriloquism。

添加了后缀-ist 或-ism 的词关联着纵聚合列表。类似的例子还有很多：涉及到词干变体（stem allomorphy，详参 Plag，1999：193）的几乎每一种有关形态的现象都要求进行此类分析。很多单词对都能说明这个问题，例如 summary/summarize，memory/memorize，fantasy/fantasize，theory/theoretic，apology/apologetic，energy/energetic 等等。有了构式库中把上述单词关联起来的那些元件链，人们就可以在碰到闻所未闻的生词时"做填空题"。关乎构式性纵聚合列表的知识在语言规范化的过程中也起着重要的作用，比如用 weeped 而非 wept 的时候。而且，它在解决儿童第一语言习得过程中的过度法则化（overgeneralization，也译为"过度泛化"或"过度概括"等）错误的时候作用明显。因此，在本书后面几章里，我们还会再来讨论这个问题。

4.2.3 非组构性意义（Non-compositional meanings）

贯穿全书，我们已看到很多构式的用例，它们的意义并不能从其组成成分的意义当中得到充分解释。（这样的）非组构性意义可能最易见于固定的习语性表达式中，如 by and large, all of a sudden，等等。对比之下，许多形态性构式似乎是完全透明的，特别是屈折性形态构式（inflectional morphological constructions）。像过去时构式这样的构式就是在动词词干上加一个后缀，于是就限定了某事件发生的时间是在过去，而无论动词自身的意义如何改变。同样，可用来构成 unfair, unhappy 等这一类词的派生性的"un＋形容词"构式（UN-ADJ construction）能够造出这样一类形容词，即其意义恰好与其宿主形容词（host adjectives）的相反。总的来说，英语的形态性构式在其意义方面似乎大致上是有组构性的（详参 Booij, 2012：209）。然而，也有很多形态性构式也确实显示出非组构性意义的特征。试看以下各例：

(12) comparable, honourable, agreeable
moth-eaten, husband-dominated, doctor-recommended
moth-eating, husband-dominating, doctor-recommending
I'll make the tuna and you make the salad-salad.

非组构性意义常见于词汇性构式层面上，可能一开始它们是语义上规则的新造词语，但随后又获得了更为特定的具体的意义，前面我们讲到 baker 和 smoker 的例子时就指出了这一点。同样，这个特征也适用于 comparable（大体相当）、honorable（值得尊敬的）、agreeable（令人愉悦的）等词。上例中的第二组单词也说明了一种非组构性语义特征，为某种能产的形态性构式所特有，本文称之为"名词—过去分词式复合词构式"（NOUN-PAST PARTICIPLE COMPOUND construction）。读者请注意，moth-eaten, husband-dominated, doctor-recommended 等这些词的整体意义都将各自复合词中的名词性成分刻画为施事，它们都实施了由过去分词表达的那个动作行为，在这个特点方面，它们都是相互吻合、始终如一的。"A doctor-recommended procedure"（由医生建议的手术）是指由医生建议（要去做的）手术，而不是为医生而建议的手术，也不是与医生有什么不具体的关联。与之相反，moth-eating, husband-dominating, doctor-recommending 等词例示着"名词—现在分词式复合词构式",它们所表达的意义中,各有关名词性成分经历了由动词表达的动作行为。如果你是英语本族语者,或者通晓英语,那么,这些规则特征对你来说可能是不言自明的,但是,这些特征并不是自动遵循某些组构性原则而可以推导出来。构成这些复合词的各构件单词自身内部并没有什么东西禁止我们将 doctor-recommended 一词解读为"recommended for doctors",我们对上述复合词的规约性解读其实是学来的,我们把它当成了"名词—现在分词式复合词构式"所具有的非组构性特征(译者注:原文如此。经译者与原著者核实并确认,此处为原著者笔误,应是"名词—过去分词式复合词构式")。

我们现在再来讨论最后一组例子。我们可以从某一种语言现象当中看到非组构性效应(non-compositional effects),我们称之为"对比性叠音构式"(CONTRASTIVE REDUPLICATION construction,详参 Ghomeshi et al., 2004)。在这种构式中,语言材料被叠音化,亦即被重复,以便传递出某种特定的意义。现在我们来思考下面的例子:

(13) I'm up, I'm just not up-up.
My car isn't mine-mine, it's my parent's.
They are rich, but not rich-rich, not New York City rich.

叠音化所取得的效果就是,有关的语言结构能得到一种典型的或理想化的解读,通常与不那么典型的解读形成对照。因此,前文中的 tuna salad(金枪鱼沙拉)与 salad-salad 形成了对照,后者包括绿色生菜、切碎了的原料蔬菜和一些调味品。关掉闹钟之后醒着却还躺在床上的人可以说他已经 up(起来了),虽然还不是真真正正的 up-up(起来下地了)。up-up 的意思是人已经处于直立状态,双眼睁着,穿戴齐整。一个叠音化结构跟某个原型意义之间的这种象征性关联是非组构性的,一个人只了解单个单词的意思,还不足以琢磨出别人想要表达的意思。所以,归纳起来,为句法构式提供证据的那些非组构性意义同样也为形态层面上的构式提供证据。

4.2.4 同时添加词缀

一般认为,构词过程是在所谓"循环规则运用"(cyclic rule application,详参 Siegel,1974)过程中的一种连续的、逐一的运用形式。根据这个概念,后缀-al 添加到 form 之后构成 formal,这之后词缀-ism 添加到 formal 之后构成 formalism。同样地,动词 deactivate 可能是由 activate 派生而来的,而反过来 activate 可能是由 active 派生而来的。因此,某些构词过程可能会为随后的构词过程"提供养料"(feed),也就是说,作为输入词提供给其他词。但是,Booij(2010)指出,下列单词用例表明,上述逻辑会有问题:

(14) caffeine   咖啡因   decaffeinate   去除咖啡因
     moral   道德的   demoralise   使道德败坏
     mythology   神学   demythologise   去除神话色彩
     nuclear   核   denuclearise   非核化
     Stalin   斯大林   destalinise   去除斯大林化

根据"循环规则运用",动词 decaffeinate 是在 caffeinate 的基础上构建而成的。可能很多人都不知道,caffeinate 这个词的确有人在用(例如"I gotta get caffeinated"),但是一般的词典不会收录该词。但无论如何,将 caffeinate 分析为 decaffeinate 的输入词,这不怎么合理,因为词形更简单的这个动词其使用频率远没有词形更复杂的这个动词的高。通常,词基(bases)的使用频率要比它们的派生词(derivatives)高很多(当然,busy/business 和 govern/government 这样的词对是这个使用倾向的反例)。

好,如果构词的这种循环性模式似乎并不能提供一个令人满意的解释,那么基于构式语法的形态学研究将如何解决这个问题呢?(为此,)构式语法的分析(详参 Booij,2010:44)会提出一个形态性构式,这个构式中,多个形素会同时添加到宿主词(host)上。换句话说,存在一种模式,我们或可称之为"De-N-ate"构式,它作用于开放形态里的名词性成分,可用于生成一些新的词汇形式，例如 decarbonate，dehydrate，decaffeinate 等等。
该构式可以用如下的图式化表征来说明：

(15) [de[[X]_N ate]]_V — 'to remove X'（"去除 X""去 X
化"）

重要的一点是，这个所谓"De-N-ate"构式并不要求动词 caffeinate 先前就已经存在，但在其内部添加括号的结构中，caffeinate 是一个独立构词成分，这就使得该动词被用于逆序造词法（译者注：也译为"逆构法"等等）来生成新词成为可能。这样就能解释一个现象，也就是，对有些人来说，caffeinate 是一个再正常不过的词，而对另外一些人来说，它却是个闻所未闻的词。其他的例子也可以得到同样的解释，比如 demoralise 是根据"De-N-ise"构式形成的，denuclearise 是根据"De-ADJ-ise"构式形成的，等等。有时候，我们也很难确定是同时添加词缀法还是循环规则运用法所作的分析更真实可信。接下来，我们来看看 militarise，demilitarise 这两个动词和它们各自的名词化形式，下表 4.2 中列出了基于 BNC 的有关的使用频率：

表 4.2 militarise 和 demilitarise 的使用频率

	militar-	demilitar-
ise	4	9
ised	18	44
isation	27	56

demilitarise，demilitarised 和 demilitarisation 的使用频率都较高，它们都关联着同时添加词缀法，但是对"De-N-ise"构式来说，显然这也算不上是一条毫无争议的证据。在形态研究的构式语法观来看，"De-N-ise"构式可以是条显见的证据，条件是，当且仅当我们能找到一些结构复杂的语言形式，且与之对应的、结构更简单的、带-ise 后缀的动词形式并不是经过确证的（attested）用例。因此，如果你认为 odorise（make stinky，弄臭）不能算作合格的英语动词，而 deodorise（remove stinkiness，去除异味）却没有任何问题，那就可以说，你的英语语法知识中包

含了"De-N-ise"构式。

4.3 形态学难题的构式语法解决方案

任何一个形态学理论，其目的都不仅仅只是为了解释一些琐碎细微的构词过程，比如 read 和-able 结合在一起而构成 readable。一个好的理论还应该为那些乍一看并不符合任何一般性规则的语言现象提供系统性解释。我们在下面几个部分里就来讨论两个这样的现象，即词缀排序和复合词构成，解释一下为什么我们可以从构式语法的角度来对它们进行分析。

4.3.1 词缀排序

在英语众多的派生性形态构式中，我们挑选出两个来，即"ADJ-ise 构式"（如 generalise, specialise, stabilise）和"V-ive 构式"（如 active, collective, relative）。ADJ-ise 构式构成动词，V-ive 构式构成形容词。这就意味着，从理论上讲，这两种构式都能出现在对方构式中：ADJ-ise 动词与词缀-ive 结合是可能的，V-ive 形容词与-ise 词缀结合也是可能的。有意思的是，这里有一种不对称。如以下各例所示，只有后者才成立：

(16) activise
   collectivise
   relativise
   *generalisive
   *specialisive
   *stabilisive

如果你是好奇善问之人，那么你可能早已开始思索这种不对称有哪些可能的解释。首先，你可能想去找一些反例，也就是以-isive结尾的那些词。那么，祝你好运！其次，你可能会从语义或语用方面寻找解释。可能 *generalizive（in a generalising way，意为"以一种一般化的方式"）不是一个特别有用的、应有的概念吧。这样想可能是对的，也可能是错的，可实际上，许多相当边缘化的概念用专设的形态学构例（ad-hoc morphological constructs）都可以表达出来。第三，你可能会用一个事实来解释这种不对称，即 V-ive 构式在一般情况下不太具有能产性，因为像 * discussive（"in a discussing way"）和 * thinkive（thoughtfully）这样的词也是不成立的。这个论点可不赖，可它也不能解释为什么讲英语的本族语者绝不会造出以-isive 结尾的形容词来，哪怕是在开玩笑的时候。我们这里作为解释方案提出来的另一个相对更为精妙的理论可以称作"水平层级排序假设"（level-ordering hypothesis，详参 Siegel，1974）。该理论认为，英语的词缀分处在两个水平层级上，后缀-ive 属于第一个水平层级，后缀-ise 属于第二个水平层级。Plag（2003：168）作出了如下概括：

(17) 第一水平层级上的后缀：-al，-ate，-ic，-ion，-ity，-ive，-ous

　　第一水平层级上的前缀：be-，con-，de-，en-，in-，pre-，re-，sub-

　　第二水平层级上的后缀：-able，-er，-ful，-hood，-ist，-ise，-less，-ly，-ness，-wise

　　第二水平层级上的前缀：anti-，de-，non-，re-，sub-，un-，semi-

该理论所作的预测是，带第一水平层级词缀的单词可作为带第二水平层级词缀单词的输入词，反之则不然。因此，不仅 * generalisive 这个词被该理论排除掉，* Mongolismian，* atomlessity，* pre-undress 和 * specialisic 等词也都被排除掉。换言之，单单一个理论性规则（即有两个水平层级上的词缀）便能把一大堆语言现象一下子全部解释清楚。但是，这个理论自己也并非没有问题。首先，这个理论对于处于同一水平层级上的词缀能否结合在一起未作任何交待，因此，该理论也就不能解释为什么 heartlessness 成立，而 * darknessless（completely illuminated）却不成立。此外，人们也能找出一些与预测情形相悖的用例，比如，naturalistic 和 colonisation 理应被该理论排除在外的，但它们反而都成立。最后，人们也可以反对这个理论，因为它或许能合理解释大部分语言现象,但却不能解释为什么会存在这两个水平层级上的词缀。Hay & Plag(2004)于是提出了一个与之不同的、基于心理语言学研究的理论,这个理论与构式语法理论的核心原则非常一致。该理论的基本观点就是"基于复杂度的排序假设"(complexity-based ordering hypothesis)。Hay(2002:527)对此假设作出以下表述:"容易进行语法解析的词缀不能出现在一个不容易进行语法解析的词缀之内",不容易进行语法解析的词缀,也就是难以同其宿主词相区分开来的词缀,是指像-al,-ate 等这样的词缀,Siegel(1974)将它们归为第一水平层级上的词缀。更透明易懂的词缀是第二水平层级上的词缀,例如-ness,-able 等等。从认知上把词缀从其宿主词分离开来,是易是难,可以根据语料库数据来进行估算。我们来看表 4.3 中的几个频率值:

表 4.3 government,discernment 和它们词基(base)的出现频率

	govern	discern
	568	259
-ment	59988	56

当人们听到 government 这个词的时候,可能会把它作为一个整体来处理,而不是将其分为 govern 和-ment。究其原因,是 government 一词的使用频率比 govern 的高。与之相反,discernment 一词的使用频率比其词基 discern 的低,这就使得人们可能将复杂词解析成不同组成成分来处理。Hay & Plag(2004)分析了 15 个后缀,针对每一个后缀,他们算出了可能被解析的类型的比例(例如 discernment 的可能解析方式)。表 4.4 显示的就是这些词的分析结果,这些后缀依据解析类型的比例大小呈渐增式排列:

表 4.4 15 个后缀解析类型的比例列表

后缀(suffix)	解析类型比例(parsed types)	后缀(suffix)	解析类型比例(parsed types)
-ly	24%	-ish	58%
-th	33%	-ling	62%

续表

后缀 (suffix)	解析类型比例 (parsed types)	后缀 (suffix)	解析类型比例 (parsed types)
-er	50%	-ship	62%
-dom	50%	-hood	80%
-ness	51%	-less	86%
-ee	53%	-ful_A	94%
-en	56%	-ful_N	98%
-ess	57%		

really, finally 等词是高频使用的，即使与它们各自的词基 real 和 final 相比也是如此。很多种类型的词都表现出了这种分布模式，仅有 24% 的、以后缀-ly 结尾的类型得到语法解析。与之相反，mouthful, shovelful 这样的词与其各自的词基对比，使用并不常见。如果"基于复杂度的排序假设"成立，那么表 4.4 中所显示的结果就意味着表中出现靠后的成分绝不能以表中出现靠前的成分为后缀并添加之。试举一例，以-ness 结尾的词绝不能作为输入词而加上-ly 后缀，造出一个新词来。为了验证这个预测，Hay & Plag (2004) 再次使用语料库数据，抽取了带有表 4.4 中所示后缀的所有的单词。可以预见的是，很多在逻辑上可行的组合形式在实际语言使用中并没有出现。那些在实际语言使用中出现了的组合形式则可用来帮助我们把有关后缀组织排列成一个等级，以可视化的形式显示那些后缀在该等级中出现的先后次序。该等级形式显示如下：

(18) 基于语料库的后缀等级

-th>>-en>>-er>>-ling>>-ee>>-ess>>-ly>>-dom>>-hood>>-ship>>-ish>>-less>>-ful_A>>-ness>>-ful_N

这个等级形式反映出，有一些词是可能的，例如 lengthen (-th>>-en), thankfulness (-ful_A>>-ness), leadership (-er>>-ship)，等等。语料库数据揭示出这种等级形式，这一事实已是一个卓有成效的实证观察了。"基于复杂度的排序假设"的关键问题在于，这种等级形式是否与表 4.4 中所示的各后缀的排列顺序一致。将这两组词缀排序进行比较后我们发现，它们之间存在强相关性，我们用下图 4.1 对此进行视觉化展示：

图 4.1　被解析类型的比例和后缀等级序列中的位置之间的相关性

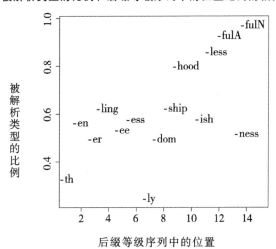

从整体上来看，强正相关性为"基于复杂度的排序假设"提供了强有力的支持。只有两个后缀偏离对角线较远，即 -ness 和 -ly，而其余后缀的表现大体上符合预期。因此，Hay & Plag 认为，在处理时如果一个词缀越容易与其词基分离，那它附着于含有其他词缀的单词的自由度就越高。这个结论与本章前几个小节中讨论的形态学研究的构式语法观恰好吻合。根据该观点，有能产性是形态性构式的一个特征，诸如 ADJ-ness 构式和 N-ful 构式，等等。这些形态性构式有体现为词汇性构式（lexical constructions）的许多实例，例如，greatness, sweetness, flawlessness 就是例示 ADJ-ness 构式的实例。这些词汇性构式通过实例链又与最基础的形态性构式联系起来。那么，如果存在着很多低频使用的词汇性构式，那便意味着这些实例链经常被激活，从而会对处于构式库中的、表征该抽象构式的节点进行强化。人们已经习惯于这样一种想法，即有那么一种模式，它有一个开放性的、图式化的空槽（open, schematic slot）。这个想法与 Hay & Plag 的很容易就能被解析出来的想法一致，即使是在潜意

识里，人们也知道有一种模式，其各组成部分截然不同。相反，如果一个形态性构式，其绝大部分例示用例都有比较高的使用频率，且几乎没有低频率的例示用例，那就不能对它进行这样的分析。中等使用频率的词汇性构式，比如 princess, depth 等，常常不会激活各自的实例链，因为它们的规约性意义使得有关图式没有必要了。所以，对这些单词都是直接解读，而不必借助于更具一般性的构式。这个特征又与另一个情形一致，即词缀难以从其词基中解析出来。这个事实就告诉我们，像 N-ess 构式和 ADJ-th 构式这样的节点几乎不存在于构式库。在人们的英语知识库中，有一个很模糊的表现形式，即有一个"N-ess 构式"，它有一个适于名词的空槽。

现在我们来对主要论点作个总结。Hay & Plag（2004）所讨论的词基和词缀的可解析性特征在本书中处理为某个抽象的形态性构式在构式库中的表征强度。这个概念有一个专业术语，叫作"固着"（entrenchment，详参 Bybee, 2010，译者注：也有人译为"惯常化"等）。如果一个构式的各组成成分越容易辨别，那么，这个构式就越能容纳其他构式进入其空槽。我们现在再回到本小节最开始讨论的那几个例子，我们说 relativise 是单词，而 *specializive 却不是，这与一个语言事实有关，亦即 ADJ-ise 构式中，形容词所占据的空槽是相当透明、显而易见的（reasonably transparent），因此，它在人们的语言知识中有很好的表征。对比之下，人们针对所有的以-ive 结尾的形容词而作出的概括，例如 active, creative, depressive, 等等，并不会为"V-ive 构式"造出一个一眼便能看透的动词空槽，因此，这个动词空槽在构式库中只能维持弱式表征（weakly represented）。

4.3.2 复合（构词）法

显然，英语的复合构词法看似一个高度规则的构词法。两个独立的成分，即一个修饰成分和一个中心成分，结合在一起而构成一个新词，这个复合词把它们的意义结合起来后，所指称的是由中心成分表达的那一种事物，但它又与由修饰成分所表达的事物有关系。这种规则性就是一般所讨论的"向心式复合构词法"

(endocentric compounding)。像 watchmaker，swimsuit，smartphone，angel dust，contract killer 等等这样的向心式复合词例示的是下列图式（引自 Booij，2009：201，有改动）：

(19) [A B] — "与 A 类事物有关的 B 类事物"

这种图式，我们或可称为"向心式复合词构式"（ENDOCENTRIC COMPOUND construction），它非常普遍，因为它甚至不对其组成成分的词性进行限定。有一些构式，例如"名词＋名词复合词构式"（NN COMPOUND construction，例如 contract killer）、"名词＋现在分词复合词构式"（NOUN-PRESENT PARTICIPLE COMPOUND construction，例如 flesh-eating）、"短语式复合词构式"（PHRASAL COMPOUND construction，例如 over-the-counter drug），等等，都可以是这个普遍构式的次类模式，它们都通过实例链与之相关联。这些次类模式承继了这个普遍构式的各方面特征，比如说非中心词成分上的韵律重音、最右边的成分都被理解为语义核心，等等。然而，重要的是，这些次类模式也表现出自己的特点，这些特点并不能用承继来解释。例如，"名词＋名词复合词构式"有一定的递归性特征（recursivity），因此，已有的此类复合词又可以作为输入词去构成更大规模的复合词，但这一情形却不适于其他类型的复合法类构式（compounding constructions）。试比较下列几组词：

(20) child language
　　 child language acquisition
　　 child language acquisition research
　　 child language acquisition research group
　　 child language acquisition research group member

　　 squeaky clean
　　 ? squeaky clean shiny，? sterile squeaky clean
　　 * sterile squeaky clean shiny

　　 stir fry
　　 * stir fry simmer，* chop stir fry

显然，递归性的复合构词法更适用于名词，而非形容词和动词，更遑论介词了。一个一般性的复合法构词图式不会预测到这一特征，因此，我们就需要处于较低水平层级上的那些构式性图式了。那些低水平层级上的图式会施加它们自己的限制，因此有着不同程度的能产性。与句法构式的情况相同，这些限制可能表现出统计学特征，而非绝对的。例如，对"名词＋名词复合词构式"的一个明显的统计性限制就是，非中心词成分只有在几种特定条件下才能是复数形式（详参 Bauer, 2006: 490）。在下面的各例中，有些有复数非中心词成分的复合词比另外一些复合词接受度更高：

(21) boy choir　　　　　　boys choir
　　 skill development　　　skills development
　　 claim department　　　claims department
　　 reservation desk　　　 reservations desk
　　 suggestion box　　　　? suggestions box
　　 citizen participation　　? citizens participation
　　 car factory　　　　　　* cars factory
　　 watchmaker　　　　　 * watchesmaker

仅从语义的角度来解释为什么不能有 * cars factory 这样的单词是很难的，毕竟，这里牵涉到很多辆车，甚至常常是几种不同类型的车。我们长话短说，带有复数非中心词的复合词的这个谜题迄今为止尚未解开，但是走构式语法的研究路子至少可以为恰当合理的分析提供一些有用的线索。举例来说，识别中心词成分是可能的，比如名词 desk，这些中心词成分随时待命准备接纳复数形式的非中心词成分（non-heads）。因此，reservations desk, admissions desk, communications desk, complaints desk, special orders desk 以及 IT services desk 等复合词都例示着一个低水平层级上的构式，即"复数 desk 复合词构式"（PLURAL DESK COMPOUND construction）。所以，假如你的工作就是在本地市政大厅为颁发狗牌而设置一个服务台，你或许可以考虑一下将该服务台命名为"dog licenses desk"，而不是"dog license desk"。对比之下，像 factory 这样的中心词强烈偏向于接纳单数形式的非中心词成分。我们来看看这个倾向的一些例外的情形也是有帮助的，其中最常见的三个就是 munitions factory，arms factory 和 plastics factory。两个名词 munitions（军需）和 arms（武器）确实基本上没有适当的单数形式。对这三个名词来说，复数形式已经有了约定俗成的含义，于是，plastics 不是表达"几种塑料材料"这么简单的意思，而是表示"工业领域使用的塑料材料"。因此，我们就会说"plastics industry, manufacturing, plant, and company"（塑料工业、塑料制造业、塑料厂、塑料公司），但又要说"plastic bags, bottles, tubes and chairs"（塑料袋、塑料瓶、塑料管、塑料椅子）。因此，人们都知道，像 factory 这样的名词主要与单数名词结合，除非这样的名词不可用。对复合构词法中的复数形式非中心词成分所做的任何分析还得求助于处于低水平层级上的、构建了人们对于单个的词及其组合规则知识的那些图式，而构式库就能为这项工作提供一个自然的环境。

复合构词法分析中的最后一个问题，可见于将定语形容词和指人名词结合在一起的那些形式。Spencer（1988）给出了下面的例子：

(22) moral philosopher　　　　　道德哲学家（即伦理学家）
　　 neural scientist　　　　　　神经科学家
　　 transformational grammarian　生成学派语法学家
　　 electrical engineer　　　　　电机工程师
　　 serial composer　　　　　　序列音乐作曲家

为便于讨论，我们把这种形式称作"定语复合词"（ATTRIBUTIVE COMPOUNDS）。它们有何特殊之处？后来发现有三个特点促使我们区分出定语复合词构式。首先，我们都能看到，这些形式所表达的意义偏离了一般的定语形容词与名词组合的意义，后者如 famous actor。"moral philosopher"是指"研究道德伦理的人"，而不是"行为举止端正、有道德修养的哲学家"。其次，这种意义表明，moral philosopher 一词如此的内部结构使得该形容词的管辖域（scope）只限于该名词的词干，而最终起名词化作用的后缀（nominalizing suffix）的管辖域则覆盖整个复合词。这种结构区别于"名词＋名词复合词构式"里的那种结构，后者如 loudspeaker：

(23) [[moral philosoph] -er]
　　 [loud [speak-er]]

第三，Spencer（1988：673）特别指出，他所举的这些例子与名词性表达形式相符，这些名词性表达形式可视为复合词，或者至少可以算作是约定俗成的固定短语，即 moral philosophy, neural science, transformational grammar, electrical engineering, serial composition。我们把这些表达形式与 famous actor 和 loudspeaker 作个比较，这两个词都没有相对应的表达形式。因此，针对这样的复合词，Spencer 提出了一种分析方案，这种分析方案与 Booij（2010）所提出来的、对纵聚合式关联的单词（例如 alpinism-alpinist）所做的构式语法分析方案在精神上非常近似。具体说来，Spencer 提出，人们发现有些词条部分地例示彼此，通过这样的对应关系，他们造出了像 transformational grammarian, serial composer 这样的新词。用构式语法的表述方式来说，这些都算是元件链。Spencer（1988：675）提出了下面的词汇网络：

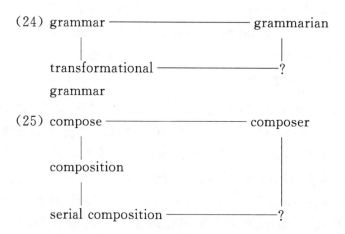

Spencer 指出，上述网络只有在位于左下角的表达形式被真正词汇化（lexicalised）之后才能起作用，用构式语法的话来说，

这些表达形式在构式库中必须表征为词汇性构式。我们来看看 secret language（译者注：（秘）密语（言），黑话）这个说法，我们可以认为它是个组构性短语，而不是什么复合词或者固定表达。我们不能把研究 secret language 的人叫作 secret linguist，尽管这个结构与 moral philosophy 和 transformational grammarian 完全一致。根据形态研究的构式语法观，＊secret linguist 一词不被接受是意料之中的。人们若想造出这个词，那他们的构式库中就应该先有 secret language 这个稳固的节点，如果没有这个节点，也就不存在人们赖以造出 ＊secret linguist 一词的元件链了。

4.4 总结语

本章脱离了句法领域来讨论构式语法如何处理与形态学相关的语言现象，Booij（2010，2013）就提出了这个问题。我们把形态性构式界定为（其）词内结构需要进行分析的（那些）形—义匹配对应体。形态性构式可以分为几个较大的群组。其中一个群组表现为屈折性构式，比如复数构式、过去时构式以及 S-型属格构式等。这些构式表现了语法上的区别，但在英语中只有很少的几个。英语中形态性构式的最大的一个群组就是派生性构式，也就是以已有的单词为基础、用来造新词的那些构式。涉及形态研究的其他路子所称的构词过程或构词规则的全部语言现象，派生性构式都可以囊括进来。此类构词过程中的很多都牵涉到词缀添加法，也就是一个宿主结构与一个词缀相结合。根据形态研究的构式语法观，这些构词过程在构式库中表现为部分图式化构式（partially schematic constructions）。此外，本章还讨论一些具体的构式，其中包括 V-er 构式（baker，smoker）和 V-able 构式（foldable，washable）。另外一个派生性构式类型是混合法构式（spork，guesstimate），该构式在其形式端（formal pole）表现出了音韵限制条件。形态性构式的一个规模庞大的家族就是复合构词法（compounding）。从最普遍意义上来说，有一个或可称作"英语向心式复合词构式"的概括形式规定，单个的词可以结合而构成新词。要想实现对英语复合构词法运作方式的充分理解，分析人员就必须用位于构式库中较低抽象水平层级上的多重（种）复合法类构式来解释。例如，向心式复合词构式通过实例链与多种构式关联起来，包括"名词＋名词复合词构式"（watchmaker）、"形容词＋名词复合词构式"（fine print）或短语性复合词构式（over the counter drug），等等。在一个更低的抽象水平层级上，"复数 desk 复合词构式"（admissions desk）通过实例链与"名词＋名词复合词构式"联系起来。

　　形态性构式可以从本章讨论过的几个方面的特征来分析。一个重要的特点就是形态学意义上的能产性，这种能产性被界定为人们根据某个构式产出或理解新的复杂单词时的认知易度（degree of cognitive ease）。flirtatiousness 和 flirtatiosity 这两个单词都可以形容同样的事物，因此，从语义角度来看都是同样正常的词汇。但是，十有八九的情况是，人们都会发现 flirtatiousness 理解起来更容易（发音也更容易），这是因为"形容词＋-ness 构式"高度能产，因此在构式库中作为节点得到强式表征，而"形容词＋-ity构式"的能产性就没那么高。我们已经说明，一个构式的能产性与其类频率及其各种类型中的罕用语汇所占的比率相关。人们可以产出和理解新造词汇，这对于构词过程就是认知性概括形式或曰构式的观点来说是一条核心的证据。形态性构式的第二个特点是它们的纵聚合式组织形式，这种纵聚合形式最终体现为那些通过元件链而彼此紧密关联的一组一组的单词。在讨论屈折性构式的时候，我们着重探讨了形态性纵聚合体（如 sing, sings, singing, sang, have sung 等），但是，与形态性构式相互关联的元件链网络牵扯面较之更大，对我们在理解派生性构式之间的关系时也同样重要。特别是，元件链有助于我们对词干变体现象（stem allomorphy，如 energy-energetic）、像 alpinism 和 alpinist 这样的有纵聚合关系的形式以及 moral philosopher 这样的定语复合词进行合理分析。在上述每个情形中，构词的过程都依赖于一个事实，即单词的各个组成部分在构式库中都是相互联系的。形态性构式的第三个特点，是其在意义方面具有非组构性。虽然很多形态性构式的意义是透明或显而易见的，但也有一些构式的用例，其意义超出了各组成部分的意义（之和）。比如，在词汇性构式层面上，laughable 一词不仅仅只是指"可被嘲笑的"事物，其实际意义"荒谬、可笑"更常见。此外，构式性的模式也能表达非组构性意义，例如"对比性叠音构式"（I don't want bubble tea, I want tea-tea!）表达的意思是指代典型的指代物（prototypical referent），这个意思不一定能从其词素形式中自然推知。本章讨论的形态性构式的第四个特点，即同时添加词缀法，关乎那些排斥循环规则应用分析的语言形式。比如 decaffeinate 一词，既不可能从 ?caffeinate 派生出，也不可能从 *decaffein 派生出。其实，分析此类形式要求我们结合构式性图式的概念，在这个图式中，两个词缀是一下子同时添加到词基上的。

本章最后讨论了形态研究的两个难题，这两个难题用构式语法思想来分析能得到令人满意的解释。第一个难题是英语里的词缀排序。为什么后缀-ive 和-ise 能在动词 relativise 内结合，但却不能结合于 *generalizive 之中？要回答这个问题，我们可以提出一个解决方案：将词缀分为不同的类别，而它们只能按照固定的顺序结合在一起。不过，这个方案存在一些理论和实践上的问题，Hay & Plag（2004）便提出了一种基于心理语言学的解释，而该解释与语言知识的构式语法观非常吻合。他们的解释是：形态性构式如果很容易进行句法解析，那它就对结构复杂的单词充任词基更能容忍。在一个很容易进行解析的构式中，例如"形容词＋-ness 构式"，人们发现，要区分形容词词基和-ness 后缀很容易。因而，结构复杂的形容词也可以进入该构式而构成新词，比如 flirtatiousness。相反，"形容词＋-ity 构式"就不那么透明了，因此，flirtatiosity 一词对很多人来说就属于边缘词汇。形态研究的第二个难题是本章所讨论的不那么重要的两个复合构词法，也就是带复数形式非核心词的复合词（claims department）以及定语复合词（attributive compounds，例如 urban sociologist）。这两个构词模式在结构和语义上都偏离了更具一般性的复合法构式。我们提出，就这两种情形而言，构式库中位于低水平层级上的构式性图式和元件链是用于分析有关语言现象的关键工具。

思考题

1. 英语的屈折性形态构式有哪些？
2. 什么是非拼接式形态性构式？
3. "类频率"和"罕用语汇"是什么意思？
4. 若在某大型语料库中，某构式的一半类型都仅出现一次，据此能得出什么结论？
5. 为什么短语性复合词（如 a what-the-heck-is-wrong-with-you look）对语言知识的词典加语法观构成问题？
6. three-legged，curly-haired，red-faced 等词有何特殊之处？
7. 为什么 monstrosity 是一个合法的单词，而 * authoritious 却不能成立？
8. 英语的派生性后缀不会出现在屈折性后缀之后，这是一个经验事实。请根据 Hay & Plag (2004) 的研究发现对此作出解释。

延伸阅读

　　Booij (2010) 提出，形态学研究可以走构式语法的路子，他（Booij 2013）所做的有关总结其实是开展相关研究必读的绝佳启蒙读物。Plag (2003) 对英语构词法进行了综述，其有关主张与构式语法的研究思想高度契合，也为构式语法视角的有关研究提供了诸多必须面对和处理的语言现象。Gries (2004) 为混合构词法的分析提供了一个实证研究的路子，Bauer & Renouf (2001)、Giegerich (2004) 以及 Booij (2009) 则讨论了复合构词法。至于本章中所述评的形态学研究的各问题案例，请查阅有关原始文献和出处，亦即 Hay & Plag (2004) 对词缀排序的研究和 Spencer (1988) 对定语复合词的研究，这些都会让读者收获良多。

5 信息包装构式

5.1 构式语法的语用面

如果某个语言学专业的在校生来问你，语法构式有什么用？你怎么回答？如果你想想双及物构式或动结构式，脑子里就会出现答案：语法构式可以用来表达各种基础性概念场景（fundamental conceptual scenes）或者说非常基础的概念。本书第 2 章讨论过场景编码假设（scene encoding hypothesis，详参 Goldberg，1995：39），该假设认为，那些基础的句子类型，也就是基础的句法构式，把对人类经验至为基础的那些事件类型编码为它们的核心意义，比如给予和接受/收行为，涉及事物改变的各种事件，牵扯到因果关系的各类情景，等等。语法构式的一个相关目的，就是表达各种重要的概念和对比差异，前者如"拥有"（S-型属格构式）或是"区别"（比较构式）等，后者如"一对多"（复数构式）、"今对昔"（过去时构式），或是"绝对对可能"（情态助动词构式）。因此，如果我们将场景编码假设继续延伸，我们可对以上考察进行总结，说语法构式适于表达对人类生活来说至为基础的那些基本意义。但对全部的语法构式来说是否都是如此呢？本章就来讨论有着不同作用的几个构式，也就是将当前所说内容和过往已说内容联系起来的作用。本书将构式的这种功能称作"信息包装"（information packaging，详参 Prince，1981）。我们先来看看下面一组例子：

(1) As for John, he lost his wallet.（至于 John，他把自己的钱包弄丢了。）

He lost his wallet, John. （他把自己的钱包弄丢了，John。）

What happened was that John lost his wallet. （出的事就是 John 把自己的钱包弄丢了。）

What John did was lose his wallet. （John 干的事就是把自己的钱包弄丢了。）

It was John who lost his wallet. （是 John 把他自己的钱包弄丢了。）

What John lost was his wallet. （John 弄丢的是他自己的钱包。）

It was his wallet that John lost. （是他的钱包，John 弄丢的。）

As for his wallet, John lost it. （至于他的钱包，John 弄丢了。）

What happened to John's wallet was that he lost it. （John 的钱包怎么了，就是他把它弄丢了。）

你很可能也认为，以上诸例都可以大致释义为"John lost his wallet"，因为每一个例句都通过元件链同单及物构式联系起来，而且，这个构式为上述各例贡献了最重要的语义内容。然而，英语语法给人们提供了大量不同的句法构式，他们因此有了极大的便利条件来对上述语义内容进行（彼此间有）些许相异的表达。当然，除了提供这样一种极大的便利条件，这里还涉及一个目的，也就是包装信息。

成功的交际在很大程度上依赖于恰当呈现新信息的方式，这样人们就可以轻易地将该信息和自己已知的事物结合起来。这些信息包装构式，有时也称作信息结构构式（information structure constructions），起到了组织安排意义的作用，这样就将新旧意义联系起来，而不是说表达意义本身。在特定的情景语境（situational context）中，言者对于听者已经知道什么、可能会作出什么推断以及完全不知道什么，都会作出各种臆断，根据这些臆断，他们会选择某个特定的信息包装构式。因此，我们讨论信息包装构式，就会关注到构式语法的语用方面。本书将语用学（Griffiths，2006）理解为话语依存于语境的意义研究。如果读者上过语言学导论类课程，就很可能听到过一些有关的概念，例如间接言语行为（比如"Could you pass me the salt?"一句并非如其字面意义表达要求获得信息）和会话准则（比如关联准则，它要求人们所说的内容必须同当前谈论的主题有关联）。一般地，上述关于语用学的讨论几乎不涉及语言形式，也就是构式问题，相反，语用学被认为是去研究那些相对独立于语言形式的意义，因此这样的意义反过来是依赖于情景语境的。那么，构式语法和语用学如何契合而适应于彼此呢？

为了阐明二者的关系，我们再来看看"What John lost was his wallet"一句。这句话例示了一个构式，叫作"WH-分裂构式"（WH-CLEFT construction）。我们想一想，这个构式可能会用于什么样的交际情景？显然，不是每个情景都同样适合的。比方说，今天晚些时候，你接到妈妈的电话，她第一句话就是"Hi, it's me. What John lost was his wallet"，当然，这事完全不可能发生。这句话句法上没有任何不妥，但你听到以后很可能就会想，我妈妈是不是该去看医生了？相较之下，假如那天早些时候你和妈妈通电话了，她给你讲了一大通镇上所发生的事情，也就是你的老朋友John换了新发型（也就是说，他最终还是去了理发店，把他那头难看的头发剪了①），可是结果呢，你妈妈听错了，John的那一头mullet发型还跟以前一样精神着呢，他丢的其实是他的钱包。现在呢，你妈妈打电话给你，纠正她之前告诉你的事儿，这样一来，她说那么一句话就再正常不过了。我们对比一下这两种情形，就会发现第二种情形中有三点不同：第一，之前你和你妈妈已经谈过John的事儿；第二，你已经谈过John丢过什么东西的事儿；第三，你说John丢的东西和John实际上丢的东西是不一样的。这三个语境特征就是使用WH-分裂句的典型条件。我们来看看下面来自互联网的一些例子，下面的每一个例子里边，丢东西的人在WH-分裂句之前的语境中都已经提到，比如

---

① 译者注：lost his mullet，意为剪掉mullet的发型，mullet是一种前短、侧短而后面长的发型，但此处lose的语义显然不同于下文的lose的语义，后者的意思为"丢失、遗失"。

"丢东西"这个行为，比如所丢失的物件与分裂句本身之中所提及的丢失物件之间形成反差：

(2) Even during the darkest years Churchill never entirely lost the affection of his countrymen; <u>what he lost was their confidence.</u>（即使是在最黯淡的年代，丘吉尔也从未完全失去对其国民的情怀，他所失去的是他们的信心。）

When Charlie states that he lost money during the crash, but everything during the boom, he realizes that <u>what he lost was his family</u> and that they are important.（当 Charlie 说道，在暴跌之时他失去了金钱，但在暴涨之时他失去了一切，此时他才意识到，他失去的是他的家人，而且他们很重要。）

Rodriguez may not have lost a job or dealt with financial burdens but <u>what he lost was his own pride of being a Mexican-American</u> while pursuing his life dream of becoming an English professor.（可能 Rodriguez 也算不上丢了工作或者要担负经济负担，他丢掉的，是他在实现自己成为英语教授夙愿的过程中自己作为墨西哥裔美国人的自豪感。）

That being the case, the respondent therefore could not be said to have suffered any deprivation of the use of the money. In fact he lost no money at all. <u>What he lost was only the opportunity to acquire a shophouse at ＄49,500.</u> We therefore think that the learned trial judge was correct in awarding the interest to commence from the date of the judgment until the date of satisfaction.（因此，在这种情况之下，也不能说被告被剥夺了任何使用该笔资金的权利。其实，他根本就没有任何资金损失，他损失的也仅仅就是花 49500 美元获得一间门面房的权

利。所以我们认为……)

为了能够解释信息包装构式的运作方式，本章首先会对各种信息包装构式进行界定，介绍一些有关的特征差异，从这些差异出发，我们就能更准确地讨论话语所在的"语境"。搞懂了这些差异特征之后，我们再来讨论人们可以用哪些构式来包装他们想要表达的信息。

5.1.1 信息包装：基础知识

人们为什么会在不同的交际环境中采用不同的语法构式来表达同样的语义？Lambrecht（1994）对这个问题进行了深入细致的探讨，对本章的讨论主题，他作出了如下界定（1994：5）：

> 信息结构：是句子语法的一个组成成分，在该成分里，作为事物状态的各种概念化表征形式的那些命题，依据说话人的不同心理状态而同各种词汇语法结构对应匹配起来，而说话人在各种特定语境中把这些结构当作不同的信息单位来使用和解读。
>
> (Information structure: That component of sentence grammar in which propositions as conceptual representations of states of affairs are paired with lexicogrammatical structures in accordance with the mental states of interlocutors who use and interpret these structures as units of information in given discourse contexts.)

这个定义包含丰富的信息，需要进一步分析和阐释。首先，Lambrecht 所讨论的是各种词汇语法结构（lexicogrammatical structures），它们就是本章要讨论的信息包装构式。我们已经见到了其中一个例子，也就是"WH-分裂构式"。其次，Lambrecht 认为，这些构式是句子语法的一个组成成分，这就意味着，信息包装构式一般都是造出整个句子的那些句法构式，而不形成短语或单词（后面我们会看到这条规则有例外）。Lambrecht 说的"作为事物状态的各种概念化表征形式的那些命题"，指的是整句所表达的各种复杂意义。单个单词的意义，例如 wallet，相较于句子的意义是比较简单的，比如"John lost his wallet"，因为这句话表达的是一个命题（Kintsch，1998），亦即动词 lost 及其两个论元 John 和 his wallet 之间存在的一种有意义的关系。读者在理解这句话的时候，会构建起一个"John 把他的钱包弄丢了"的概念表征形式，或者也可以说是认知模型。Lambrecht 的定义中，最重要的部分就是"依据说话人的不同心理状态"这个说法，当人们要选择使用哪一个特定的信息包装构式的时候，他们先前已经搞了一些"读心术"的活动（mind-reading，译者注：亦即了解对方的心事，或者已有的背景知识），他们的选择代表他们所作的最正确的猜测，即听者已知的东西是什么，对他而言新信息又是什么？我们再回到前面你妈妈突然给你打电话的例子，她说："Hi, it's me. What John lost was his wallet."让你对这个电话交谈的开场语感到丈二和尚摸不着头脑的就是，此时你妈妈对你所知道的信息作了极不准确的猜测。一般情况下，其实我们希望身边的人都能了解自己的想法，哪怕是素不相识的陌生人，我们觉得这是理所当然的。要是没搞清楚别人的想法就突然冒出一句不着边际的话，往好处说，别人就会说他没礼貌，往坏处讲，大家会认为他心理健康出了问题。

我们再回到 Lambrecht 对信息结构的定义上来，我们可以再次借用他在里面所表达的思想来描写信息包装构式的基本特征，这涉及到三个方面的特征：

（3）信息包装构式是：

［1］句子层面上的构式；

［2］人们用它们来表达各种复杂意义；

［3］这种表达方式显示出他们对听者当前所知的信息有了解。

Information packaging constructions

are sentence-level constructions ［1］

that speakers use to express complex meanings ［2］

in a way that shows awareness of the current knowledge of the hearer. [3]

要将上述特征描写应用到信息包装构式的分析中，我们就需要对其各方面的特点进行详细讨论和充分阐释，尤其是第二和第三两个方面。

5.1.2 预设和断言（Presupposition and assertion）

Lambrecht 指出，命题，亦即复杂意义，通常把听者已知的信息和他们未知的信息结合起来（1994：51）。因此，句子层面构式里所包含的信息部分是已知信息，部分是未知信息①。这一点可以用下面这个例句来说明："I finally met the woman who moved in downstairs"（我（昨天）终于碰见了搬到我楼下住的那个女的）。说这话的人并不是想告诉听者，他楼下住着一位新来的女邻居，那是理所当然可想而知的事情。该句中的新信息是，言者终于见到了那个新邻居。那你可能就会问了，如果说"楼下住着一个新来的女邻居"是已知信息，那言者为什么还不厌其烦地把昨天的事儿告诉听者呢？言者之所以要在句中涵括已知信息就是因为，如果新信息同听者的已知信息能恰当地联系起来，那么听者对新信息的处理就会容易得多。因此，信息结构构式②就有把新信息与旧信息联系起来的作用，以使新信息便于理解。对于迄今为止我们简单讨论过的"旧信息"和"新信息"这两个概念，Lambrecht（1994：52）提出了两个对应的术语，分别是语用预设（pragmatic presupposition）和语用断言（pragmatic assertion）：

(4) 语用预设：是由某个句子所激发而在人脑中唤醒的以词汇语法形式表现出来的一组命题，言者自以为听者已知上述命题，或者在该句说出之时马上想当然地认为上述命题成立。

---

① 译者注：已知信息就是旧信息，即 given/old information，未知信息就是新信息，即 new information。

② 译者注：经译者与原著者核实，"信息结构构式"等同于"信息包装构式"，但原著者更常用后者。

(Pragmatic presupposition: The set of propositions lexicogrammatically evoked in a sentence which the speaker assumes the hearer already knows or is ready to take for granted at the time the sentence is uttered.)
语用断言：是由某句所表达的一个命题，在听到该句说出后，对于该命题，听者理应知晓，或者认为它是理所当然、天经地义成立的。
(Pragmatic assertion: The proposition expressed by a sentence which the hearer is expected to know or take for granted as a result of hearing the sentence uttered.)

对语用预设和语用断言的区分是和语言形式亦即构式有关的。信息包装构式由不同的部分组成，这些部分习惯上或与旧信息有关，或同新信息相联。这对语言处理有个明显的好处，听者一旦能识别出某个特定的信息包装构式，他立马就明白构式中哪一部分会传递新信息，而他就该最关注这个新信息。我们来看看"TOUGH-提升构式"，这个构式把一个名词短语、一个述谓形容词和一个带 to 不定式短语结合在一起而形成一个句子，比如"A good man is easy to kill"。Mair（1987）对"TOUGH-提升构式"做了基于语料库的研究，结果发现，这个构式一般都遵循一个结合了已知和未知信息的常现模式（recurring pattern）。下面我们给出该构式的几个真实用例：

(5) Until the last few years the paper was a modestly profitable business, but it had had structural problems for some time. Like so much else in Britain, <u>these are hard to understand</u> unless you know the history.
Pieces of nerve can be removed completely from the body and yet retain their ability to conduct nerve-impulses. Physiologists have therefore preferred to study these convenient objects, rather than the very soft brain tissue, <u>which is difficult to handle</u> and changes its characteristics when its supply of blood is interfered with.

Her part-time legal transcribing service didn't come close to providing the income she needed. <u>The Victorian she'd inherited from her grandmother was so expensive to maintain</u>, the repairs so constant, the taxes so outrageous, it took every penny she made each month just to stay ahead of her creditors.

与开始的那个例句"A good man is easy to kill"相反，"TOUGH-提升构式"的大部分真实用例都涉及使用指代已知信息的名词短语，这一点在前两个例句中显而易见，其各自的名词短语都实现为代词，而新信息就是由形容词和带 to 不定式短语的组合表达的那个信息。第三个例句中，名词短语"the Victorian she'd inherited from her grandmother"就是 Lambrecht 所说的听者"在该句说出之时马上想当然地认为成立"的信息，即话语发出时听者想当然的想法。在说这句话的时候，听者没必要事先已知"有人（即 she）继承了一幢房子（即 the Victorian）"这个命题，但请注意，这里的名词短语是定指的（definite），而非不定指的（indefinite）。这表明，言者希望听者将之处理为已知信息。这里，句中的新信息还是表现在形容词和带 to 的不定式短语上，亦即短语"expensive to maintain"是和前句相关联的一条新信息，它对主人公的资金困难予以细述和解释。

5.1.3 激活（Activation）

你可能从来都没想过下面这个问题，但是你的确又知道在什么情况下可以使用 WH-分裂构式（What John needs now is a double espresso）、TOUGH-提升构式（That is hard to believe!）或限制性关系分句构式（I finally met the woman who moved in downstairs）等等，这就能证明，在一般的对话当中，你不断地模拟交谈对方所构思的对当前情景的认知模式。此外，根据听者脑子里正在运作的认知模式，你恰当使用一些构式，把一些信息表达为新信息，把另外一些信息表述为旧信息，通过这种方式，你对自己的言辞语句进行相应的组织构建。但不仅仅如此，最为关键的是，你不仅对听者所知的东西进行模拟，而且，正如Lambrecht（1994：53）所指出的那样，你还对听者在当前交际情景中的思想意识和对事物的认知察觉（consciousness and awareness of things in the current situation）进行模拟。我们来看看下面这个例子，我们再次假定，这是你妈妈有一次打电话的时候说的话：

(6) John speaks excellent Finnish although he never lived there.

你很可能毫不费力就能知道单词there是指Finland，这是非常了不起的，因为Finland一词在这句话里一次也未提及，而且在这段对话之前也没有提及。当你听到这句话的前半部分也就是"John speaks excellent Finnish"的时候，你就会构建一个认知模式，在这个模式里，John有说芬兰语的本事。这是你妈妈认为你在听她说完那句话的前半部分时就应该知道的一个命题。不过还有一点，Finnish一词会激起一系列的联想，其中之一，也是相当细微琐碎的一个，就是说芬兰语的那个国家。你妈妈在模拟你关于当时言语情景（speech situation）认知模式的时候（你看这开始变得有些复杂了），她会认为你对Finland有一定程度的了解。有鉴于此，她就可以用代词there来指代Finland，而不是用一个完全意义上的词条（a full lexical item）。这样的话，你妈妈就把Finland处理为已知信息，不需要作正式介绍了。她认为Finland对你来说是已知信息，她当然是对的。人们已经有了一个专门术语来表示听者思想意识里或多或少存在的那些想法，这就是激活（activation）。这里的隐喻，就是认为听者脑子里的那些想法或多或少都被激活了。在上例中，你妈妈正确地预估到Finland会在你大脑里被激活，所以她在语言表达中选择使用了代词there。Chafe（1987：26）对激活和语言表达形式之间的关系作了如下解释：

> 对言者来说已经很活跃的那些理念，以及言者认为对听者也很活跃的那些理念，以一种特别的方式用语言表达出来，此类表达拥有诸多特征，对它们的讨论常常从"旧的"

或"已知"的信息等方面进行。一般说来，表达已知理念的时候发音都较轻，发音轻最起码就涉及到弱重音，而典型的情况，虽非绝无例外，但它会涉及到代词化或完全省略。

（Those concepts which are already active for the speaker, and which the speaker judges to be active for the hearer as well, are verbalized in a special way, having properties which have often been discussed in terms of 'old' or 'given' information. The general thing to say is that given concepts are spoken with an attenuated pronunciation. The attenuation involves, at the very least, weak stress. Typically, though not always, it involves either pronominalization or omission from verbalization altogether.）

编码为代词，这可能是最清楚的一条证据，证明言者假定了某个想法是活跃、已知的，除此以外，定指性（definiteness）作为一个语法范畴也应该说一下。为了说明（信息）激活是有程度区分的，Chafe（1987：25）不仅区分了活跃的和非活跃的指称对象（active and inactive referents），还增加了第三类范畴，即半活跃的指称对象（semi-active referents），也称作可及指称对象（accessible referents）。指称对象通过某一话语所触发的关联在听者脑海里变得半活跃。比如，我们假想，你妈妈又出乎意料地给你打了个电话，跟你说"Hi, it's me. Mary is pregnant again"，这句开场白就会让一些信息变成你脑子里的半活跃的指称对象，最显而易见的信息可能就是这里面会牵涉到一个孩子和一个父亲，而且还有别的信息。半活跃的指称对象可以用定指的名词短语甚至是代词在接下来的语篇中表达出来。因此，你妈妈接下来继续跟你讲"The doctor saw on the ultrasound that it's a boy"（医生做了超声波检查，看清楚了是个男孩），这就又让我们关注到至少三个先前还是半活跃的信息（即产科医师、超声波检查、婴儿的性别）。某个特定指称对象的被激活地位是短暂的：随着对话的继续进行，没有再继续讨论的那些活跃的指称对象逐渐褪去而变成半活跃状态，最终又变成非活跃的指称对象。

5.1.4 话题和焦点 (Topic and focus)

对分析信息包装构式至关重要的还有一对概念区分,那就是话题和焦点概念的对立。这两个术语其实是有问题的,因为在日常生活用语以及不同的语言学理论框架中使用时有着多个不同的意义,所以我们有必要对它们进行澄清。在日常理解中,话题是文本或会话(texts or conversations)所具有的一个特点。某一则新闻报道可能会围绕一次选举的话题进行报道,也可能举行某个公共会议来讨论,比如说,建设一座新的体育场馆这个话题。Lambrecht (1994:118) 使用"话题"一词并不涉及文本和会话层面,而完全建立在句子层面的意义上。依本章所持的观点,话题就是句子的谈论主题(subject matter),即该句所谈论之对象。因此,在会话里边,某句话的话题就是个当前谈话各方的兴趣所在的问题了,而该句中所做的语用断言则通过作出一个与当前谈论话题有关的表述而给听者提供(一定的新)信息。Lambrecht 指出,人们并非总是可以把句子中某个特定成分区分为话题的,因为只要话题作为相关背景为交际各方所知晓,那么话题本身也就没有必要在句子中提及。这就意味着,一个句子的话题和它的语用预设(亦即听者理应已知或理应认为成立的那些东西)并不一定重合一致。我们来看看下面的例子:

(7) Personally, I don't even eat chicken; I prefer my protein to come from eggs, fish and cheese.
(要说我自己呢,我都不吃鸡肉的。我希望自己的蛋白质从鸡蛋啊,鱼啊,还有奶酪里边摄取。)

上例中分号之后的第二句话,其话题是什么?如果非得让你回答这句话讲的是什么,你可能会说是个人饮食习惯,但这在句中并没有明确提及。该句的语用预设要求听者想当然地认为言者以及其他所有的普通人,营养摄入都依赖各类蛋白质,而其语用断言就是,言者更偏好于几种特定类型的蛋白质。此处一个关键的差别就是,蛋白质并不是话题,因为这句话不是在讨论蛋白质问题,而是讨论饮食习惯。因此,尽管一个句子的话题偶尔也难以归结为某个特定形式，我们还是可以看到，确实存在一些信息包装构式，其中的某个特定部分习惯上总是用于表达话题。下面的三个例子就说明了三种特定部分：

(8) As for John, he lost his wallet.
The coolest guitar I own, it's a black US stratocaster from the 80s.
（我手头最酷的一把吉他，是一把80年代的、黑色美国斯特拉托卡斯特电吉他。）
Most heavy metal I don't really like.
（大多数重金属音乐，我真的都不怎么喜欢。）

上述三句例示了不同的话题化构式（TOPICALISATION constructions），其中都有一个句法部分预留出来用以表达话题。比如，在"AS FOR-型话题化构式"里，由 as for 引出的成分创设了一个话题，同时也激发了人们的一种预期，即句子的后面部分会出现表达与该话题有关信息的命题。上述第二句例示的是所谓"左偏置构式"（LEFT DISLOCATION construction），同样地，这里的话题成分出现在句首，而其后的完整句子为之提供了相关的具体信息。第三个例句就是一般所讨论的话题化构式，尽管也有其他一些构式也具有该功能。话题化构式拥有如此显赫的地位，就是因为它只是对单及物构式里的词序作了重新调整，于是，被处理为话题的宾语成分就出现在了句首。

考虑到前面几个段落中关于话题的界定，或许有人就会因此把句子的焦点定义为"非话题的那部分内容"或"所提供的关于话题的那个新信息"，这第二个定义和句子的语用断言等同，我们在前文已经界定了语用断言。你可能会想到，Lambrecht 认为焦点的概念要比那个更具体一些。恰如话题与句子的语用预设相关联但又不是一回事儿，焦点的概念也只和句子的语用断言相关。具体说来，句子的焦点构成了语用断言的最重要的部分。Lambrecht（1994：207）把焦点界定为"信息的一个构成成分，据此，预设和断言彼此相区分开来"。Lambrecht 列举了下面的例子来阐释这个定义：

(9) Q：Where did you go last night?
A：I went to the movies.

显然，回答句里的预设是，言者昨晚去了某个地方，而其断言则区别于该预设，它指明了言者所去的那个特定地方，亦即 movies（电影院）。不过，Lambrecht（1994：209）又谨慎地指出，movies 一词只有通过其自身与"言者去过某处"的命题间的联系才能表达焦点信息，Lambrecht 将这种关系称为"焦点关系"（focus relation），而最终构成新信息的正是这种关系。现在我们再考虑一下上面的例子，不过此时稍有变动，我们把问句改为"Where did you go last night, to the restaurant or to the movies?"，那么这样询问之后，回答句中的 movies 一词就不再构成新信息了，而此句中的新信息就是，确认 movies 就是言者所去的地方。关于焦点的形式化实现方式，Lambrecht（1994：213）指出，语用意义和句法表现形式之间通常并没有约定俗成的对应性，这是因为，句子韵律特征对理解"此句的焦点是什么"具有很强的调节作用。所谓句子韵律特征是指句子重音的位置。依据句子重音的不同，同一个句子的焦点信息可能也不同，因此可用来回答不同的问题。假如有一天你碰巧听到下面三段简短的对话：

(10) Q：What happened to your car?（你的车怎么啦?）
A：My car broke down.（我的车坏了。）

Q：I heard your motorcycle broke down?（听说你的摩托车坏了?）
A：My car broke down.（我的车坏了。）

Q：Why are you late?（你怎么迟到了?）
A：My car broke down.（我的车坏了。）

在你的想象中，上面这三个回答可能听起来有一点点不同，即其句子重音位置各不相同。Lambrecht（1994：223）认为，第一句回答属于"述谓—焦点"（predicate-focus）类型，它用整个动词短语 broke down 来表达焦点信息；第二句回答表达"论元焦点"（argument focus），即动词的一个论元是焦点，这里就是主语 my car 代表焦点信息；最后一句回答含有"句子焦点"（sentence focus），因为整个回答句所传递的信息和语用预设的信息不同。理解了上述这些差异，我们接下来就来讨论信息包装是如何与语法形式发生规约性联系的。

5.2　信息包装与语法

在日常会话中，言者总会面临着和信息包装相关的各种普遍性交际任务。比方说，言者想说一件事儿，可这事儿在当前的谈话中并没涉及。怎么办呢？言者就需要用某种方法提出一个新话题，这样听者就能听出来。另一个普遍性交际任务是，言者需要对某个误解作出澄清，因为听者可能正确理解了某条信息的一半，却误解了该信息的另外一半。现在言者的任务就是说清楚哪一半应该是哪个意思。如果此类情景不断出现且足够频繁了，有关语言形式就会稳定下来，成为表述这些情景的约定俗成的手段。接下来的几个小节里，我们会讨论几个信息包装构式，它们将句法或形态—句法形式同特定的信息编排方式对应匹配起来。

5.2.1　分裂构式

英语里信息包装构式的一个很重要的家族就是分裂构式（cleft constructions，详参 Lambrecht，2001）。将分裂构式和其他复杂句法构式区别开来的重要特征就是，分裂体（clefts）都是双小句构式（bi-clausal constructions），它们往往有一个简单的单小句对应句（simple monoclausal counterpart），这个特点我们从下面的例句中可以看出来：

(11)　It is the wife who decides.　　　The wife decides.
　　　What I want is a gin and tonic.　I want a gin and tonic.
　　　That's what I'm talking about.　　I'm talking about that.

不同的分裂构式类型可用于以不同的方式包装信息，尽管如此，我们对这些构式类型所共有的句法和语用特征作一考察也是很有裨益的。Lambrecht（2001：467）对各种分裂构式作出如下概括：

> 分裂构式是一种复杂句子结构，它包含一个由系动词引导的主句和一个关系分句或类似关系分句的句子，这个分句的关系化论元和系动词的述谓论元同指。从总体来看，该主句和分句表达一个简单逻辑命题，该命题也可以由一个简单分句形式来表达，而其真值条件不变。
>
> (A cleft construction is a complex sentence structure consisting of a matrix clause headed by a copula and a relative or relative-like clause whose relativized argument is coindexed with the predicative argument of the copula. Taken together, the matrix and the relative express a logically simple proposition, which can also be expressed in the form of a single clause without a change in truth conditions.)

我们来对这个定义进行解析。可以说，分裂构式的基础是码化为"X is Y"的述谓构式（PREDICATIVE construction）。这个构式例示了 Lambrecht 所称的主句，这个主句的主体部分是 X 和 Y，它们由系动词连接，也就是动词 to be 的某种形式或者是功能对等的动词。现在的情况是，主体部分中的一个或是例示，或是关联着关系分句构式。我们来看看"It is the wife who decides"一句。此句中的关系分句是"who decides"，它与 the wife 相连。这个关系分句里的关系化论元（relativised argument）由关系代词 who 表达，指代 the wife。Lambrecht 的定义阐明了这个特点，他说，关系化论元应该与系动词的述谓论元同指（这可以形式化地表述为"It is the wife$_i$ who$_i$ decides"）。Lambrecht 定义中的第二部分说，从纯粹的逻辑角度看，像"It is the wife who decides"这样的句子所表达的意思和句子"The wife decides"所表达的意思等同。这个定义就抓住了上述用如例句的三种分裂构式所共有的形式和意义方面的特征，这三种构式类型的正式名称如下所示：

(12) It is the wife who decides. IT-型分裂构式（IT-CLEFT

construction)
What I want is a gin and tonic. WH-型分裂构式（WH-CLEFT construction）
That's what I'm talking about. 反向 WH-型分裂构式（REVERSE WH-CLEFT construction）

那么，在信息包装方面，上述分裂构式的规约习惯性特征有哪些呢？想回答这个问题，我们需要应用前面几个小节里用过的那些分析工具。Lambrecht（2001：475）就使用下面的例子来分析 WH-型分裂构式中的信息包装：

(13) Q：What do you need?
A：What I need is a sheet of paper and a pencil.

语用预设：言者需要 X
语用断言：X 是一张纸和一支笔
焦点：一张纸，一支笔

上面所列各条不同的信息系统地投射到 WH-型分裂构式的结构上。其语用预设（"the speaker needs X"）在句首的关系分句 "what I need" 里表达出来，系动词将这个关系分句和 WH-型分裂构式的述谓论元联系在一起，这个结合体表达了焦点信息（a sheet of paper and pencil）。因此，WH-型分裂构式的述谓论元也被称作"焦点短语"（focus phrase）。Lambrecht 指出，严格地说，像 "the speaker needs X" 这样的语用预设不是使用 WH-型分裂构式的充分条件。关于这个特点，我用发生在我个人身上的一件事情来说明。在我动笔写书之时，我五岁的儿子是《星球大战》的忠实粉丝。他不断地要求我在他六岁生日时给他买一把激光剑，所以呢，我知道他想要一把激光剑，他也知道我知道他想要一把激光剑（他多次跟我确认我没有忘记这件事儿）。但是至关重要的一点是，尽管我们双方都知道这件事儿，但如果有一天他走到我跟前，用一个 WH-型分裂句 "What I want is a green light saber" 来讲明他的心愿，会让人觉着怪怪的。Lambrecht（2001：476）对此提出了一个解释。（他认为，）如果言者要使用

WH-型分裂构式，他和听者彼此共知某些事实还是不够的；关键的一点是，言者必须拿得准，这种共知当前正活跃于听者脑子里（请参考 5.1.3 小节的有关讨论），而且他还必须拿得准听者会把它视为当前有兴趣谈论的东西（请参考 5.1.4 小节的有关讨论）。下面各例句中对 IT-型分裂构式、WH-型分裂构式和反向 WH-型分裂构式这三种构式类型的比较显示，这些标准适用于全部的类型：

(14) It's the use of clefts that he wants to explain. IT-型分裂构式

What he wants to explain is the use of clefts. WH-型分裂构式

The use of clefts is what he wants to explain. 反向 WH-型分裂构式

语用预设：he wants to explain X
语用断言：X is the use of clefts
焦点：the use of clefts

了解了各构式之间这么多的相似之处，你就会想，到底是哪些不同之处促使人们在某个特定的言语交际情景中选择使用其中一类而放弃另外两类呢？Lambrecht（2001：497）讨论了影响人们选择不同分裂构式的四个因素。第一个因素与焦点短语和关系分句的相对长度相关。一条最基本的原则就是，人们一般都会对他们的话语形式进行组织，将长的（或者说重的）成分放在靠近句末的位置。这个倾向就是一般所说的"句末重心原则"（end-weight principle, 详参 Behaghel, 1932；Quirk et al., 1985），我们可以从易于信息处理的角度来解释这条原则。试比较下面两例：

(15) It's the use of clefts in English medical writings from the sixteenth to the eighteenth century that he wants to explain.

What he wants to explain is the use of clefts in English medical writings from the sixteenth to the eighteenth century.

你很可能会发现，第二个句子读起来和理解起来都比第一个容易得多。要想理解 IT-型分裂句，人们就得记住整个名词短语（即 the use of clefts in English medical writings from the sixteenth to the eighteenth century），然后才能借助最后的关系分句去理解它在整个句子里边的句法角色。而在 WH-型分裂句中就不存在这些麻烦，位于句首、后面接系动词的关系分句（即"What he wants to explain is"）已经表明，后面跟的是充任主语补语的一个名词性短语。"句末重心原则"不只是影响人们对分裂构式的选择，它还会影响人们对很多对相关句法构式的选择，包括双及物构式、介词性与格构式、S-型属格构式以及 OF-型属格构式。这一点，我们会在本章中随后的几个小节里讨论到。

影响人们区别使用上述三类分裂构式的第二个因素关乎关系分句中语用预设的激活。我们在前面已经讨论过，在特定的言语交际情景中，交际双方的某些想法或多或少都处于活跃状态。言者每时每刻都要知道，当前听者的脑子里哪些想法是活跃的，哪些是半活跃的，哪些很可能是不活跃的，同时据此来选择使用信息包装构式。设想一下，你准备去伦敦，去参观大英博物馆，在托特纳姆宫路出了地铁站之后，你搞不清楚该朝哪个方向走了。你带了一张地图，可就是不知道该往哪里走，然后你就走向一名路人。下面几个问句中，你会选用哪一句呢？

(16) Excuse me, I'm looking for the British Museum.（打扰一下，我想去大英博物馆。）

Excuse me, what I'm looking for is the British Museum.（打扰一下，我想去的是大英博物馆。）

Excuse me, it's the British Museum that I'm looking for.（打扰一下，大英博物馆是我想去的地方。）

显然，第一个选项是最合适的，因为它没有作任何语用预设。可是第二个和第三个选项呢？这两项都向听者表明，"I am looking for X"是双方共知的信息，而这可能是个合理的猜测，假如当时你一脸茫然地挥舞着手中的伦敦地图，兴许还有一架相机在胸前荡来荡去的话。不过，你依然可能会思考，不知为何 WH-型分裂句比 IT-型分裂句要更合适一些。这是因为 IT-型分裂句的使用仅限于语用预设被强势激活的语境，相较之下，对在说话时尚处于半活跃状态的各种语用性预设，WH-型分裂构式是不作限制的。

话题性（topicality）是影响分裂构式类型选择的第三个因素。IT-型分裂构式和 WH-型分裂构式都能用在关系分句表达某个既定话题的语境中。为了说明这一点，我们举出下面的例子，对于提问，IT-型分裂句和 WH-型分裂句都可以用来回答。在这两个回答中，关系分句都会重述在问话中已经涉及的话题：

(17) Q：Where did you meet your wife?（你之前是在哪儿遇见你太太的？）

A：It was in Paris that I met my wife.（我是在巴黎遇见我太太的。）

A：Where I met my wife was in Paris.（我遇见我太太的地方是在巴黎。）

如果我们把这个问题变一下，让 meeting one's wife 不再是一个既定的话题，那这两个回答的可接受度就有差别了。具体说来，这个 IT-型分裂句仍旧是一个合适的回答，但是 WH-型分裂句听起来就不妥了：

(18) Q：Why are you so interested in Paris?（你对巴黎为什么这么感兴趣？）

A：It was in Paris that I met my wife.（我就是在巴黎遇见我太太的。）

A：? Where I met my wife was in Paris.（我遇见我太太的地方是在巴黎。）

这两个回答所揭示出来的 IT-型分裂构式和 WH-型分裂构式的区别就在于，IT-型分裂构式容忍非话题性的关系分句，WH-型分裂构式则不然。IT-型分裂构式的这种容忍有时可用于修辞的目的，比如下面的例子，它适用于讲座或者报纸报道性文章的引入部分：

(19) It was Cicero who once said that the greatest of all virtues is gratitude.

（正是西塞罗曾经说过，最大的美德是感恩。）

It was just about 50 years ago that Henry Ford gave us the weekend.

（也就是大约 50 年前，亨利·福特让我们有了周末休息工作制。）

It is a truism that almost any sect, cult, or religion will legislate its creed into law if it acquires the political power to do so.

（任何党派、宗教组织或教派都会通过立法将其信条和理念变成法律，只要它们获取了实现该目的的政治权力，这是不言自明的道理。）

上述用例也称为"信息类预设分裂句"(informative presupposition clefts，详参 Prince, 1978)，Lambrecht 将此类句子分析为对信息包装方式的修辞性运用，这种方式由 IT-型分裂构式习惯性激发和关联。上述各例中的言者绝不会以为听者已经知道由各自关系分句所表达的那些信息。然而，他们那样说，实际上要求听者将该类信息视为并不难理解的一些东西，Lambrecht (2001: 485) 将这一现象称为"语用顺应"(pragmatic accommodation)。

产生影响的第四个也是最后一个因素与英语中更为普遍的形态句法特征所导致的各种限制条件有关。比如，WH-型分裂句的使用自然要受到英语中那几个 WH-疑问词数量的限制，即 what, who, where, when, why 和 how。有两点值得注意：第一，尽管 what 和 who 都自由用于 WH-型分裂句，但其余的几个词用在其中就不太恰当了。我们来看下面几个例子：

(20) It is champagne that I like.

What I like is champagne.

It was John who we saw.

Who we saw was John.

It was behind the books that I hid it.
? Where I hid it was behind the books.

It is in ten minutes that the train will depart.
? When the train will depart is in ten minutes.

It was for personal reasons that he left.
?? Why he left was for personal reasons.

It was with relief that she heard the door close.
?? How she heard the door close was with relief.

第二，IT-型分裂句通常和焦点短语共现，但该焦点短语并不与英语里任何已有的WH-疑问词相匹配。比如"It is champagne"这个焦点短语显然和what相匹配，"It was John"这个焦点短语和who相匹配，但是下面诸例中的焦点短语和什么相匹配呢？

(21) It was under protest that the kids ate their vegetables.
It was in no time that they had finished their ice creams.
It was despite his best efforts that things took a turn for the worse.

英语词库里并没有表达"……同时做某事"（while doing what）、"多迅速"（how fast）或者"尽管什么"（despite what）等意义的WH-疑问词，因此，上述诸例中，IT-型分裂句并没有对应的WH-型分裂句表达形式，就像"It was John we saw"对应着"who we saw was John"那样。总结起来，在英语语法里有几种分裂构式可供选择使用的时候，人们是如何选择使用其中一种的呢？对某种信息包装构式的选择首先受到言者对听者当前的已知信息所作的各种臆测的影响。除此之外，其他的影响源还包括与信息处理有关的那些因素，如句末重心原则，与语法中其他构式相关的一些限制条件，如有没有一个WH-疑问词可以用，还有各构式特有的一些限制条件，比如对非话题信息的容忍，或者说对当前激活程度较低的信息的容忍。

5.2.2 偏置现象及相关诸构式

英语的信息包装构式中第二个重要的家族是"偏置构式"（dislocation constructions，译者注：或可理解为"移位构式""错位构式"等）。有关文献里讨论过的此类两个主要构式就是"左偏置构式"（LEFT-DISLOCATION construction）和"右偏置构式"（RIGHT-DISLOCATION construction），我们用下面的例子来说明这两种构式。正如各自对应的用例所示，这两个构式（句）都可以用典型的陈述句来释义：

（22）My brother, he rarely calls me these days. 左偏置构式句

My brother rarely calls me these days.

I love that, being a father. 右偏置构式句

I love being a father.

读者可能又会问了，为什么英语语法为人们提供了不同的句法构式去表达大致相同的意义呢？至此，读者接受了足够的训练而能注意到，每一对用例之间的差别就在于，新信息是如何融进交际双方先前已共知的信息中去的。你或许会指出，是话题性起了作用。要分析左偏置构式，就要弄清楚句首的左偏置成分（此即 my brother）是如何设定话题的，这样一来，之后的小句就能够提供该话题的相关信息了（此即 he rarely calls me these days）。上面所举的右偏置构式句区别于典型的（陈述）小句，我们都知道 fatherhood（身为父亲）的信息在之前的语境中一定是以某种方式作为话题出现的，所以言者一开始就选择使用了代名词形式 that，但是言者考虑到这个信息在听者脑子里可能只是处于半活跃状态，他因此对之进行了强化处理，又在后面增加了短语 being a father。构式语法研究文献当中对偏置构式的分析不仅是在与典型句子模式作对比中进行的，而且至为重要的一点，还同其他表面上看起来很近似的信息包装构式作了对比。试看下面的一对例句：

(23) Their cat, they feed it steak tartare.（他们家的猫，他们喂它鞑靼牛排。）左偏置构式

Their cat they feed steak tartare.（他们家的猫啊，他们喂鞑靼牛排。）话题化构式

虽然偏置构式和典型句子之间的区别识别起来相对较容易，但如上所示的两句间的反差就错综复杂、细微难辨一些。Gregory & Michaelis（2001）对左偏置构式和话题化构式的功能上的特点进行了对比考察，因为这两个构式在形式和功能上都很相似。结果他们发现：第一，这两类构式都可视为"前置构式"（fronting constructions），因为它们在句首成分方面区别于典型句子；第二，这两个构式有着近似的韵律特征。在上述两例中，cat 和 steak tartare 两词构成了韵律峰值（prosodic peaks）；第三，两个构式中，焦点都和第二个韵律峰值有关。一个形式上的区别就在于，在左偏置构式中，小句前的名词短语（their cat）对应于代名词表达形式（it），而在话题化构式中没有这样的对应关系。这就意味着，话题化构式仅限于小句前的各种名词短语，这些短语例示了句中主要动词的宾语，而该宾语作为典型句子的主语已经被置于句首位置，例如"Their cat eats steak tartare"。另一个形式上的区别就是，左偏置构式允许跨所谓"长距离依存关系"（long-distance dependencies）的同指（coreference，详参 Sag et al.，2003；Sag，2010），而话题化构式在这方面受到更严格的限制（详参 Gregory & Michaelis，2001：1668）。这一特点同孤岛限制（island constraints，详参 Ambridge & Goldberg，2008）现象有关，本章最后一小节会讨论这个问题。下面的两个例句中，左偏置构式句是可以接受的，但话题化构式句就不合语法：

(24) Their cat, you will hear fantastic stories what stuff they feed it.（他们家的猫啊，你会听人说的，他们都喂它吃些什么玩意儿啊！）

* Their cat you will hear fantastic stories what stuff they feed.

Gregory & Michaelis 发现的一个功能上的差异就是，话题化构式

常常涉及到照应代词（anaphoric pronouns，译者注：也译作"前指代词""回指代词"等）用作小句前名词性短语。在此类语境中，左偏置构式句是不可接受的。例如：

(25) Q：You are such a gifted singer, you should make a career of it!
　　 A：That I'm not so sure about.
　　 A：* That, I'm not so sure about it.

为了找出人们在日常会话中使用这两种构式所遵循的更多条件，Gregory & Michaelis 转而考察电话交谈的语料库数据，从中提取了这两种构式的用例，就数个特征对这些用例进行了标注，他们的研究揭示出了两项对照性特征（2001：1695）。第一，左偏置构式里，小句前名词短语的指涉对象极少是话题性或者处于活跃状态的，但话题化构式正好与之相反。这个特点与较早前的一些主张（详参 Geluykens, 1992；Lambrecht, 1994）一致，此类主张就是，左偏置构式的主要功能是给语篇中新的指称对象赋予话题地位。第二，左偏置构式中，小句前名词短语里被突显的指称对象在对话中维持话题地位的时间较之话题化构式中小句前名词短语的要更长久一些。换言之，倘若一个人说了一句话，如"Their cat, they feed it steak tartare"，你可以确信后面会出现更多关于猫的信息，在后面的对话中，这只猫可能还要被提到至少一两次。相较之下，"Their cat they feed steak tartare"一句就不会促使听者产生这样的预期。这种话题持续特征方面的反差反映了信息包装构式的另一个特点，这个特点我们迄今为止在本章中还没有谈到，这就是，信息包装构式不仅仅有利于对意义进行组织安排，以促进新旧信息的整合，至关重要的是，它们还可以让听者产生各种预期，预想到紧接下来将会出现什么（信息）。人们使用这些构式来表明，他们是否准备要细说某个话题，或者当前的这个话题是否仅仅只是个引子，会引出他们实际想要谈论的其他话题。此类构式所具有的这个功能已有人讨论过，有关的标题涉及到一个术语，即"投射"（projection，详参 Auer, 2005）。读者在日常会话中会经常碰到的一个现象就是，人们完成彼此的句子，而且常常非常准确地表达了对方脑子里的想法。这是一个非常普遍的现象，即使谈话双方彼此对对方都不很了解。这一事实说明，投射作为一个功能，对许许多多语法构式来说都是至为根本而不可或缺的。

我们再来看一看另一对信息包装构式。Michaelis & Lambrecht（1996）研究了一个构式，他们称之为"名词性成分外置构式"（NOMINAL EXTRAPOSITION construction）。这个构式与右偏置构式有相同的一些结构和功能特征，但也有一些明显的区别。这些区别表明，这两个构式在人们的语言知识中是独立表征的。下面的两个例句能说明这两类构式：

(26) It's amazing, the things children say. 名词性成分外置构式

They're amazing, the things children say. 右偏置构式

上述两个例句都是由一个位于句首的述谓构式（"it's amazing""they're amazing"）和一个外置的或者偏置的小句后名词短语（the things children say）组成。不过，这种结构上的相似性只是表面上的：右偏置构式句中被偏置的名词性成分必须与述谓构式句中的主语同指（亦即 they = the things children say），但名词性成分外置构式句中情形却非如此。如上例所示，句首位置上的主语（it）和被外置的名词性成分（the things children say）在数方面不同，一个是单数，另一个是复数。Michaelis & Lambrecht（1996：222）因此找出了名词性成分外置构式的第一个重要特征，即其小句性主语是非指称性的，比如"It seems you're right"和"It is important to wash your hands"两句。第二个区别与这两个构式的规约性韵律有关。右偏置构式中，被偏置的名词性短语说出来的时候往往都是低沉平缓的语调，而名词性成分外置构式中，被外置的名词性短语说的时候必须重读，且用升降调。这一韵律差异反映了这两种构式在信息包装方面的不同。具体说来，在右偏置构式中，被偏置的名词性成分不牵扯到新的、焦点信息的表达。前面 5.1.4 小节里介绍过焦点关系的概念，用以说明新近提供的信息是如何表达出来的。在名词性成分

外置构式里，言者在述谓构式里的形容词和被外置的名词性成分中的焦点部分之间建立起了焦点关系。这两个成分往往都要重读，这个特点我们从下面的例句中可以看出来：

(27) It's UNBELIEVABLE the money she spends on DOG FOOD.
（她花在狗粮上的钱真是令人难以置信。）
It's IMMEASURABLE the TOLL it has taken on him.
（这给他造成的不利影响真是不可估量。）
It's STAGGERING the number of BOOKS that pile up.
（堆起来的书数量之多令人震惊。）

这两个构式之间还有一个句法上的区别，即右偏置构式可以出现在从属小句中，但名词性成分外置构式仅限于用在主句中。下面的两个例子表明，被右偏置的名词性短语可以作为含although的状语从句的合法补足语，相较之下，如果出现了一个次重音来表明该句属于名词性成分外置构式用例，那这句话根本上就是解释不通的：

(28) Although it's AMAZING, the movie he did with Pacino, they never collaborated again.
（他和Pacino联袂演出的电影尽管令人叫绝，但之后他们俩再没合作过。）
* Although it's AMAZING, the movie he did with PACINO, they never collaborated again.

Michaelis & Lambrecht（1996：224）从构式的语用功能角度来解释这种特征上的反差。他们认为，名词性成分外置构式是一个感叹构式（exclamative construction），像"How cool!"，"What a ridiculous idea!"和"That's insane!"这样的感叹句一样，它具有表达焦点信息的功能，这就在语用上和从属小句的典型功能发生冲突，因为它的功能是充实话题信息。所以，右偏置构式和名词性成分外置构式的根本区别看来就是：尽管对这两个构式来说，小句后的名词性短语都必须至少是半活跃状态，右偏置构式中的名词性短语是话题性的,但名词性成分外置构式里的名词性短语却含有焦点信息。现在我们借用 Lambrecht(1994)所作的概念区分,就可以对名词性成分外置构式的一个具体实例中的信息包装方面的特点进行分析:

(29) Pilar Sander's baby girl is showing her face to the world. The actress revealed little Sharon at LAX on Tuesday, carrying her in her arms as she walked through the airport. Sander previously covered her daughter with a towel for trips around town, ensuring no photographers or onlookers caught a glimpse of her baby girl. The 36-year-old Oscar winner adopted Sharon in April. In a recent interview on ABC she said her life's 'changed a tiny bit' since becoming a mom. 'I now travel with a lot of luggage — diapers, bottles, toys, you name it.' 'Look, it's been amazing the amount of emails and congratulations,' she added. 'Everyone's just been so lovely.'

语用预设: 1. Pilar and her new baby are topical
2. new parents receive congratulations
3. 2 is semi-active in the hearer's mind

语用断言: the amount of congratulations has been high
焦点: the amount of congratulations has been high

Lambrecht & Michaelis(1996:234)指出,名词性成分外置构式中,语用断言和焦点信息是相同的。读者或许还能记得,我们将"焦点"界定为所作语用预设和所作语用断言之间的差异。上例中,语用预设并不包含新近为人父母者一般所接收的祝贺有多少这方面的任何信息。因此,其焦点信息包含两点:第一,一般所接收到的祝贺有一个量级(a scale);第二,Pilar 所收到的祝贺量处于该量级的高端。

我们现在对偏置构式和相关的信息包装构式的讨论作一总结,可以得到以下几点:第一,即使是从结构形式上看相当近似的构式对，也可能显示出在信息包装方面的、基于功能动因的各种区别；第二，存在于所作的语用预设和语用断言之间、话题和焦点之间、激活、半激活和未激活状态之间的那些对照性区别，可以帮助我们找出人们使用那些不同构式的时候所遵循的不同条件；第三，形式和语用意义之间的各种错综复杂的关系表明，语用学研究的对象不仅仅只是针对交际活动的一套一般性指导原则。迄今为止依然盛行的关于语用的概念，就是认为人们在交际活动当中遵循着会话准则（Grice，1975）。这样的话，他们就都讲真话，讲相关联的话，而且提供信息时也有条理。我们当然可以认为，一般的日常会话就显示出这些准则所起的作用，但与此同时，这些准则也并没有具体到能够预测到像右偏置构式和名词性成分外置构式这样的各种构式之间的任何区别。所以，我们就必须认定，人们对各种句法构式的心理表征不仅同时关联着它们的构式语义，也联系着它们的各种语用特征。

5.3 孤岛限制

我们再来设想一下，你和你妈妈正在通电话，这一次她告诉你 John 和他女朋友 Mary 的事儿。你还记得前面有个谈话中说到"Mary 这次又怀孕了，所以有一些食物的气味让她感到非常反胃恶心"。关于她事儿说到一半的时候，你妈妈说："The smell of the scrambled eggs already made her a little queasy. And then, she had to run out of the kitchen because John was starting to fry"，可说到这里，电话线突然断了。那么，John 在炒什么？是什么让 Mary 跑出了厨房？有意思的是，英语语法似乎并不允许你询问更多细节。下面的这个问题显然不合语法规则：

（30）＊What did Mary run out of the kitchen because John was starting to fry?

句法学家们很久以来就一直受到这个问题的困扰：为什么上述用例不合法？读者考虑的一个解释可能是句子的长度起了作用。在 WH-疑问词 what 和动词 fry 之间有一段相当长的距离，这一点很关键,因为我们用 what 来问的这个东西是动词 fry 的一个论元,亦即宾语。可能还有一点也起了作用,就是在 what 和 fry 两词之间还插入了一个完整的小句结构,即 "did Mary run out of the kitchen"。这些思考都是有道理的,但是也有一些用例有着与之相当的长度和结构复杂度,它们似乎更能被人接受。试看下面这个问句:

(31) What did your mother say that Mary's boyfriend John was starting to fry?
（意即:你妈妈说 Mary 的男朋友 John 正要炒什么来着?）

看起来,这个句子里 what 和 fry 之间的距离和前一个基本相同,而且这里也同样插入了一个小句,亦即 "did your mother say"。Ambridge & Goldberg (2008) 为前一个例句的非法性提出了一个解释方案,或许你也能猜到,这个解释与信息包装有关。

在讨论这个解释方案的具体内容之前,我们首先需要更加全面地讨论一下这整个现象。我们当前讨论的这个问题在句法学研究文献中被称作"孤岛限制"。这个词的历史还得追溯到 Ross (1967),他用隐喻的方式造了这个新词:要造一个 WH-疑问句,就要求被问到的那个东西从其典型句法位置上"移动"到 WH-疑问词所在的位置上。所以,要想造出"What did John start to fry"这个问句,人们认为言者就要改变典型句子"John started to fry XY"的形式,改变的方法就是用 WH-疑问词来替换这里的"XY",亦即所谓的"空位"(gap),然后再将这个 WH-疑问词移位至句首,此时还需要使用助动词 do（译者注:即所谓 *do*-support。详参 Huddleston & Pullum, 2002:93)。那么,有些疑问句不合语法,我们就可以这样来解释:这个"空位""不能移出"它所处的句法位置。这样的位置,Ross 称作"句法孤岛",这样命名想必是因为单词不会"游泳"吧。其实叫作"句法监狱""句法捕鼠器"应该也是同样恰当的,不过我们应该承认,把这样的位置叫作"句法孤岛"还是令人觉得更愉悦一些。英语里有几种短语类型算作句法孤岛。下面的各个例子,我们用"不

合格"的问句来同典型句子相比较,借以说明这些短语类型:

(32) 复杂宾语名词性短语
She saw [the documentary that was about Churchill]$_{NP}$.
*Who did she see [the documentary that was about ____]$_{NP}$?

复杂主语名词性短语
[That he kept smoking marijuana]$_{NP}$ bothered her.
*What did [that he kept smoking ____]$_{NP}$ bother her?

状语从句
She left the room [because John started to fry bacon]$_{AdvCl}$.
*What did she leave the room [because John started to fry ____]$_{AdvCl}$?

叙实动词(factive verbs)的补足语从句
He regretted [that he didn't bring an umbrella]$_{ThatCl}$.
*What did he regret [that he didn't bring ____]$_{ThatCl}$?

言说方式动词(manner-of-speaking verbs)的补足语从句
He muttered [that he didn't bring an umbrella]$_{ThatCl}$.
*What did he mutter [that he didn't bring ____]$_{ThatCl}$?

这些短语类型为什么是句法孤岛且因此不能包含该空位?对于这个问题,传统的解释和我们在前面提出的考虑相差并不太远:如果某些类型的短语插入到WH-疑问词和该空位之间,那么这些短语就充当了不可逾越的界限(这么一来,"句法监狱"这个隐喻可能就显得更加前后一致),尤其是名词性短语和小句一直被视为此类界限。但是,这个解释面临一个问题:言说方式义动词和"say"这样的常规言说动词在有关的使用中,其可接受度有明显的差异,尽管它们在句法形式上相同,后面一句却完全可

以接受:

(33) * What did he mutter [that he didn't bring ____]$_{ThatCl}$?
　　　 What did he say [that he didn't bring ____]$_{ThatCl}$?

Ambridge & Goldberg (2008: 356) 为句法孤岛的表现给出的解释其实是一个假设, 他们称之为"'用如背景的构式即为孤岛'假设"("backgrounded constructions are islands" hypothesis), 简称为 BCI。这个假设可以归结如下: 信息包装构式有不同的部分, 有的部分表达已知的、做语用预设的信息, 而其他部分表达未知的、做语用断言的信息; 那么, 当人们用信息包装构式去充当 WH-疑问句的一个部分的时候, 借助多重承继和元件链 (详参第 3 章), 就有了一个最根本的限制条件。在 WH-疑问句中被问及的那个东西, 亦即空位, 不能出现在构式中习惯上和语用预设信息相关的那个位置。对于这一点, 我们用一个具体的实例来说明。5.2.1 小节里我们讨论了 IT-型分裂构式的使用, 这个构式在句首的述谓构式中表达焦点信息, 而在末尾的关系分句中表达话题性信息。试看下面的例子:

(34) It is the smell of bacon that bothers Mary.
　　　(就是培根的气味让 Mary 难受。/ 让 Mary 难受的就是培根的气味。)

如果你想对 IT-型分裂句中的某个特定部分进行提问, 那么, 借助你表征于构式库中的英语语法方面的知识, 你就能把 IT-型分裂构式和 WH-型疑问句构式结合起来。然而, BCI 假设所预测的是, 这样的结合只有在一种条件下才能凑效, 即被问及的成分与 IT-型分裂句中编码焦点信息的那部分重合, 而不是与编码话题信息部分一致。下面的例句表明, 的确如此, 你可以对"the smell of bacon"进行提问, 但对"Mary"就不行:

(35) What is it that bothers Mary?
　　　* Who is it the smell of bacon that bothers?

Ambridge & Goldberg (2008: 358) 对这一现象给出的理由是: WH-疑问句中的 WH-疑问词是这个构式的主要焦点。如果这个 WH-疑问句与一个信息包装构式结合，而这个信息包装构式把空位处理为背景信息，其结果就是信息传递混乱：某个信息同时作为未知和已知信息传递出来。Ambridge & Goldberg 认为，这种情况在交际上属于功能失调，因此，它不会发生。前文被区分为句法孤岛的那些短语类型有一个共同特点，即，它们都表达背景信息。但是，读者可能会问，动词 mutter 和 say 各自补足语小句之间的区别又作何解释呢？它们的句法形式相同，但是在孤岛地位方面它们又有不同。Ambridge & Goldberg（2008：357）指出，像 mutter, shout 和 mumble 这类动词往往用在这样的语境中，即言说方式构成了焦点信息，而言说内容则构成了语用预设信息，这个特点并不见于动词 say。试看下面两例：

(36) I wasn't saying that you should apologise. I merely suggested that you leave her alone for a while.
I wasn't mumbling that you should apologise. I said that loud and clear.

say 和言说方式义动词之间的这种区别使得后者受到 BCI 假设的限制。总结起来，作为背景的构式里的任何成分都是不允许进行提问的，这一特点同时得到了语用和句法上的解释。从语用上予以解释，是因为对信息进行包装，反映了言语情景中的人们所具有的知识和思想。从句法上予以解释，是因为人们关于构式的知识包括了何种信息可以用何种句法结构来表达这方面的知识。

5.4 总结语

本章对信息包装构式进行了介绍，它们都是句子层面上的构式，目的在于对信息进行组织和表达，以使得听者能正确地将新信息和双方已知的旧信息联系起来。言者在对听者所掌握的信息作出假定的基础上，再去选择使用某个特定的信息包装构式。为了作出恰当的、有利于交际的选择，言者就得时刻留心听者到底知道些什么、听者能听懂的东西有哪些。本章的前几个小节对

Lambrecht（1994）为分析信息包装构式而提出的一些理论性概念进行了介绍。语用预设和语用断言的概念大致上投射于非正式称谓的旧信息和新信息上，但这两个词涵括更广。语用预设的信息也包括听者需要从前面的话语中作出理所当然的推测的那些信息，语用断言的信息包括那些只是由当前话语关联激发而起、但又不一定明确表达出来的那些信息。对信息包装来说，至关重要的第二个区分就是活跃的、半活跃的和不活跃的指称对象之间的对照。当前正在谈论的指称对象是活跃的，与之相关的信息是半活跃的，与之无关的信息是不活跃的。随着对话主题的变化，指称对象的激活状态也会发生相应变化。Lambrecht（1994）进一步对话题和焦点作了界定，他认为，它们都是句子的特征，而非文本的特征。简单来说，话题就是一句话所说的关乎什么。句子的焦点则被专业性地界定为语用预设和语用断言之间的差别。通常，这两个概念在很多地方会有重合，而不重合的那些方面就构成了焦点。如果语用预设和语用断言之间没有概念重合，那么焦点就和语用断言等同。Lambrecht 区分出了述谓焦点、论元焦点和句子焦点，用以解释各自对应的语言现象。

本章的重点在于阐释各种句法构式如何与一些具体的信息包装特点规约性地关联起来。因此，人们关于英语语法的知识就包括关于句法构式的知识，句法构式主要用于对信息进行组织安排，进行包装之后能帮助听者更好地去理解，并且表明言者清楚听者当前掌握了哪些信息。恰能说明上述特征的一个构式家族就是英语的分裂构式家族。本章区分了 IT-型分裂构式、WH-型分裂构式和反向 WH-型分裂构式，讨论了这些构式之间的异同点。讨论表明，IT-型分裂句和 WH-型分裂句在语用预设和语用断言方面近似，但它们在话题性和激活特征方面又有不同。句末重心原则被认为是影响人们选用不同分裂构式的另外一个因素。本章讨论的第二组构式是左偏置构式和右偏置构式，又将这两个构式与各自表层句法形式近似的构式进行了对比。左偏置构式和话题化构式有共同的句法和韵律特征，但两者在话题性方面有区别：左偏置构式的话题在随后的语篇当中维持话题地位的倾向更明显。右偏置构式和名词性成分外置构式在它们各自的小句后，名词性成分特征方面有差别，只有在名词性成分外置构式中，该成分才表达焦点信息。

本章的第三个部分对句法孤岛限制（条件）这个经典问题进行了考察。句法孤岛是指这样一些短语类型——它们内部的各部分不允许在 WH-疑问句中进行提问。尽管之前关于孤岛限制的解释都是从句法层面上进行的，认为某些具体特定的句法短语类型是生成疑问句的障碍，Ambridge & Goldberg（2008）从信息包装的角度又提出了一个新的解释。具体说来，他们认为，做背景的构式都是孤岛。如果某个信息包装构式里的一部分与语用预设信息的表达有规约性的关联，那么就不能对这一构式的该部分进行提问。

思考题

1. 什么是信息包装构式？其重要作用是什么？
2. 给语用预设、语用断言和焦点下定义。
3. 某个信息在听者脑子里如何变成半活跃状态？
4. 你知道哪些分裂构式？它们有什么不同？
5. 什么是句末重心原则？你如何解释该原则？
6. "语用顺应"一词是什么意思？
7. 下面问句的回答中，你认为哪一个更合适？为什么？

    Q：Why do you like surfing so much?

    A：It is surfing that my father taught me when I was young.

    A：What my father taught me when I was young was surfing.
8. 说一说左偏置构式和右偏置构式在结构和功能方面有哪些区别？
9. 什么是句法孤岛？
10. 说一说 Ambridge & Goldberg 提出的 BCI 假设和以前关于孤岛限制的各种解释有什么区别。

延伸阅读

你若是想对信息包装构式进行初次概览性了解，建议你阅读 Leino（2013）的相关论著。关于这个话题的奠基性参考文献是 Lambrecht（1994），它的用处更大，因为这篇文献详细解释了信息包装研究的构式语法路子同早先其他那些路子有哪些不同。对信息包装的经典讨论包括

Halliday（1967）、Chafe（1976）和 Prince（1981），本章中的很多讨论都有它们的影子。除了本章所涉及到的关于信息包装构式的那些研究（如 Ambridge & Goldberg，2008；Gregory & Michaelis，2001；Lambrecht，2001；Michaelis & Lambrecht，1996 等），对英语的信息包装进行构式语法视角的重要研究还包括 Goldberg（2001）对使役构式（CAUSATIVE constructions）的研究、Goldberg & Ackerman（2001）对强制性附结语成分（obligatory adjuncts）的研究以及 Wasow & Arnold（2003）对动词后成分排序的研究。Dąbrowska（2008）的论文对孤岛限制现象进行了认知语言学的解释，该解释同 Ambridge & Goldberg（2008）所作的解释不同。

可能是这样的情况。但是，除了有这些因素影响之外，语言理解中结构形式所起的作用也必须正视。

6.2.2　理解句子时总会联系到构式的意义

本书所表达的核心思想就是这样一种理念，即构式是将形态句法形式与意义对应匹配起来的象征性单位。这里所说的意义可能关乎各形式部件（formal parts）的语义整合（semantic integration，比如"名—名复合词构式"），它也可能代表一种基本的情景类型（比如致使位移构式），抑或是将新旧信息的地位分配给各形式部件（如 WH-型分裂构式）。将上述这些不同类型的意义聚拢到一起的（共同特征），就是这些意义都独立于进入特定语言构建形式（specific constructs）里的那些词汇性材料（lexical material）。所谓特定语言构建形式，就是例示那些构式的具体用例。认为存在着构式性的且独立于词汇的意义，这个主张就可以同另一种假设相抗衡，即假设人们通过先获知组成句子的各个词条的意义，然后将这些意义进行协调连贯地配置整合，最后才实现构建出整个句子的意义。

拿一个具体的例子来说，根据该主张，"John eats a cookie"一句可以这样理解：人们先获知 eat 的词汇意义，它涉及到两个论元，即吃东西的有生的施事和被吃的受事论元，前者被分配给主语 John，后者被分配给宾语 a cookie。我们将这个假设称为"句子理解的动词核心观"（verb-centered view of sentence comprehension）。根据这个观点，句子意义的主要决定者是动词。假如动词表达的意义确实具有内在的关联性，本身就涉及好几个参与者，那么，这种说法是非常有道理的。此外，相较于决定句子意义的其他因素，动词的含义具有根本性，这种根本性也有心理语言学方面的其他证据。Healy & Miller（1970）让一些讲英语的人看了一组句子，然后要他们将这些句子整理归并为合理的类别。接到任务后，这些参与者们更倾向于根据这些句子的主要动词而非主语论元来进行分类。然而，动词核心观可能并不能说明问题的全部。Bencini & Goldberg（2000：641）就指出了两个方面的问题。第一，动词通常并不局限于某个单一的论元结构模式，这是个经验事实。如下列各例所示，动词 kick 或许常被视为相当典型的单及物动词，但即使是这样的动词，也并不仅限于用在单及物构式中：

(4) Pat kicked the ball. (Pat 踢了那球。)
　　Pat kicked at the ball. (Pat 踢向那球。)
　　Pat kicked the ball out of the stadium. (Pat 把那球踢出了体育场。)
　　Pat kicked Bob the ball. (Pat 把球踢给了 Bob。)
　　Pat kicked and kicked. (Pat 踢呀踢呀。)
　　Pat kicked his way into the Champions League. (Pat 一路踢进了冠军杯。)

第二个问题关乎这样一个特点，即不同的论元结构模式对动词所能携带的各种类型的论元施加了不同的限制条件。如下列诸例所示，双及物构式限于使用有生的接受者，但介词性与格构式所携带的目标论元既可以是有生的，也可以是无生的：

(5) I brought the patient a glass of water. 双及物构式
　　I brought a glass of water to the patient. 介词性与格构式
　　*I brought the table a glass of water. 双及物构式
　　I brought a glass of water to the table. 介词性与格构式

依据句子理解的动词核心观，解释这个语言现象的唯一方式就是给动词 bring 设定两个不同的意义，其中一个携带一个客体和一个受事论元，另一个携带一个客体和一个目标论元。与这种（一词）多义性路子相反的主要观点就是，除了保留动词意义和论元结构模式之间存在的一对一映射的观点之外，并没有什么独立的理由来采纳这个研究路子（详参 Goldberg, 1995, 另参第 2 章有关讨论）。因此，句子理解的构式观（constructional view of sentence comprehension）成为了另一种可选解释方案。

但是，论元结构构式的意义在句子理解过程中是否起了作用，对此该如何进行经验性的验证呢？Bencini & Goldberg (2000) 使用的方法与 Healy & Miller (1970) 用以揭示动词意义对句子理解的重要性的方法相同，但是他们对之进行了扩展，增加了一个变量，那就是结构形式变量（variable of constructional form）。这一次，实验参与者们要完成的任务又是根据整句的意义将各个句子整理归并进合理的类别。Bencini & Goldberg 设计了 16 个句子，用到了 4 个不同的主要动词，分别是 throw，take，get 和 slice。对实验方法的最关键的改变，是每个动词出现在 4 个句子里，每个句子都代表着不同的构式，分别是单及物构式、双及物构式、致使位移构式以及动结构式。这种设计造成了一种困难，因为它给了这些参与者们两种选择去整理归并这些句子：既可以根据动词，也可以根据句法形式。下面表 6.1 所示为 Bencini & Goldberg 所使用的那些句子：

表 6.1 Bencini & Goldberg（2000：650）所用到的句子

动词	构式类型			
	单及物构式	双及物构式	致使位移构式	动结构式
throw	Anita threw the hammer.	Chris threw Linda the ball.	Pat threw the keys onto the roof.	Lyn threw the box apart.
get	Michelle got the book.	Beth got Lyn an invitation.	Laura got the ball into the net.	Dana got the mattress inflated.
slice	Barbara sliced the bread.	Jennifer sliced Terry an apple.	Meg sliced the ham onto the plate.	Nancy sliced the tyre open.
take	Audrey took the watch.	Paula took Sue a message.	Kim took the rose into the house.	Rachel took the wall down.

你会注意到，各纵列中的句子有相同的句法形式，但语义内容却完全不同。它们之间的相似性是抽象的、关系性的（relational），而不是词汇性的。同时，各横排内的句子除了动词相同外，其他都不相同。因此，Bencini & Goldberg 用这种方式确保参与者们可依赖的那些变量被准确地限定为词条性动词或论元结构构式。Bencini & Goldberg（2000：644）将句子分类的任务布置给了 17 个参与者，要求他们分成四类。其中有 7 个人作了很好的构式性分类，其余 10 个人均作了混合性分类，没有人根据动词来分类。对混合性分类所作的分析表明，较之动词性分类，混

合性分类更接近于构式性分类。将混合性分类变形为构式性分类或动词性分类时必然要发生一些变化,Bencini & Goldberg 是在对这些变化的数量进行统计之后得出上述结论的。这些结果表明,理解句子的时候并非完全由动词驱动,还有其他一些因素也在起作用,构式义就是其中一个因素。Bencini & Goldberg (2000:645) 也考虑了另一个可能性,即该任务中所选用的动词可能太具一般性,因此,实验参与者们没把它们视为解读句义的重要线索。可是,这种可能性也只适于动词 take 和 get,但不适于 throw 和 slice。有关结果并没有显示出,涉及 throw 和 slice 的动词性分类要多于涉及 take 和 get 的动词性分类。Bencini & Goldberg 因此认为,在理解句子意义的过程中,一般总会用到构式意义。

6.2.3 构式能解释人们关于语法违规的知识

人们对语言的了解包括对某个话语是否属于其语言的一部分作出准确判断的能力。语言分析的很多路子都用到这一点,而区分句子是否可以接受,都得依靠分析者自己的能力。将分析者对句子是否可以接受的判断作为唯一的证据来源,当今句法研究对此是持强烈批判态度的(详参 Schütze, 1996; Dąbrowska, 2010; Gibson & Fedorenko, 2010)。这个问题是多方面的:首先,研究者对研究问题的主观认识可能会带来一定的偏见;其次,自造的句子可能因为多种多样的原因而不被接受,而这些原因没有得到恰当的控制;第三,在可接受性判定方面存在相当大的差异,同一个分析者可能在不同时间对同一个语言用例作出不同的判断;除此以外,有些可接受性判定对于非本族语的英语研究者来说是难以去证实的。不过,你可能还会注意到,本书中还是较为普遍地使用了带星号的用例,其中就包括下面这些:

(6) * What did Mary run out of the room because John started to fry?

* The magician vanished Mary.

* Mary explained him the news.

* Mary considered to go to the store.
* Mary guitared a song.

作为一条易于操作的建议，本书第 1 章就鼓励使用不合语法规范的句子，作为一种大胆而有益的尝试，构式会受到哪些方面的限制？使用这样的句子对此进行一些"有根有据的猜测"（educated guesses）①并没有什么障碍。关键的问题是，作出这些猜想之后，接下来就应该进行基于语料库或者实验的验证。

然而，无论可接受性判定（acceptability judgments）是否被用到或者如何被用到，人们总会有一些反映着构式受到各种各样限制的直觉，这个事实终归是事实。作为关于语言知识的一种理论，构式语法需要对这些直觉作出解释。说得更具体一些，我们要弄清楚，人们是如何知道什么是不能说的？一种可能的解释方案就是，人们如果说了什么不合常规的东西，就会受到纠正，特别是在青少年时期。这种解释很容易被实验证据推翻，因为语言使用中直接的反面证据（negative evidence）非常少。另一种解释就是，人是有习惯的动物，因此会对以前没有听到过的话语挑剔苛刻。不过实验证据再次推翻了这个解释。语言也有创新性的用法，它们甚至也被认定为创新性用法，但人们认为这些用法完全可以接受。如果你在儿童读物里读到一句"The dinosaur swam his friends to the mainland（那只恐龙驮着它的朋友们游到了大陆）"，你认为动词 swim 的用法有些新奇，但是，你也不会因此写信给出版商说你发现了书中的一个语法错误。Boyd & Goldberg（2011）提出了第三种解释方案，这种解释和语言知识的构式观一致，也经得起实证检验。该解释有一个基础性概念，他们称之为"统计性优先"（statistical pre-emption）。统计性优先的基本前提是，人们无意识地完成了两件事。

首先，他们对一组构式作出各种概括，这些构式在意义方面具有可比性。例如下面几组句子：

---

① 译者注：字面意义显然可以解读为"有睿智的猜想"或者"受过良好教育的人所做的猜想"。

(7) John gave Mary a book.　　　　双及物构式
　　John gave a book to Mary.　　介词性与格构式

　　The blue book.　　　　　　　　定语形容词构式
　　The book that is blue.　　　　关系分句构式

　　The chef melted the cheese.　　单及物动词构式
　　The chef made the cheese melt.　Make-型使役构式

　　It is difficult to catch trout.　IT-型外置构式
　　Trout are difficult to catch.　Tough-提升构式

其次，据信，人们对所听到的构式中的每一个词条性元素都有详细的记录（记忆）。说得更具体些，对任意一个特定的词条性元素，人们都会跟踪记录下它在每组构式对成员中的绝对文本频率（absolute text frequency）和相对文本频率。以动词 recommend 为例，假若你把 recommend 的文本频率放在一个量级（scale）上，量级范围从 1（十分罕见）到 7（极为常见），你来猜测其文本频率值。有可能你会猜成 3 或 4，觉得这才是合理的频率，比 give 的频率低，但比 assign 的频率高。此外，你还知道 recommend 普遍用于介词性与格构式（"John recommended the book to Mary"），但并不容易记得别人曾经把它用在双及物构式里，或者你自己这样用过。那么你对下面这些例子怎么看（这些用例实际都已被证实）？

(8) He wondered what to order, I recommended him the steak tartare.
　　（他不知道点什么菜，我向他推荐鞑靼牛排。）
　　App Man is here to recommend you the best apps of the week.
　　（APP 大侠能为你推荐本周最好用的 app。）
　　John complained that I should have recommended him the book earlier.
　　（John 责怪我，说我早就应该给他推荐那本书的。）

可能你正在慢慢形成一个观点，即 recommend 在某些场合里

6 构式与语言处理

6.1 找寻行为方面的证据

若读者朋友你读到此处，则意味着下面两种情况中的一种出现了：要么是你觉得前面各章关于构式及其各种特点的讨论让你感到很有说服力，你因此愿意继续往下读；要么就是因为这些讨论你憋了一肚子的火，也想继续读下去，看看接下来还会有什么胡言乱语。本章就是写给第二类读者看的，此类读者对构式语法是一种有价值的语言知识理论的主张仍持怀疑态度。假若这样的一个读者要求你列出构式语法理论的二至三个最有说服力的论点，你会说些什么呢？如果你掌握了前5章的内容，那就能提出下面的论点：

- 人们必须了解构式：日常语言中包含大量的习语表达式（例如 by and large，all of a sudden，等等），它们都有形式上的特点和/或非组构性意义。我们假定，这些模式都存储在一个庞大的网络系统即构式库中，如此假定是有价值的。
- 存在着诸多压制效应：构式性模式凌驾于词汇意义之上，例如，可数名词用如集合名词的时候（Could I have a little more kangaroo, please?）就表现出这个特征，如果将构式视为图式化的形—义匹配对应体，就能很好地解释此类效应。
- 即便是一般性的句法模式也会受到某些特别的限制：像双及物构式这样的模式其本身肯定被赋予了意义，这一点可以从一些不成立的句子看出来，例如"*I brought the table a glass of water"。用句法规则对此进行规定和限制是很困难的，但如果走构式语法的路子，就能对此作出合情合理的解释。

对构式语法持怀疑态度的人可能会倾听上述论点，且不时地点点头，但随后脸上露出一丝狡黠的笑容，并且会说："看来你的这些最有说服力的论点都是以个人经验式的传闻观察为基础了？"可是从原则上讲，通过对个人的语言使用实例进行细致考察而建立起来的理论没有什么不妥。然而，如果上述这三条论据都不能让某个人信服的话，那再提出第四、第五、第六个论据来，他也不会改变想法。现在我们所需的是一种完全不同的实证性证据，也就是在受控的实验条件下（controlled laboratory conditions）用可重复或复制的方法收集到的"行为方面的证据"（behavioural evidence）。偶然观察得到的证据与实验所得证据之间最根本的区别就在于，在收集后一种证据时，研究者对假设产生作用的那些因素进行积极主动的操控（manipulate）。打个比方，假如你想搞清楚哪些食物有益健康，一种办法就是从你的朋友中挑选出一组，对他们在某周内所吃的食物进行记录，然后再来观察所吃食物是否与你这些朋友们的健康存在某种对应关系，健康状况可以通过体重指数、休息状态下的脉搏、百米冲刺测试表现、自我健康评估或者你中意的其他测量方式来测量获得。现在假设一下，你把自己的测量结果交给你的一个朋友，而这个朋友在一家制药公司从事临床研究工作，很可能你的这个朋友会摇摇头表示他对此不相信。他会跟你解释说，想弄清楚某些食物是否会对健康产生影响，正确的方法是组织两组实验对象，然后给他们吃不同的东西。如果你的兴趣在于找出与"食物"因素有关的什么规律，那你就需要对那个因素进行操控。从朋友中挑选出两组来，让他们一组吃花椰菜，让另外一组吃意大利烤面条，再来看看一个月之后，这两组人在100米冲刺跑竞赛中的表现有没有差异，该差异是否可靠。在某种意义上，本书迄今为止所提供的支持构式语法的那些证据，其搜集的方式与分析"食物与健康"

关系的第一种做法相似，较之第二种方法，则更是如此。我们一直在搜集观察结果、来自个人的零星证据，然后将它们汇总，最后发现这些证据与表征人们语言知识的构式库概念大致吻合。这种路子有一个内在的缺陷：我们常常会无意识地关注符合我们理论的那些证据，而摒弃其他的、问题更大的那些证据。要为构式语法理论寻找支持和证据，我们现在需要做的就是设法去证明它是错误的，虽然这样做看起来似乎违背直觉。只有当我们努力去对当前的各种理论进行证伪的时候，科学研究才能向前进，在这个过程中，我们就会知道哪些思想主张需要我们去修正，还有哪些思想主张或许可以取代它们的位置。假若我们不能找到反证，我们仍然可以用批判的眼光审视我们的理论，但是我们也有充分的理据得出结论说，眼下还没有其他更好的替代方案。

我们在接下来的几个部分里会讨论到，科研人员已经进行了大量相关的心理语言学研究，其目的非常明确，就是验证构式语法作为一种理论是否可行。通常认为，心理语言学研究涵括了语言理解①、语言产出②和语言习得③研究等三个领域。本章重点关注对语言理解和产出方面进行验察的那些研究；关于语言习得的问题，我们会在第 7 章单独进行讨论。本章的主要目的，是把那些零散的行为方面的证据归集起来。有了这些证据，我们就可以对批评者的提问进行回应，说："好！既然你们已经问到了，我前面给你举出的那些例子，也得到了好几种类型行为证据的支撑，既有语言理解方面的，也有语言产出方面的。比方说，我们前面已经看到……"

---

① 译者注：即 language comprehension，本书中多处也用到了"语言处理"（language processing）这一术语，一般情况下，这两个术语可视为同义词。

② 译者注：即 language production，一般情况下，它是指人们用口头或书面的方式造出词句、使用语言进行交际的行为，相当于"说出"或"写出"。

③ 译者注：即 language acquisition，本书不对"习得"和"获得"概念作区分，因此译者统一译为"习得"，但相对区分于"语言学习"（language learning）。不过，本书作者在很多情况下似乎也将"学习"同"习得"等同起来了，这一点，译者提醒读者朋友们注意。

6.2 来自语言理解方面的证据

6.2.1 构式能很好地解释人们是如何理解新创名转动词的

英语里有个众所周知的老大难问题，即其形态性类转用法（morphological conversion）高度能产，也就是说，将名词用作动词（如 water a plant），动词用作名词（如 have a drink），或者形容词用作动词（如 calm the baby）。人们如此大量和频繁地使用类转法，这就意味着读者你有可能碰到一些以前从来没有见到过的语言用例，这就给我们提出了一个问题：你是怎样去理解这些用例的？举例来说，你怎样去理解像 to monk 这样的新创名转动词？若是孤立地看这个动词，有几种理解都是可能的，比如说"使某人成为僧侣""行为表现像僧侣""使某地有诸多僧侣"，等等，你的想象力足够地丰富，你便能想出更多的含义。人们是如何理解名转动词意义的？要回答这个问题，一个符合常理的解释就是，它的意义解读取决于它紧邻的语言环境。说得更具体些，语言知识的构式观会预测到，如果没有一个既定的动词意义，那么决定动词意义的就是该动词所在其中的构式有什么样的形态句法形式，所谓"所在其中的构式"，就是动词的语言环境，它通过压制原则将其自身意义赋予了动词。

试看下列诸例：

(1) It was not before his 24th birthday that Luther was monked.
（路德直到 24 岁生日的时候才皈依宗教。）
Hey hey we're the monks. We're just monking around.
（嘿！嘿！吾侪皆僧侣，毕生游四方。）
In the 13th century the Catholic Church started to monk Northern Europe.
（公元 13 世纪，天主教会开始涉足北欧。）

构式语法的研究路子认为，上述各用例中，to monk 一词的解读差异，是受到了被动构式、进行体构式以及单及物构式的影响。然而，这一主张也并非理所当然地正确。另外一种解释就是，这些词的不同解读取决于语境中的词汇成分以及对世界的一般性知识。因此，听者可能知道，路德曾是德国奥古斯丁教派的一名修道士，因此，他肯定是在某个时间"被教会接纳了"。同理，若听者对"天主教""北欧""僧侣"三词进行综合考量，那就会发现，除了表示派出教士团（去某地传教）就几乎不会有其他的解读了。若要服务于我们前面提出的对构式语法理论进行验证的目的，那么，我们应该收集什么样的证据，才能在这两种可能解释方案中作出正确选择呢？

Kaschak & Glenberg（2000）设计了一系列的实验来验证构式是否以一种可测量的方式影响人们对名转动词的理解。特别的一点，就是他们试图回答这样一个问题，即讲英语的成年人是否对抽象句法形式和基本概念场景（basic conceptual scenes）之间的关系很敏感，这个关系也就是 Goldgerg（1995）提出的场景编码假设（详参第 2 章）的实质性内容。在第一项实验中，实验参与者们看到了下面的一对用例：

(2) Lyn crutched Tom the apple so he wouldn't starve.
　　Lyn crutched the apple so Tom wouldn't starve.

从构句词汇材料方面来说，这两个句子是一样的，就其主句的句法特征来说，两句有不同：第一句例示了双及物构式，第二句则是单及物构式的一个实例。展示完这两个句子之后，接下来实验参与者们要完成一项所谓的推理任务，他们又看到"Tom got the apple"和"Lyn acted on the apple"（Lyn 作用于该苹果）等句子，然后回答原句中的哪个句子在语义上与测试句一致。你或许也猜到了，"Tom got the apple"一句常常与双及物构式匹配在一起，而"Lyn acted on the apple"一句则与单及物构式相匹配。这个结果显示出了句法的某种效应，因此也就是构式的某种效应。

第二项实验中，实验参与者们被要求给一些新造名转动词下定义，Kaschak & Glenberg 是想借此来验证上述效应是否也明显。参与者们读了一些简短故事，故事都是以某个关键句子结尾，其中含有像 crutch 这样的（新造名转）动词。最为关键的一点是，该句的句法形式在各组参与者之间是不同的。我们来看一看下面一则短故事：

(3) Tom and Lyn competed on different baseball teams. After the game, Tom was teasing Lyn about striking out three times. Lyn said: 'I was just distracted by your ugly face, I can hit anything to any field using anything!' To prove it, she took an apple that she had brought as a snack, and a crutch that belonged to the baseball club's infirmary.
（汤姆和琳分属两个不同的棒球队并进行了比赛。赛后，汤姆嘲笑琳三击不中。琳说道："就是你那张丑脸让我分神了。我可以用任何东西把它打到任何场子里去。"为了证明自己，她拿出一个苹果，还有一个拐杖，苹果是她先前买来当零食的，拐杖则是她棒球队医务室的。）

Lyn crutched Tom her apple to prove her point.
（琳_____把她的苹果朝汤姆_____去，以此来证实她所说的话。）

Lyn crutched her apple to prove her point to Tom.
（琳_____她的苹果，以此来证实她对汤姆所说的话。）

实验参与者们被要求给关键句中的名转动词下定义，Kaschak & Glenberg 则来判定他们是否阐明动词中有"转移"（transfer）的含义。如果有人写到"to crutch 的意思是用 crutch（拐杖）将某物击打至某人处"，那么这个回答就可以算是表达了"转移"，像"to crutch 是表达用 crutch（拐杖）击打某物而致使其移动"这样的定义，就不算是表达"转移"。此处的核心问题是，这些关键句子的构式形式是否对实验参与者们的回答产生影响。的确，Kaschak & Glenberg 发现，当关键句例示的是双及物构式时，含"转移"义的定义出现的频率非常高。将这两个实验的结果综合起来看，结果发现，构式的句法形式指引着人们对新造词的解读。这个结果并不妨碍另一种解释，即有关世界的知识和新造词所在的紧邻语境里的那些词汇也会产生影响，其实也很可以用作双及物动词，可是，对很多讲英语的人来说，这是完全不可能的。根据统计性优先的原理，人们坚决排斥 recommend 的双及物式用法，因为鉴于它的总的文本频率，也鉴于它在介词性与格构式中的使用频率，recommemd 在双及物构式中的使用频率是出奇的低。人们对这两个构式有记忆，他们察觉到了一种统计学意义上的失衡，而且也认为这种失衡是有意义的：若某词条极少或从来不以一定的基础频率出现在人们以为可以出现的位置上，那么，这种缺失就是由于构式限制造成的。

为了验证人们在学得构式限制条件时是否依赖统计性优先（原则），Boyd & Goldberg（2011）设计了一组实验，这组实验涉及到"a-形容词"的使用（如 afraid, afloat 和 alive 等）。此类形容词的一个特征就是，它们不能用作定语（如 * the afraid child，* the alive fox 等）。这一条限制既没有语义特点方面的动因（例如可以说 the scared child，the living fox 等），也没有语音特点方面的动因（例如可以说 the adult male，the astute remark 等）。因此，"a-形容词"给语言使用者们提出了一个难题，即人们是如何获得"有些形容词只能用作表语"这一知识的呢。Boyd & Goldberg 在电脑屏幕上给实验参与者展示了一些视觉场景。在这个场景中出现了三个物体，即在屏幕的下半方有两只一模一样的动物，屏幕的顶端有一颗星星。实验人员要求实验参与者分别用一个短句来描述每一个场景，比如"Here are two cows"。在实验预试中，其中一只动物开始移动，横穿屏幕，走向星星。同时，实验人员要求被试者分别用一个形容词来描述这两只动物的状态，比如 vigilant（警惕的）或 sleepy（昏昏欲睡的）。实验参与者要完成的任务就是，用语言来描述哪一只动物移动了。为完成这一任务，实验人员提供了两种可行的表达方式，即可以使用定语形容词构式说出"The sleepy cow moved to the star"一句，或者使用关系分句构式说出"The cow that is sleepy moved to the star"一句。实验开始前，实验人员对实验参与者进行了简单的培训，目的是让他们熟悉实验流程，并且在培训中用到这两个表达变体形式。为了让他们在表达时用上这两个构式，Boyd & Goldberg 加进了两种填充任务试测（filler trial）。在第一种试测中，两只动物都被贴上了动词标签，例如 smokes 和 gambles。面对这样的标签，被试者就必须使用关系分句构式，说出"The cow that gambles moved to the star"一句；第二种试测用到了高频使用的定语类形容词，如 slow 和 fast。这些形容词有一个自然倾向，就是用在名词之前。这样一来，人们就会偏向于使用定语形容词构式。

在第一个实验中，Boyd & Goldberg 调查人们是否回避将常用的"a-形容词"（如 asleep, afraid 等）用作定语，而且更重要的一点是，他们是否会对一些新造的"a-形容词"（即 ablim, adax 一类的自造词）进行相同的处理。他们的实验结果表明，对于人们已熟知的"a-形容词"而言，确实存在之前所预期的那种效应：在大多数情况下，参与者们都使用了关系分句构式。关于新创的"a-形容词"，研究者们也观察到了一个重要的效应，尽管这种效应并不强。这个观察结果证明，讲英语的人脑子里有一个概括性的表达形式，也就是"a-形容词"构式，他们认为，像 adax 这样的新造形容词就属于该构式。然而，实验参与者们相对不那么喜欢将新造"a-形容词"用于关系分句构式。这个特点表明，有些人也拿不准是否应该把所给的那些新造词看作"a-形容词"。毕竟，有些词，像 adult, astute 等，就不是"a-形容词"。

为了进一步证实这些观察结果，Boyd & Goldberg 实施了第二个实验。这个实验在流程上和第一个实验相同，但是，在如何训练实验参与者去完成有关实验任务方面有区别。在解释实验流程的时候，实验者给参与者们展示了一些新造"a-形容词"，对于这些词，实验者也提供了关系分句构式形式的描述。之后，参与者们看到屏幕上有动物，同时听到实验者说出"The lizard that is adax moved to the star（那只 adax 的蜥蜴向星星爬去）"的句子。以这种方式接触到有关语言材料之后，参与者们会不会因此而对先前未听到过的"a-形容词"作出不同的反应呢？Boyd & Goldberg 所搜集到的各种反应显示，参与者们很快就在一个已经证实了的新造"a-形容词"的基础上作出概括，并进而将之适用到其他可能的"a-形容词"身上。尽管第一项实验显示，常用的"a-形容词"和新造的"a-形容词"之间存在着实质性的差异，但这个差异在第二项实验中不复存在。促使人们对新造的"a-形容词"进行如此处理的正是统计性优先的认知心理：人们听到一个关系分句构式中出现一个新造的"a-形容词"、而其中默认地应该使用一个定语形容词构式时，他们便会推断这里有一种限制。这个关系分句构式为人们作出这个推断提供了线索，Boyd & Goldberg 将这种线索称为"优先性语境"（pre-emptive context）。

诚然，将一个构式认定为优先性语境可不是鸡毛蒜皮的小事，它牵扯到相当复杂的虚拟性思辨（counterfactual reasoning，译者注：亦译作"反事实思维"）。听者要观察言者如何选择一个构式，听者也知道还有其他一些构式也具有类似的功能，依据那些可用构式的相对使用频率，听者构建出一个解释方案，来解释为什么言者没有选用一个更常用的构式。在这个思辨活动当中，我们又一次见到了读心活动（activity of mind-reading），我们在第 5 章讨论信息包装的时候很多地方都涉及到这种读心活动。为了对这个心理活动进行更深入的研究，Boyd & Goldberg 进行了第三项实验，该实验过程有另外一个细微但却关键的变动，即对第二项实验中的培训过程进行了一点改动，也就是让那些新造的"a-形容词"与复杂的形容词性短语并列使用。于是，参与者们看见屏幕上有两只仓鼠，同时听到研究人员说"The hamster that is ablim and proud of itself moved to the star"（那只 ablim 的、自傲的仓鼠朝着星星跳过去）。接下来的实验任务与前两次的实验任务相同。那么你认为结果会怎样？你认为参与者会根据关系分句这个线索而断定 ablim 是一个"a-形容词"吗？十有八九，你对了！这些参与者都忽略了关系分句线索，因为任何两个并列的形容词都要求使用关系分句。与之并列的形容词性短语的长度就是对言者所作选择的最简明的解释。因此，比起实验二的结果，实验三所得的结果更接近于实验一的结果：在实验二当中，尽管实验参与者在是否应该将 ablim, adax 用作定语形容词的时候犹豫不决，但他们在实验一和实验三中却这样做了。

从以上的讨论中，我们得出如下结论：语言知识的构式观可以解释这样一个事实，即作为一种直觉，人们知道哪句话从语法上讲不能接受。人们处理的所有的话语形式都是根据它所例示的构式来分类的。人们根据构式之间的各种关系而注意到应该选择使用哪一个构式，而不是使用另一个更基础的构式。当人们注意到这些优先性语境的时候，他们才能据此推断有哪些限制，听者认为言者所作出的各种选择本身是有意义的，认为这些选择反映了各种语法规范。因此，一个偏离语法规范的句子会唤醒人们的一种直觉：在这种情况下，言者肯定选择了一个不一样的构式。

6.2.4 构式能解释零星的逐字记忆（incidental verbatim memory）

当今大多数的语言理解分析模型都相信，一旦听者听到并理解了某个句子，那么留存于记忆中的是句子的一般性意义，但其结构上的细节却很快忘记了（例参 Loebell & Bock, 2003）。只有在一些特殊的场合里，听者才会保留逐字逐句的记忆，比如一些必须记住的具体的措词、某句特别风趣或令人震惊的话。这个普遍性特征已经得到了报告的实证及大量文献的支持，但却令构式语法显得有些尴尬。既然构式都是有意义的，而且这些意义都能被记忆，那么人们为什么没有记住构式形式呢？语言知识的构式观所作的一个预测是，形式是和意义一起被记住的。为了验证这个说法是否正确，Gurevich et al.（2010）重新启动了对语言逐字记忆的研究。

在一项先期实验中，实验人员让参与者阅读了儿童读物《我是蜘蛛侠》中第 32 页带插图的内容，每幅图都配有三到四句话，且都由语音呈现，录音均由一名男性朗读者录制。整个故事的展示持续了大约 4 分钟。关键的一点是，Gurevich 等人为故事准备了两个版本，两个版本的内容一致，但是在所用的构式类型方面不同。下述各例说明了两个故事里的部分内容：

(9) 故事版本 1：My fingers can stick to anything.（我的手指可以黏上任何东西。）

故事版本 2：I can stick my fingers to anything.（我可以让我的手指黏上任何东西。）

故事版本 1：I am strong enough to fight four bad guys at once!（我很强壮，能一次打败四个坏蛋。）

故事版本 2：Fighting four guys at once is easy for someone as strong as me.（一次打败四个坏蛋对像我这么强壮的人来说很容易。）

一听完故事，实验参与者需要完成一项辨别任务，即实验人员在电脑屏幕上向他们展示一些句子，并要求参与者说出这些句子是否属于整个故事的一部分。在每个句子出现之前，故事里的一幅图会出现并停留一秒，这些图有的与所展示的句子有关，有的则不相关。一读完有关的句子，参与者们就要在两个按键中选择一个并按下，表明自己是否听出了先前听过的句子。Gurevich et al. (2010：52) 发现，这些参与者回答得都非常准确。之后，他们又进行了第二项实验，这次实验中，故事的版本是在功能词的使用上有差别，但所得到的结果与第一次实验相同。请注意，上述所列例句中的第二组句子包含不同的成分，比如第一句中有 bad，第二句中则为 easy。为了排除因为词汇成分使用不同而可能导致的效应，所有的句对在造句时都依照上述第一组例句来进行，即唯一的区别就在于两句的词序和语法成分"I"方面。在第三项实验中，不同的参与者在听完《蜘蛛侠》的故事后随即被要求对该故事进行复述，复述时也会配有图片提示。复述所用的句子若与原句相差不超过一个词，则可算作与原句"匹配"。这一次，Gurevich 等人又获得了逐字记忆的大量证据。

需要指出的是，在上述所有的实验中，材料展示和参与者回忆两者之间的时间距离是比较短的，这可能对该效应有夸大作用。在最后一个实验中，Gurevich 等人对经历了几天的延迟之后逐字记忆是否还会显示出效应进行了验证。研究人员向实验参与者播放了《菲力猫》的一个视频片断，并叙述了视频片断中的一段故事。故事讲述者是一名实验人员，但他假装成一名实验参与者。研究人员让参与者六天之后回来再参加另一项实验。这一次，听故事的人把那段视频又看了一遍，随后被要求向另一名参与者讲述该片断中的故事，这个参与者其实也是实验人员。对即时叙述的书面转写结果显示，与参与者在第一次实验过程中所听到的句子完全相符的句子所占比例非常高。Gurevich 等人因此认为，逐字记忆即使在过了一段较长间隔时间后仍会维持。当然，这个结论与人们对一般性意义作出抽象概括的发现并不矛盾，但对人们是否记住以及如何记住语言结构这个问题已经有了实证发现，这样它就同语言知识的构式观协调一致了。根据语言知识的词典加语法观，句法结构很快就忘记是很正常的。而构式观认为，逐字记忆在很大程度上可以保持，它主张，构式就是意义和形态—句法形式的一个个匹配对应体，并以此来对人们维持上述记忆的能力作出解释。

6.3　来自语言产出的证据

6.3.1　构式能解释言语中的"缩减效应"

人们清晰地发音及讲话的努力程度如何，个人之间差异是比较大的。在严肃正式的场合，你对自己的听众并不熟悉，或者他们的社会地位比你还高，或者周边的噪音较大而影响了听觉效果和正确理解，那么你很可能会努力地说清楚每一个词。除了有这些语言外的变量，其他关键的语言变量还涉及你所用单词的使用频率及其可预测性，像 and 这样的词高频使用，意味着你练习发这个音练了很多，通常情况下"缩减"便发生了。此外，在某些语境中，and 一词具有高度可预测性。假若一连串的三个单词以 gin 开头，以 tonic 结尾，那很可能你就明白当中的那个词应该用哪个。语音缩减作为高频使用和高度可预测性导致的结果已有大量论述和证明（例参 Jurafsky et al.，2001）。我们在这一小节讨论中会证明，缩减效应不仅见于单词层面，也见于构式层面，也就是说，如果单词用在它们所在的典型构式里，它们发音时的缩减效应就更明显。

Gahl & Garnsey（2004）提供了实证证据来支持这一论断，他们要求实验参与者读出下面的句子：

(10) The director suggested the scene should be filmed at night.

The director suggested the scene between Kim and Mike.

The confident engineer maintained the machinery of the whole upper deck.

The confident engineer maintained the machinery would be hard to destroy.

以上各句都包含一个带补足语成分的述谓成分,如 suggest 和 believe,不同之处在于表征该动词补足模式的构式。在上述各句中,跟在动词之后的一种模式是"无 that 型补足语小句构式"(THAT-LESS COMPLEMENT CLAUSE construction),另一种模式是复杂名词性短语(complex noun phrase),因此,整个句子例示的是单及物构式。关键的一点是,例句中所用的几个动词在不同程度上都与这些构式共现。例如,动词 suggest 同直接宾语相比,更多地与补足语小句共现,因此,上面所列第一句比第二句更靠谱。相反,动词 maintain 更多地同单及物构式关联,因此,带补足语小句的那一句就显得不那么靠谱。在实验中,Gahl & Garnsey 要求实验参与者读出上面的那些句子,并给这些例句录音,以用于另一个实验。然后,他们对有关动词在朗读时的音长进行了测量。实验的主要结论就是,构式对所用动词的偏好同缩减的语音产出有显著的相关性(详见 2004:763)。例如,当 argue, believe, claim, conclude, confess, decide 这一类动词出现在"无 that 型补足语小句构式"中时,它们的发音就会缩短一些;但如果它们后面跟的是直接宾语,它们的发音便会加长一些。相反地,像 accept, advocate, confirm, emphasise 这一类动词后面跟直接宾语的时候,发音就会缩减;但如果接补足语小句,则不会缩减。于是,Gahl & Garnsey 得出结论:人们关于语言的知识包括对动词和构式共现概率的了解,这一了解对他们言语活动中的缩减会产生影响(详见 2004:768)。Gahl & Garnsey 所观察到的这些效应很难解释为单个单词之间纯粹的搭配关系。请注意,在上述各例句中,有关动词周围的词条都是完全相同的。这些研究结果只有从构式以及构式与词汇成分之间的关联角度才能解释得通。

6.3.2 构式能够解释句法启动现象及其例外情形

"启动"（priming）是一个心理学概念，是指一个思想的心理激活如何帮助随后的另一个思想的心理激活。比如，某人听到 chicken 这个词，便会启动另一个与之有语义关联的词，如 egg。这种启动可以通过实证方法来验证，即通过比较听者对该词作出反应的速度。比如，在词汇选择题中，要求听者说出 egg 是不是英语中的恰当用词。受到 chicken 的启动后，egg 会比语义不相关的词（如 bag）激活得更快（详参 Neely，1976）。"句法启动"（syntactic priming）一词指类似的现象，也就是人们往往会重复他们最近听到的或者说出的句法结构。指称这一现象的其他常用说法还有"结构启动"（structural priming）、"句法执着"（syntactic persistence）等。对句法启动的实验证据包括了这样一个发现，即不论是受到主动构式或被动构式的启动，在随后的图片描述任务中，人们都倾向于再次使用该构式。

Bock（1986）设计了一项实验，要求实验参与者完成一项记忆测试题，即重复如下的一些句子：

(11) One of the fans punched the referee.（其中一个粉丝打了裁判。）

The referee was punched by one of the fans.（裁判被其中一个粉丝给打了。）

在几个重要的试测当中，上述那些句子复述完以后，参与者们拿到了一幅图，然后要描述这幅图。图片中的场景既可以用主动构式来描述，也可以用被动构式来描述。例如，其中的一幅图上是一座教堂，闪电击中了这座教堂的尖顶。因此，参与者可以用主动句"Lightning is striking the church"（闪电击中了那座教堂）来描述，也可以用被动句"The church is being hit by lightning"（那座教堂被闪电击中了）来描述。Bock（1986：364）研究了对应于句法启动的各种回答，从中发现了一种不对称性。如果参与者受到了被动句的启发，那他们用被动句来描述图片内容的可能性就显著提高。与之完全平行的效应也见于双及物构式和介词性与格构式的启动实验。实验人员让参与者复述一个句子，如"The undercover agent sold some cocaine to the rock star"（那个卧底探员卖了一些可卡因给那个摇滚明星），然后让他们去描述图片中的场景（即一位老爷爷给他的孙子读一本书），那么参与者们用介词性与格构式来描述的可能性会因此增大。Bock 的实验结果与如下观点一致，即人们的语言知识包含一个构式网络，这个网络在某个特定时间点上可以得到或强或弱的激活。如果某构式由于刚刚使用过而被激活，而某人遇到的某个情景其描述又同该构式的意义相容或一致，那他就可能用这个构式去描述其个人经历。

  句法启动效应并不仅仅发生在心理学实验室中，它也会出现在日常语言交际活动中。Gries（2005）对一组语料库数据进行了分析，他分析的问题是，使用双及物构式或介词性与格构式以后，是否会对随后的"与格事件"（dative events）描述产生影响，且该影响可以被测量。"与格事件"即指可用上述两种构式中的任何一种来描述的事件。Gries 从"国际英语语料库英国部分（ICE-GB）"当中检索到了数千对与格句（dative sentences），然后依据几个变量条件对每组句对进行了标注。其中的核心变量当然是"句对成员是否结构相同"。除此以外，他还区分了有关的句子是否出自同一个人、句中的主要动词是否相同、这些句子中又插入了多少其他句子。有了这些标注，研究人员就可以对句法启动过程中起作用的因素进行细致的观察。

  Gries 首先发现的是句法启动的强效应（详见 2005：372）。在双及物构式出现后，人们再次使用该构式的次数远远超出了预期。至于其他的变量，Gries 指出，若句对中的两个句子使用了相同的主要动词，那么句法启动效应就特别强。在句法启动研究的相关文献中这个现象被称作"词汇助力"效应（lexical boost，详参 Pickering & Ferreira，2008。译者注：也有"词汇促进""词汇增强"等译法）。此外，如果一个句对中的两个句子某人都说了的话，启动效应就会更强。因此，从第一句产出到随后的第二句产出这个过程中的启动效应，比起从听人说再到随后产出这个过程中的启动效应，前者要更强。Gries 同时也指出，启动效应的强度会随着启动源（prime）和目标句（target）之间的距离逐渐扩大而逐渐消失，这可以解释为有关构式的认知性激活在逐步消退。最后一点，由上述分析中可见的一个重大发现是，有一些动词比其他一些动词对句法启动更敏感。Gries 对 give, hand, lend, sell, send, show, offer 等动词进行了比较，结果发现，在句法启动效应的强度方面，这些动词之间存在很大的差别：

- 不管用作启动句的构式是什么，show, offer, give 典型地用于双及物构式；
- 不管用作启动句的构式是什么，sell, hand 典型地用于介词性与格构式；
- 启动句中用的是什么构式，send 和 lend 便典型地用于例示该构式的句子里。

这个结果是对句法启动总体思想的一个重要的限定。有些动词的使用特别偏好于某些构式，因此，它们对启动效应有抵制。所以，句法启动的效应只见于在两种构式间能相对自由选择的那些动词。这个结果自然而然地同语言知识的构式观融合为一体，该观点主张，每个构式在词汇搭配选择上都有自己的偏好（见第1章 1.3.4 小节的有关讨论），比如动词 show 与双及物构式密切关联，如果某人想描述一个向人展示某物的场景，例如有个男孩给妈妈看他膝盖上的擦伤，那他必定会偏向于使用双及物构式。如果此人在先前的语境中刚刚听到了一个介词性与格构式（句），这可能会成为一种竞争压力，但这种压力也必须得战胜动词 show 和双及物构式之间的强势关联。通常情况下，这种启动效应会被中和（be neutralised）。

6.3.3 构式能解释人们完成句子的方式

我们在第 5 章对"投射"（projection）的概念（详参 Auer, 2005）进行了简单的讨论。人们在交谈的时候都能够间接地把对方的句子说完，这个事实表明，他们在进行语言处理的时候会对接下来该说什么作不断的预期。在这一处理过程中，构式要扮演一个相当核心的角色。比如短语"The more I read about

Construction Grammar"（关于构式语法的东西我读得越多）会让听者期待接下来要说出"THE X-ER THE Y-ER"构式中的第二部分，如"the less I understand about it"（我就越是不能理解它/我对它的理解就越少）。同理，前面讨论过的 Gahl & Garnsey (2004) 所做的研究显示，在词串"The director suggested"之后如果跟的是一个"无 that-型补足语小句构式"，那么，其中的动词在发音的时候就会缩减得更明显，因为"无 that-型补足语小句构式"是听者能够更加自信地进行投射的一个选项。关于投射，一个令人感兴趣的问题就是，到底什么才能真正算作是进行投射的提示和线索，这些线索到底有多可靠？尽管，"THE X-ER THE Y-ER"构式的前半部分出现后，人们就会几乎百分之百地预测到接下来会出现该构式的后半部分，然而，其他大多数的提示线索都不是像这样可靠的。像 maintain, suggest 这样的动词，其后面应该跟什么样的补足语模式，人们也只能进行一些临时性的预测。那么，对不同提示线索的强度，我们该如何进行测量和比较呢？

对这个问题，一个简明直白的回答就是，我们应该看有关的用法频率，以便弄清楚什么样的词汇性和语法性构式有可能共现。以 suggest 为例，以语料库数据为基础，我们可以很容易地测算出在所有含有该动词的用例当中有多少例后面跟了"无 that-型补足语小句构式"。如果这种情形占到所有用例的 60%，那就意味着一个相当高的预期度。因此，对简单相对频率（simple relative frequencies）的测量值其实就代表着"提示信息效度"（cue validity），这个词指的是人们根据现有的提示线索所做的预估到底有多靠谱。举例说明，我让你猜一猜我现在脑子里想的是什么动物，"这个动物有个 trunk"（译者注：英语中，trunk 一词专指大象的鼻子）相较于"这个动物有两只眼睛"这个提示线索就有相当高的提示信息效度。然而，由于涉及不同的语言构式，这个问题常常要比前面所说的那个情况更复杂一点。以"助动词构式"为例，比如英语的 shall 后面接一个不定式。查询任何一个英语语料库后就会发现，跟在 shall 后面的最常见的动词是 to be（参见 Hilpert, 2008：43）。那这是不是就意味着一个人听到 shall 之后就会预期后面接下来会出现 be 呢？必须得指出，be 是一个一开始就容易想到的高频用词，不仅常用于 shall 之后，也常常用在其他助动词之后。

　　Stefanowitsch & Gries (2003) 就曾指出，构式和出现在那些构式中的词汇成分之间的认知关联不应该以简单相对频率来衡量，其测量值应该能说明某词汇成分是否以出乎意料的高频率出现在某构式中。我们来看一下 shall be 和 shall consider 这两个不同搭配之间的差别。前者在大英国家语料库中出现了大约 2000 次，后者仅出现近 200 次。这是 10 比 1 的差距。但是应该说，shall consider 内部的搭配性纽带（collocational bond）相对更强，因为 consider 的使用频率比 be 的低很多：BNC 中有约 7600 例不定式形式的 consider，但有超过 50 万例不定式形式的 be。这里的底线就是，相对于 shall 和 consider 两个词的使用频率，shall consider 这个搭配使用频率出奇的高，但 shall be 这个搭配却并非如此。其实，如果考虑到动词 be 的高文本频率，那结果就会是 shall be 搭配的 2000 次的使用频率，比人们一般所预期的低很多很多。将上述这些可能性都考虑进来，我们就可以作出一个假设，即听者听到词串 "The international committee shall..." 之后，就会投射出诸如 consider, examine, discuss, continue 等这样的动词，它们都不是跟在 shall 之后频率最高的那些动词，但却都是该词之后频率高得出乎意料的动词（详参 Hilpert, 2008：37）。

　　并非每个人都接受这个观点，比如 Goldberg et al. (2004：308) 以及近来的 Bybee (2010：97) 就认为，简单相对频率最准确地反映了构式和词汇之间的认知关联。为了研究这个问题，Gries et al. (2005) 对 "as-型表语构式"（AS-PREDICATIVE construction）做过一个研究，该构式可见于以下各例句：

(12) The proposal was considered as rather provocative.
　　　I had never seen myself as being too thin.
　　　California is perceived as a place where everything is possible.

　　我们现在讨论的是一个表语构式，因为实体 X 被赋予了特征或特性 Y，比如名词性表语构式（"Jane is a doctor"）或形容词性表语构式("The coffee is too hot")。更具基础性的表语构式都以简单系动词作为其主动词,但是"as-型表语构式"专门使用感知动词(如 see,perceive,view 等)或者认知义动词(如 consider,regard,view 等)。上述类型的动词用于该构式的频率都不同,出现频率最高的动词是 see,但关键是,该动词对使用"as-型表语构式"的提示信息效度相对较低。例如,词串"I had never seen…"可以有很多种接续方式,它们都可以不用"as-型表语构式"。与之相对照的是,词串"The idea was hailed"强烈地提示后面应该使用"as-型表语构式",尽管动词 hail 在该构式中的使用频率远远低于动词 see。Gries 等人从 ICE-GB 语料库中提取了"as-型表语构式"的全部用例,对用于该构式的动词类型进行了区分,并且对这些动词的使用频率进行了统计分析,最后,他们将这些动词分为四种类型,如下表 6.2 中所示(详参 Gries et al., 2005: 657):

表 6.2 用于"as-型表语构式"的动词及其使用频率

	相对频率(Relative Frequency)	
	低(low)	高(high)
在"as-型表语构式"的使用频率高得异乎寻常	define, describe, know, recognise, regard, see, use, view	acknowledge, class, conceive, denounce, depict, diagnose, hail, rate
在"as-型表语构式"的使用频率低得异乎寻常	keep, leave, refer to, show	build, choose, claim, intend, offer, present, represent, suggest

Gries et al.(2005)用表 2 中的每个动词造了测试用残缺例句(即 stimuli sentence fragments,译者注:也译作"测试用例句片段""测试用不完整例句"等)。由于"as-型表语构式"通常都牵扯到被动构式,因此每个动词都造了主动句和被动句,例如下面的两句:

(13) The biographer depicted the young philosopher…
　　　The young philosopher was depicted…

基于上述这些例句,Gries 等人做了一个实验。在这个实验中，参与者需要补全这些残缺句子，让他们读起来感觉最自然。而且参与者也被告知，该实验旨在调查"人们说出的英语句子的种类"，但实际上 Gries 等人真正想弄清楚的当然是哪一个因素对参与者产生影响而让他们说出"as-型表语构式"句。研究结果显示，较之高相对频率，异乎寻常高的频率（surprisingly high frequency）是更准确的预测指标（详参 Gries et al.，2005：659）。这就证明，讲英语的人对不同构式中使用的各词条的频率做了一些相当复杂的统计性数据记录。我们想要对上述各种（使用）模式作出解释的时候，如果不从构式的角度来审视人们关于语言的知识，我们必将会满头雾水，不明就里。如果我们将构式库视为一个（内部成员）彼此交织关联的各种构式的库藏，上述实验结果的出现就是自然而然、意料之中的了。

6.4　总结语

本章一开始就讨论了区分两种类型证据的问题，这两类证据都可用以支撑理论主张。第一类证据是我们通过对单个语言形式的仔细观察得来的。例如，我们会发现"That's too good a deal to pass up"一句中包含了一个名词短语，这个名词短语不同于典型的名词短语模式，这会使得我们提出一个构式，说得更具体一些，这个构式叫作"Big Mess 构式"（详参 Van Eynde，2007）。本书前五章中主要讨论的正是这种类型的证据。第二种类型的证据被称为行为（方面的）证据。顾名思义，这种证据反映了说话者的行为，或者更具体一些，是说话者在被控实验条件下的行为。要收集这种类型的证据，研究人员通常会设计各种实验，然后对其中的一个或者多个因素进行积极的操控。本章的引言部分就做了一个类比，即某实验中的参与者被分为两组，每一组成员都吃不同的一种食物，在随后的测试中被测量出来的各种差异就可以跟前面说的那些食物关联起来。很多语言实验都旨在通过这种方式找出各组参与者之间的差异，不过这种方式也适用于单组实验参与者。若是在这样的情况下，对实验的操控就关乎实验任务本身了，这样的话，每个参与者就要完成同一个任务的两个版本，这两个版本之间有细微差别。例如，某个实验要研究参与者在受到语义相关词汇的启动之后，对英语单词的识别速度是否更快，参与该研究的所有参与者就要在两种不同的条件下完成任务，有一些试测里的启动项和目标项是有关联的（如 chicken-egg），另外一些试测里的启动项和目标项之间是彼此不相关的（如 chicken-bag）。由观察而得来的证据和行为证据对语言学理论的提出和发展都是必不可少的，即使说不上谁比谁更具有内在的优势，但行为证据还是有一个绝对优势的：如果要作出某种因果关系论断，那么，仅靠观察是不足以得出真凭实据的。相反，如果研究者在实验过程中，通过积极操控而设法不时地对结果进行变动调整，那么实际上他就已经找到了原因。本章的主要目的就在于述评与语言知识的构式观相符的各条行为证据。我们讨论了两种主要的证据类型，即来自语言理解的证据，以及来自语言产出的证据。

在研究语言理解的实验中，实验人员让实验参与者先浏览一些句子，然后对他们的回应进行测量。有时候，这种反应并非用语言来表示，比如可能需要参与者按下一个键，有时候也需要用语言来表示，比如说出一个句子来作答。来自语言理解方面、支持构式语法的第一个证据就是人们的一种常规性做法，即利用构式去帮助自己理解那些新创的名转动词，比如 to crutch, to saxophone, to envelope，等等。Kaschak & Glenberg（2000）研究了参与者是如何理解这些动词的，他们发现，对每个动词意义的解读都受到了构式性语境的很大影响。Bencini & Goldberg（2000）为构式语法理论提供了第二个证据，其研究阐释了构式对句子理解的影响，参与者们要完成一项任务，即根据整体意义对一组句子进行分类。结果显示，句子的句法形式对句子分类有明显的影响。第三，构式知识与元语言任务（meta-linguistic tasks）有关联，比如评判短语或句子的可接受度。Boyd & Goldberg（2011）进行了一项与"a-形容词"有关的测试，他们的研究表明，语言用例在语法上是否可以接受，人们在这方面的知识就是他们将这些用例区分为各种构式的结果，有了这样的分类，他们就能搞清楚何时该选用何种可用形式，尽管此时还有另一个更为基础的可用形式。当听者意识到言者作出此类选择时,就会触发 Boyd & Goldberg 所谓的"统计性优先"效应,也就是在听到了一个不同于默认预期构式的另一个构式以后,听者能推理出其中的语法规则。支持语言知识的构式观的第四个证据就是这样一个事实,即逐字记忆比一般认为的要维持更久。尽管当前语言理解解释模型中的大多数都认为存在一种抽象化过程,这种抽象化让句子的主旨要义留在记忆里,但却忘记了其形态句法结构上的那些细节。Gurevich et al.(2010)却发现,听者能保留大量的逐字记忆,即便没人要求他们这样做。如果认为构式是意义和形式的匹配对应体,那么,上述结论就在意料之中了。

在研究语言产出的实验中,实验参与者们要作出语言回答,而这些回答都被录音并进行了进一步分析。有时候,实验中的任务就是让参与者读出一些写好的单词或句子,而另外一些时候是让他们描述一幅画或一段视频。本章对来自语言产出的、支持构式语法理论的三条证据进行了述评。首先,是 Gahl & Garnsey(2004)让实验参与者读出谓语带补足语的一些句子,比如 "The director suggested the scene should be filmed at night"。该研究的一个核心发现就是,如果有关动词后面跟的是一个与之典型同现的构式,那么,该动词读出来的时候就有相对更明显的缩减倾向。例如动词 argue 和 suggest,如果后边跟一个补足语小句,那它们的发音就会短些;但如果它们后面接一个直接宾语,那它们的发音就会长些。如果我们将语言知识视为一个构式库藏,这些构式与词汇性成分有各种各样的关联,那么,上述结果就很好理解了。但如果我们不作这样的假设,那它便很难解释了。其次,有关构式及其与词汇成分关联的这个假设同句法启动领域的研究发现一致。Gries(2005)发现,语料库中,双及物构式的使用会增加在随后的与格事件表达中再次使用该构式的可能性。然而,如果随后的与格事件表达涉及到使用 sell, hand 等动词,这种效应就会被中和,因为此类动词与介词性与格构式紧密关联。有些解释方案试图将句法启动仅仅解释为形式问题,那么,句法启动中的这种对词汇使用的具体限制对这些方案来说就构成了问题,但如果用构式的观点来解释,上述发现就完全在意料之中了。第三，构式知识能够用来解释人们是如何完成残缺句的。Gries et al.（2005）让实验参与者去补全一些残缺句，例如"The young philosopher was depicted…"，然后观察所给的残缺句当中哪些是用"as-型表语构式"补全的。结果表明，如果所给残缺句当中所用的主要动词同该构式关联非常紧密，那么，句子补全时使用该构式的可能性就特别高。

总之，现在从构式的角度来探讨语言理解和语言产出问题的研究越来越多。不过，话虽如此，由于这方面的工作还处于相当新的起步阶段，本章中所呈现的很多研究发现仍需要通过今后更多的重复和拓展性研究予以进一步证实。而且，迄今为止所开展的心理语言学角度的构式语法研究在关注主题方面相对还较窄。虽然有不少的研究讨论论元结构构式问题，但在形态性构式和信息结构构式方面的研究却做得很少，因此，对构式语法的心理语言学研究有兴趣的同学会发现，这个特定的研究领域能为他们提供很多新颖且激发人们兴趣的学位论文研究课题。

思考题

1. 在心理语言学实验中，"操控某个因素"是什么意思？
2. 请对 Kaschak & Glenberg（2000）中的各项实验任务进行解释。
3. "句子理解的动词核心观"指的是什么？它有哪些问题？
4. 解释"统计性优先"的概念并界定"优先性语境"。你可以用下面不合语法规范的句子来解释。

    ＊I recommend you the white wine.
5. 比较下列两个句子。结合 Gahl & Garnsey（2004）的研究发现，你认为下列句中形容词 easy 的发音会有何特点？

    I found the z-score easy to interpret.
    I found the scene more easy to interpret.
6. Gries（2005）研究中的哪一个发现超越了 Bock（1986）的研究结果？从语言知识的构式观来看，这个研究发现有什么意义？
7. 是简单相对频率还是出乎意料高的频率更能准确地反映人们对构式及其词条之间的认知关联？对于这个问题，Gries et al.（2005）是怎么进行研究的？

延伸阅读

与本章讨论类似，Goldberg & Bencini（2005）进行了多项实证研究，这些研究根据语言产出和语言理解方面的语言行为资料数据，为构式语法理论提供了证据。Bencini（2013）在更具普遍性的意义上探讨了心理语言学在构式语法研究中所起的作用，并且对语言处理中的几个核心问题进行了解释。统计性优先的概念在 Goldberg（2011）和 Stefanowitsch（2011）的研究中得到了进一步阐释。关于相对频率和出乎意料的高频率间关系的问题，Bybee（2010）在其第五章中提出了对 Stefanowitsch & Gries（2003）的一些批评意见。对于这些批评意见，Gries（2012）也作了相应的答复。

7 构式和语言习得

7.1 孩子们的构式语法

我们在前面几章已经讨论过，关于语言知识在人脑中的组织形式，各派语言学理论会作出非常不同的假设。前面的讨论特别提出了语言知识的构式观，这个观点将语言知识与一个规模庞大的构式库藏（a large repository of constructions）亦即构式库等同起来。我们将这个观点同语言知识的语法加词典观进行了对比，后者将语法规则知识同词汇知识区分开来。这两种理论不仅在一般成年人所有的语言知识方面不同，对儿童如何习得一门第一语言以及该学习过程应如何反映在儿童的话语中这两个问题，也作出了非常不同的预测。表面看来，似乎有不少证据都支持这样一种主张，即语言习得等同于学习单词和规则。如果读者你选修过语言学导论类课程，那你就可能听到过这样的说法，即年幼的孩童并不仅仅只是能重复身边照管人（caretakers）所说的话语，其实，他们还能把单词组合成他们以前不可能听到过的、新的、原创性的话语。本书第 4 章已经举了 wug 研究的例子（Berko Gleason, 1958），这项研究表明，儿童通常都掌握了复数构式的各种形态变体规则，所以他们都能说出 wugs, heafs 及 gutches 这样的单词，能为他们以前从未见过的单词选择正确的复数性词尾形式。我们还可以举出更多的此类用例，现在我们就来看看下面的真实话语用例：

(1) a. Want other one spoon, Daddy.（爸爸，我还要一个汤匙。）

b. It noises. (好吵。)
c. I becamed to be Spiderman. (我变成了蜘蛛侠。)
d. She unlocked it open. (她把它打开了。)

从成年人语言的角度看，这些话语都偏离了常规的形式，但与此同时，它们也揭示出在语言的各种规则性概括方面孩子们所做的相当复杂的思辨推理。我们来看第一例，孩子们用 other one 代替了指示限定词如 that 的位置，other one 和指示词 that 各自的功能显然是有关联的，所以说，这个孩子的话语代表了一种合理的猜测，他在猜英语语法会是什么样。同样，第二例"it noises"代表了一个涉及很多单词的概括表达形式，如 buzz, crash, roar, cough 等等，所有这些单词都是指声音，既可用作名词，也可用作动词。这种错误称作"过度法则化错误"（overgeneralisation error），它很重要，因为它表明那个孩子已经掌握了一些东西，而不仅仅只是他可以重复的一个固定的词串。过度法则化错误表明，这个孩子已经学到了一条语言规则。同时，这个错误也表明，这个孩子还得去掌握对该规则的某些限制条件。过度法则化错误同样也见于第三和第四例，第三例中 becamed 这个形式代表了一种折中妥协：一方是那个孩子听到过不规则形式的 become，另一方是他又知道规则的过去时形式都要带齿音后缀-ed。最后一例是动词 unlock 用于动结构式，成年人使用动结式的时候一般是不会这么用的。重要的是，构式观和语法加词典观都认为，儿童习得了各种概括形式，或者也称为规则或构式。但是，对于最终形成成年人语言知识的这个过程，这两派观点作出了不同的预测。我们在接下来的几个小节里就来讨论这些不同之处。

7.1.1 基于词条的学习过程（Item-based learning）

根据基于规则的语言习得理论，儿童必须要掌握各种抽象的形式化图式，也就是要以句法和词性范畴为基础。举例来说，我们讨论过表语形容词构式，它在成人的用法里包含一个做主语的名词短语、一个系动词和一个形容词。在语言习得的早期阶段，儿童会说出 towel wet 这样的句子，这里面就没有成人用法的一些特征，但显然这个用法还是建立在成人话语结构基础之上的。基于规则的语言习得理论假定的是，儿童其实已经获得了成人的图式，尽管实现该图式时，他们还会受到自己尚未掌握得很好的语言产出能力的束缚。这种思想被称为"连续性假说"（continuity hypothesis）。它认为，儿童语言和成人语言一样，心理上表征为相同的句法规则和范畴（Pinker，1984）。儿童如果掌握了抽象图式，就能据此造出新的、原创性的话语来。在他们所创造的话语中，像表语形容词构式这样的抽象图式因为更多词条的使用而得到充实，这些单词都是由儿童抽取自自己的心理词典（mental dictionary）。请注意，这个过程要求儿童对词类划分已有掌握，比如要想为"towel wet"这句话选择合适的单词，儿童就要知道 towel 是个名词，wet 是个形容词。因此，在学习新单词的时候，儿童要给每个单词标上词性类别，这样他才知道那个词应该如何插入其所在语言的形式化图式。

构式语法理论为早期语言学习研究提供了一个与众不同的观察视角。或许最重要的一点就是，儿童所习得的那些形式化图式被认为是和出现于其中的具体词汇材料紧密关联的。因此就有了这样的假设：儿童最开始学的都是一些具体的短语，随着儿童认识到不同的具体短语之间有很多相似之处以后，这些短语后来逐渐变得更加抽象。因此，儿童对语言结构的心理表征被认为是不同于成人的心理表征的。而且构式语法理论还认为，儿童习得的是各种抽象图式，这应该是他们听到了很多有相似结构的话语之后的结果，而且抽象图式只能是一个一个地逐渐显现的。以这种方式来获得各种概括化形式，这就是所谓的基于词条的语言图式学习（item-based learning of linguistic schemas, Tomaselo, 2000）。对语言习得的这种构式语法视角的、基于词条进行的观点就意味着，应该把儿童的构式作为独立的形式进行研究。成人的语法并不应被视为为儿童的话语进行某种奠基的标准，相反，构式语法观认为，儿童的话语直接反映了他们自己的语言知识。因此，构式观并不是将类似成人语言的结构投射进儿童的语言能力，而是主张"所见即所得"（what you see is what you get）。这个观点对如何开展儿童语言习得研究具有至关重要的意义。语言习得研究中走构式语法的路子，就是要研究儿童是如何逐渐构建他们自己的构式库的，以及该构式库在语言习得过程中是如何被调整和重构的。本章的很大一部分会讨论一些个案研究，这些研究都用实证的方法来验证基于词条的语言学习是否对儿童的语言行为表现作出了正确的预测。我们会思考如下一些问题：儿童是如何学习抽象构式的？哪些因素有利于构式学习？对于最终甚至超越了单一构式的那些概括表达形式，儿童是如何构建出来的？此外，我们还要重新思考这个问题：早期儿童语言究竟有多少原创性和创新性？来自语言习得的众多实证研究的一个极具说服力的发现就是，儿童在语言使用方面是相当保守的。由于儿童语言并不像通常所宣称的那样富有创新性，走基于规则的路子的语言习得研究最初让人觉得有道理的很多主张也就不复存在了。

7.1.2 语言学习的社会—认知基础

构式观和语法加词典观之间的另一个根本区别同语言学习的社会—认知基础有关。语法加词典的研究路子所说的形式化图式和儿童所生长的社会环境是没有任何联系的，如此主张必然会带来一个问题，即儿童习得语言是如何实现的呢？儿童是如何知道有主语、宾语、动词、形容词、介词等各种语法范畴以及"TOUGH-提升构式"和"主语—助动词倒装构式"（SUBJECT-AUXILIARY INVERSION construction）等各种句法图式的呢？最现实的答案似乎就是，他们是不可能从所听到的话语中搞清楚这些的，在这方面，语言输入太混乱了。婴儿所听到的语言大部分都是不合格的，常常一开始就是错的、不准确的，而且非常不成系统，不可能为他们提供可靠、清楚明晰的依据，以便让他们从可能的但却不合语法规范的结构形式当中区分出全部合乎语法规范的结构形式来。这个主张来自于"刺激贫乏论"（poverty of the stimulus）。刺激贫乏论认为，语言输入量太小而不足以促成语言习得（Chomsky, 1959）。如果仅从语言输入中还不能学到语言的各种结构，那就意味着人类必定生来就拥有一种内在的认知能力，这种能力早已就普遍性的语法原则作出了限定，而这些原则主导着语言习得过程。这一思想就是大家所知的普遍语法理论（universal grammar）。该思想曾经体现在（普遍语法理论发展）不同的阶段中，而且至今依然是语言习得研究领域的诸多观点之一（Hauser et al., 2002）。由于人类交际和动物交流之间有相当多的不同（Hockett, 1966; Hauser, 1996），从进化论角度来看，一般认为普遍语法同动物交流机制完全割裂开来。

语言习得的构式观并不否认人类具有与生俱来学习语言的能力。毕竟，获得语言的能力是人类独有的，动物使用的交际系统在很多方面区别于人类语言。除此以外，人类是唯一一个创造出了让彼此之间不能理解的众多交际系统的物种（Tomasello, 2003: 1）。动物的交际系统往往是整个物种共有的，可是人类只能在其自身物种的某些亚种群内部才能进行有效的交际。令人遗憾的是，你懂英语，但这并不会让你自动就能懂僧伽罗语（Sinhala）、芬兰语（Finnish）或者盖丘亚语（Quechua）。所以，很明显，人类身上有点特别的东西，而且关于这一点，无人置疑。语言知识的构式观和语法加词典观的分歧之处关乎下面这个问题，即人类的这种特别的内在特征是否为各语言所独有（language-specific）。构式语法的路子对此所作的假设是，语言学习依赖于一套社会—认知能力，这套能力为人类所独有，但并非为各语言所独有（Tomasello, 2003: 3）。这些能力使得儿童以一种基于社会的方式来习得语言成为可能，接下来我们会详细讨论这个问题。在构式观看来，儿童习得的基于词条的那些图式借助它们的词汇性成分同特定的情景（situation）和情景类型"捆绑"起来。这一观察就又回到了Goldberg的场景解码假设，但较之该假设其涵括更广，因为Goldberg的假设只适用于论元结构构式，而反映了早期儿童语言特征的那些基于词条的图式，在具体词汇使用方面更具体，在句法结构方面也远没有那么复杂。因此，依构式语法观来看，儿童对语言的习得是植根于那些普遍的、为全社会所共有的经验场景，通常都有他们的照管人、兄弟姐妹和同龄人在场。儿童若要学习语言，就需要亲身体验那些场景，而且，还需要具备那些一般性的社会—认知能力。我们在接下来的各段中将更加细致地讨论这些能力。

上述能力中的第一种，就是儿童予以所谓"共同关注"（joint attention，译者注：即注意和协调多方的能力）的天资。要想让语言表达有意义，儿童必须置身于这样一种情景，即儿童及其照管人关注一个物体，并且相互间也明白这一点。生活中常见的一个例子就是，一个婴儿和他妈妈一起玩毛绒玩具，他俩的目光就在对方和玩具之间交替变换，这样的情景被称为形成了三方共同关注（formation of triadic joint attention），因为在婴儿、妈妈以及两人共同关注的物体之间形成了三位一体。婴儿在大概九个月大的时候开始有这种行为，在那之前，他们的注意力要么在妈妈身上，要么在玩具身上，但就是不能同时关注两者（Oates & Grayson，2004）。为什么说这个能力重要呢？如果儿童意识到他在和妈妈经历同样的事儿，他就会把妈妈发出的语音同他们彼此共有的经历联系起来，因此，有了三方共同关注，儿童就学会了像 teddy 这样的单词。Tomasello & Todd（1983）的实证研究表明，12 至 18 个月大的婴儿花在零零星星三方共同关注上的时间同他们学到的词汇量呈正相关。Tomasello & Farrar（1986）进一步证明，在零星的三方共同关注的情景中，婴儿及其照管人别的时候说话更多，时间也更长，而且照管人使用的句子更短，作出的评论更多。Tomasello & Farrar 认为，这是一种彼此间的强化效应：共同关注提供了语言使用的框架，而语言又让双方维持共同关注。维持更长时间的零星三方共同关注的能力似乎是人类独有的，但从进化方面来讲，它也有前身（predecessors）。比方说，二者共同关注的行为，亦即彼此含情脉脉地注视着对方的眼睛的行为，就普遍见于黑猩猩。有好几种灵长类动物都表现出追随彼此目光的行为，这也可以被视为另一种形式的共同关注。还有，养狗的人很早就知道，自己的"挚友"看得懂他们指方向的各种手势，这一点已经得到实验证实（Kirchhofer et al.，2012）。如常见的扔棍子让狗去接住的那个游戏，甚至也含有三方共同关注的成分。

支撑儿童语言习得的第二种社会—认知能力是意图解读（intention reading），也就是儿童认为他人的行为是有目的的或者说是有目标导向的这种秉性。有一个术语（的使用）经常跟这一认识相关联，它就是心智理论（theory of mind），这个理论讲的是婴儿是如何理解其他人的某些心理状态的，如意图、欲望和信念等。16个月大的蹒跚学步的孩子就能明白他人的意图，其证据就是，他们选择性地模仿那些他们认为有目的性的行为，而不是带来偶发性结果的那些行为（Carpenter et al., 1998）。意图解读对语言学习者至关重要，因为他们得把其他人所说的话理解为这些人的所想、所图、所爱、所恨的表达。由于有了语音和交际意图之间的关联，这才有了像"bye-bye daddy""more juice"这样的早期短语的使用。当儿童对此类短语熟悉以后，他就具备了一种分析能力，即把这些短语分析成其自身所有的各种构建元件，从而获得了有能产性的各种图式，而不仅仅是固定的词串。非人类物种在多大程度上能够进行意图解读，这个问题尚未找到最终答案。不过，有人做过一些实验，对比一些猿猴和一群两岁大的婴儿对一些新颖交际符号的反应。结果发现，儿童具有独一无二、能随时解读他人意图的能力（Tomasello et al., 1997），但是，灵长类动物也确实表现出一定的、区分有意和非有意行为的能力（Call & Tomasello, 1998）。我们可以这样说，读懂别人的心思，这是人类非常自然的行为，但却不是非人类物种能自然而为的事情。

第三种能力就是图式化（schematisation）的能力，通过图式化，儿童能够发现 more juice, more apple 和 more noodles 这类短语之间的相似处，而且能从这些短语之中抽象出一个模式，例如 more X, 这个模式包含一个开放的"槽"（slot），其他语言成分可以填充进去。这个成分不一定总是名词，也可能是一些经过验证的说法（attested utterances），如 more sing, more hot 等等。讲英语的儿童早期构式库中常常会发现有少数几个有开放"槽"的图式，如下所示（详参 Braine, 1976; Tomasello, 2007; Diessel, 2013）：

(2)　　图式　　　　　　　　用例
　　　all X　　　　　　　　all done　all wet
　　　where's X　　　　　　where's daddy?　Where's cookie?
　　　let's X　　　　　　　let's go!　let's find it!
　　　I'm X-ing it.　　　　I'm holding it, I'm pulling it.

两到三岁大的孩子的语言创造性就表现在他们能够对填入空槽的词条进行变换（Lieven et al., 2003；Dąbrowska & Lieven, 2005）。在实证研究中有一项发现，即幼童所说出的创造性话语，通常都只是对某个成熟语言模式中的一个单一成分进行变换，这就证明了儿童是一个一个地进行概括性总结的。儿童语言里的那些孤立用法可能会给人这样一种印象，即孩子已经掌握了某个抽象构式，比如被动构式、双及物构式甚至是"主语—助动词—倒装构式"。但如果我们考虑到孩子以前听过的以及说过的那些话语，然后将用例放在这些话语的背景之下来看，其结果竟然是，儿童只是在自己已经掌握的某个结构主干（known theme）上变换花样而已。这种类型的图式化对人类认知来说至关重要。人类不仅用自己的能力在语言中构建各种图式，其实在很多种活动当中也构建图式。比如，用钥匙去开门，然后把门推开，这是一项复杂的活动，它有好几个开放变量，如该用哪一把钥匙，门是拉开还是推开，要不要按压手柄或转动把手，等等。假如我们的脑子里已经形成了"开门"的概念，那么，我们实际上在上述变量之上作出了概括，并且创造出了一个认知图式。考虑到图式化在非语言思维中具有普遍性，在与人类关联并不十分密切的一些动物种群中也发现了图式化的行为特征，这也就不足为奇了。比方说，那些学会了把球或棍子叼回来的狗，其脑子里已经对它们训练所用的一个个的球或棍子进行了抽象，因此，狗的主人以恰当的方式扔出去的某个新的、类似的物体，狗也照样能够把它叼回来。

第四个（社会—认知能力）是角色交换和模仿（role reversal and imitation）能力。这个能力在维持三方共同关注框架方面起着决定性的作用，而其扩展形式对语言的早期习得也起着决定性的作用。基于语言符号的交际是双向的，因此，交际双方同时都是信息的发出者和接收者。人类语言的这一构造特征使之同动物交流的大部分方式区分开来（Hockett, 1966）。人类能够模仿他人发出语音，这对学习语言来说是一个根本的前提条件，这一点比较容易理解。但是还有一点不那么容易理解，即儿童还得具有理解和互换彼此作为（信息）发出者和接收者的角色的能力，这样，他才能进行真正意义上的交际。换言之，到了某个阶段，儿童会认识到他自己也可以说某物并提醒别人注意到它。这个现象最后还是归结为语言具有象征性这一认识：它由各种形—义匹配对应体组成，这些对应体由主体间共享，即言者和听者彼此都知道这些对应体。因此，这些象征性单位可用以将他人的注意力引向那些甚至并未出现在当前非语言语境（extralinguistic context）中的事物或问题上。在三方共同关注尚未出现之前的非人类灵长目动物和人类的婴儿似乎都缺乏这种认识能力。例如，Tennie et al. (2012) 的研究表明，黑猩猩不能模仿其他黑猩猩的动作，比如举起紧握的双手，或者转过身背对着墙，即使是它们看到其他黑猩猩因为做了这些动作而得到了奖赏，即便它们自己也很想要个奖赏。它们所缺乏的就是设法自己去扮演实施了指定动作的那只受训黑猩猩角色的能力。我们的结论有些让人惊讶：类人猿"模仿"得并不像人类模仿得那么自然。

　　第五个（社会—认知能力），如果没有模式识别（pattern recognition）这个一般性认知技能，语言学习是不可能发生的。这项技能与幼儿从所听语言中感知统计性规律的能力关联特别紧密。研究发现，幼儿自己虽还不能发出语音，但其实他们都已经能专注倾听了。通过倾听自己身边的话语，他们能明白哪些音会依次出现。因此，在儿童自己说出母语之前很久一段时间内，他们早已经对其音位结构特征有了非常多的了解。儿童在早期单词学习阶段就用上了这方面的知识，他们借此就能感知单词之间的界限。举例来说，Saffran et al. (1996) 指出，即使只是听到了非常简短的零星话语，8个月大的婴儿还是可以从其身边的听觉言语流中感知到不同的统计性模式。有人做了一个实验，即实验人员让一些婴儿去听两分钟长的一些临时生造三音节单词（nonce trisyllabic words）的录音，比如 bidaku, padoti, golabu, tupiro 等。重要的是，这个言语流没有为单词边界提供任何声学线索，因此，这些婴儿所听到的是否具有"单词属性或身份"（wordhood），其唯一的线索就是两个紧邻音节之间有没有过渡概率（transitional probabilities）：即音节 bi 后面总是接音节 da，但音节 ku 出现时，三次当中仅有一次后面接音节 pa。在随后的测试阶段，Saffran 等人让孩子们听一些他们以前听过的单词，同时听的还有另外一些生造词，这些词"违反"了孩子们先前听到的过渡概率，比如 pabiku（pa 后面应该跟 do，而不是 bi）。实验中，这些婴儿对上述那些"非单词"的单词表现出相对较大的兴趣，这可以从一次受控转头实验中的注视次数看出来。显然，这些孩子听到 pabiku 一词时很吃惊。这项发现告诉我们，婴儿对相邻语音的过渡概率进行了某种相当复杂的记录。具备了这样的知识以后，后面的单词学习阶段就容易多了，因此也就减少了提出那些与生俱来的、各种语言所独有的学习机制的必要性。与意图解读和模仿学习等能力不同的是，听觉言语流中的模式识别发生在绢毛猴身上的研究也有记载（Ramus et al., 2000），所以说，人类具有的这一项能力在进化上也是有前身的。

我们对本小节的讨论作个总结。语言习得的构式观是基于这样一个认识，即语言学习依赖于并且产生于多种跨域认知能力（domain-general cognitive abilities）间的互动。其中的一些能力，比如图式化和听觉模式识别，是各类非人类物种共有的；而其他各种能力，比如三方共同关注、意图解读和模仿学习，则明显是人类特有的。语言学习要想发生，上述所有这些能力都是必不可少的。在接下来的小节里，我们会更加详细地讨论语言学习的实际过程，我们会用一些儿童语言习得的个案研究为例来说明，这些儿童是把英语作为第一语言来习得的。

7.2 基于词条的语言学习的证据

语言习得研究领域中，在构式语法看来尤其感兴趣的那个部分就是 18 至 24 个月大的孩子的语言习得，这个年龄段的孩子开始说出多词句（multi-word utterances）。上文我们已经讨论过，此类话语出现在三方共同关注的框架内，孩子及其照管人共同关注某个物体或某一活动，因此，儿童早期使用的多词句有将照管人的注意力引向共同活动的某些方面的目的。例如，大家一起吃饭的时候，他们可能会说出下面的结构形式：

(3) more juice
　　 juice in there
　　 my noodles
　　 noodles hot

上述四例可以分析成所谓的"枢纽图式"(pivot schemas，译者注：也有译为"支点模式""支点基模""中枢图式"等)，这种图式代表的是儿童开始能产地产出语言的时候已经掌握的那些简单但也复杂的构式。枢纽图式包含一个固定的、恒常不变的部分以及一个开放的空槽，不同的成分都可以填充进去。比如"my noodles"一句中，成分 my 是枢纽，而成分 noodles 填充了该空槽，同时在其他场合中，这个空槽又可以被其他成分填充，这些成分通常是指孩子认为是自己所拥有的那些东西，比如 my shoe, my doll, my key 等等。因此，枢纽图式代表了各种语言概括化形式，而且有证据表明，18 至 24 个月大的孩子能够跨多个枢纽图式对语言进行概括化。比如，Tomasello et al.（1997）让孩子们在不同的语境中接触一些新造名词，比如"Look! The wug!"，孩子们就会不由自主地在其他好几个枢纽图式中重复使用这些生词，例如"Wug did it"或"I see wug"等等。因此，我们可以看到，成年人的名词句法范畴从连续不断的概括操作中显现出来，这些概括都是在很多非常简单的构式基础上总结出来的，而这些构式最开始都有很严格的词汇使用限制。Tomasello et al.（1997）又进一步发现，要在多个枢纽图式基础上进行概括的时候，成年人的动词句法范畴（给孩子们）造成了更大的困难。孩子们遇到新造动词的时候，比如"Look what Ernie's doing to Big Bird! It's called meeking"一句，在孩子们活跃的构式库中有一些枢纽图式，但他们并没有在这些图式中重新使用 meeking 这个词，因此一些理应得到的回应就没有说出来，例如"Ernie meeking"或者"I'm meeking Big Bird"等等。为什么我们在描写成人句法的时候所称的名词和动词等语言成分，在儿童语言中的结构组织方式有如此大的差异？Tomasello（1992）对此问题提出了自己的解释，他称之为"动词孤岛假设"(verb island hypothesis)。该假设认为，早期语言习得中的动词会形成各种组织孤岛（islands of organization），因此每个动词的使用都仅限于一个简单的论元结构模式（详参第 3 章关于动词论元结构的讨论）。Tomasello 的这个假设是基于对某一个孩子的长期跟踪个案研究所取得的资料数据，这些资料数据显示，尽管这个孩子已经掌握了涉及动词成分使用的多个枢纽图式，他还是倾向于造出动词和论元结构模式一一映射的句子，而这些模式只有在逐步扩展延伸之后才能允许适用于同一动词的多个论元结构模式（出现）。Tomasello 的各项发现所具有的普遍性已被其他很多研究所证实（Lieven et al., 1997）。动词孤岛假设给我们的启示是，儿童对枢纽图式中的名词空槽作出归纳概括要相对容易一些，比如 there is X, my X, more X, X in there 等等；但对枢纽图式作出归纳概括就要相对困难一些，比如 I'm X-ing, don't X me, I X-ed it 等等。而且，某些论元结构模式中的动词限制表明，幼童并不能作出如主语和直接宾语等这样抽象的概括，其实，他们是依靠那些更为具体直观的角色来运用语言的，比如，动词 sit 的有关角色就是 sitter（坐的人）和 thing to sit on（坐的东西）。

　　当然，孩子们最后还是意识到了，动词可以用于数个不同的论元结构模式。Brooks & Tomasello（1999）做过一项实验来研究这一过程，他们教一群 2 至 4 岁的孩子使用被动构式。在自然条件下，对一个学语言的孩子来说，被动构式进入他的构式库是比较晚的，4 岁之前的孩子极少能说出带 by 短语的完整的被动句；短一点的形式，像"The bunny got caught"，的确出现得早一些，但也很罕见。被动构式对于语言习得的构式语法和基于词条的观点来说，是一个很有趣的测试用例，因为语言知识的构式观和语法加词典观对儿童的语言习得模式作出了不同的判断。具体说来，如果关于被动构式的知识被视为一条语法规则，那么，儿童一听到某动词用于被动句时，他就应该知道这个动词也能用在主动句中。举例来说，若儿童听到"Look! Big Bird is getting zibbed by Ernie"一句，他就会认为英语中说"Ernie zibbs Big Bird"是可能的。为了验证这个假设，Brooks & Tomasello 让一些儿童置身于不同场景中：实验者做了一些及物性动作，描述为

meeking 动作和 tamming 动作。在 meeking 动作中，一个木偶用一根绳子把一个玩具拉上坡道；在 tamming 动作中，另一个木偶在一条悬空的绳子上摇荡，把一个玩具从它所在的底座上敲掉了。根据所接触到的对上述动作的不同的语言描述，这些儿童被分成了两组。第一组听到的语言描述全部都是例示主动构式的，第二组听到的都是被动构式句。下面各例句都是实验人员表达出来的描述句：

(4) 主动式训练

  Look, Big Bird is going to meek something.
  Big Bird is going to meek the car!
  Who's going to meek the car?
  Did you see who meeked the car?

  被动式训练
  Look, the car is going to get meeked!
  The car is going to get meeked by Big Bird.
  Yes, the car is getting meeked by Big Bird.
  What's going to get meeked?

接下来的测试阶段中，实验人员设置了三种不同的问题让被试儿童对同样的动作行为进行描述。在中立条件下，实验人员只是简单地问了一个问题，即"What happened?"。但如果关注对象是受事，被问及的成分就是 meeking 或 tamming 动作行为的经历者（undergoer，译者注：在语义角色意义方面，常译作"经事"），这样就可能问"what happened to the banana?"一类的问题。最后，如果关注对象是施事，那就会问"what did the fraggle do?"一类的问题，这些问题关注的是主动实施 meeking 或 tamming 动作行为的参与者角色。设计出这些不同的问题，其目的是为了让被试说出的答案对应于不同的构式。从信息包装（详参第 5 章的有关讨论）的角度看，同与施事为中心的问题最匹配的（回答）就是主动构式。因此，假如置身于一个要求用主动句来作答的语篇情景中，接受过被动句训练的儿童也会说出主动句形式的回答吗？Brooks & Tomasello（1999：34）的报告结果是，接受过被动句训练的儿童，只有一部分人将动词 meeking 和 tamming 概括为主动构式（用法）。在一组年龄约为三岁半的被试儿童中，大约有一半的人用主动句回答，年龄更小的约两岁半的孩子中，则只有 15% 的人说出主动句。因此，这些实验结果的显著意义是，不能从（被试）有或者没有语法规则的知识来解释它们。接受测试的儿童都已经对主动构式有了熟练的掌握，同时在被动构式的使用方面也接受了训练。但是，很多孩子并未从被动构式中归纳概括出主动构式。可以预见的是，相反条件下的实验结果其反差甚至会更大。在绝大多数情况下，儿童如果学到一个新动词用于主动构式里，那无论是问什么类型的问题，他们都只在主动构式中再次使用这个动词。因此，这项研究说明，儿童对动词的使用具有保守性，即使是在语言学习的高级阶段；此外，研究也显示，从一个构式到另一个构式的概括化过程具有很多不对称性。具体来说，从被动构式到主动构式的概括化，相比反向的概括化，在认知上更容易一些。当然，这反映出主动构式更为基础，也反映出其类频率值（type frequency）更高，也就是说，儿童遇到的用于主动构式的各种动词的范围要更广泛。

证明基于词条的语言学习的更多证据来自 Elena Lieven 等人的一系列研究，他们对儿童话语的创造力（creative）和独创性（original）水平进行了调查。我们回想一下，有人认为，儿童使用语言具有创造性；这作为一条主要论据支持如下主张，即儿童获得的是具有能产性的各种句法规则。由此进一步延伸，有人主张，作为主要论据，它也同样支持如下主张，即儿童肯定是先天就具备了内在的、关于某种具体的语言的知识，于是他们自然就能获得上述那些抽象的句法规则。为了对儿童语言的创造力进行评估，Lieven et al.（2003：336）对一组语言数据进行了跟踪调查，这组数据是对一个 2 岁大儿童的语言使用所做的录音，录音间隔时段很短，每天 1 个小时，每周 5 天，录音持续了 6 周。在最近的录音时间段内，这个孩子说出的全部多词句共计 295 个，研究者对这些句子都进行了确认，并且认定这些句子代表了这个孩子的语言能力。对所搜集的每一句话语，Lieven 等人都进行了分析，看它是不是根据某条句法规则新近独创出来的（newly and originally constructed），或者先前的录音中是否含有各种"前身"，也就是那些与之完全相同或者稍有不同的话语。通过对这个孩子所说话语的穷尽性分析，Lieven 等人就能搞清楚，儿童语言产出到底有多少创造性。有了这种类型的研究设计和架构，你认为会有哪些结果？猜一猜有创造性的儿童话语所占的百分比，然后把该数字写在一张纸上，或者，就写在本书这一页的边缘空白处，以备后用。Lieven 等人还在这个孩子及其照管人的话语语料库中找寻之前说过的有关话语，从而区分出了这个孩子所说话语的一些前身。如果先前说过的某个话语同目标话语有相同的连续语素序列，那它就可以算作是一句"前身"。对每一个"前身"话语，研究者都要确定它同目标话语之间在语素替换、语素添加、语素脱落、语素插入和语素重置等方面是否有差异，如以下各例所示：

(5)　　变化类型　　　　　　目标话语　　　　前身话语
　　　替换（substitution）　I got the butter　I got the door
　　　添加（add-on）　　　Let's move it　　Let's move it
　　　　　　　　　　　　　around
　　　脱落（drop）　　　　And horse　　　 And a horse
　　　插入（insertion）　　 finished with　　finished your
　　　　　　　　　　　　　your book?　　　book?
　　　重置（rearrangement）Away it goes　　It goes away

而对每一个目标话语，研究者都要确定，如例（5）中所示各种变化方面，它必须要分几步才能和它的前身话语关联起来。对 63% 的目标话语（n=186）而言，这都是没有必要的，因为这些话之前都用完全相同的方式说过。这个孩子的话语里只有 109 句是新造的，其中有 81 句在单个语素上和之前的话语各不相同，而语素替换是最常见的情形。只有 6 句话，即整个语言产出量的 2%，要求在目标话语和前身话语之间分三步以上才能关联起来。下面表 7.1（改编自 Lieven et al., 2003：334，表 2）对上述发现作了视觉化展示：

图 1 关联目标话语和前身话语所需的运作步骤

请注意,要求进行两步或两步以上变化的那些话语包含这样一些用例,即目标话语和前身话语在某个单一成分的单词长度上是有区别的。比方说,要从"Girl's playing falling down"一句到说出"Girl's not playing tennis here"一句,需要三步变化:第一步是要插入 not,第二步是要添加 here,第三步是用 tennis 替换 falling down。从研究的量性结果中得出的基本结论就是,这个孩子的语言产出中,原创新颖的东西是相当少的。在目标话语和前身话语之间只涉及到一个变化的所有话语当中,规模最大的那个部分都牵扯到替换操作,这一现象同前述枢纽图式的主张相符,此类图式包含一个固定成分和一个空槽。尽管 Lieven 等人的研究结果只反映了一个孩子的特点,但其他许多后续研究的发现都与之高度一致。例如,Dąbrowska & Lieven(2005)对两个孩子(分别为 2 岁和 3 岁)各自对英语特殊疑问句(WH-QUESTIONS)的习得进行了研究。同样地,研究数据还是来源于一段密集的录音资料,实验人员从其中的最后一段录音中搜寻出目标话语,然后将其与之前的各段录音中的前身话语关联起来。与之前有关讨论一致的是,很多目标话语问句都只是儿童之前听到或者说过的问句的重复。最为新颖的那些问句都可以衍生自各自的前身话语,而其中只需要做一次变动(2005:451),这样所形成的分布和表 7.1 显示的分布近似。同样地,使用最频繁的变换手段还是替换,最典型的就是用一个名词性成分替换另一个名词性成分(2005:452)。或许可以想见的是,年龄因素会产生影响;对这两个孩子来说,2 岁的孩子较之 3 岁的孩子说出创造性问句的比例要少。这会不会就是句法性的、基于规则的创造力的肇始状态?Dąbrowska & Lieven 分析了排斥从前身话语的角度予以解释的那些问句,得出了非常不同的结论。试看下面一些问句,它们都是没有找到合适前身话语的句子（2005：454）：

(6) Do you want to football?
　　Which ones go by here?
　　What's called the newsagent man?
　　Where is Deepa come with you?

Dąbrowska & Lieven 注意到，大多数非派生性目标话语问题句都不符合成人话语表达习惯。有一点是足够明显的，就是儿童在说出上述问句的时候，会根据自己的英语知识来作推断，在这个过程中，他们会尝试着说出一些新东西。但是，他们说出的那些问句表明，他们实际上并没有掌握能用以造出可能符合语法规范的英语特殊疑问句的规则。相反，这些问句用例反映出儿童用他们之前听到的点点滴滴的语言来"胡乱修修补补"（tinkering）的过程，这些点点滴滴被组合在一起，差不多也说得过去，但也不算很正确。这里的一条底线就是，当儿童创造性地使用语言的时候，他们所用的那些方式根本就不是语言知识的语法加词典观所能预见到的。

7.3　从基于词条的图式到构式

儿童是如何从各种枢纽结构和动词孤岛走向我们在本书第 3 章中所讨论的各种抽象的论元结构构式的呢？一个必要的先决条件就是，儿童有对动词进行概括的能力，大多数说英语的孩子在 3 岁之前就逐步具备这个能力了。儿童在一个构式语境中对某个动词有一次接触之后，他就会在其他的构式语境中用到该动词，这一特征可见于 Brooks & Tomasello 关于被动构式的研究。要研究儿童能产地使用各种构式的初始能力，一个有益的研究办法，就是考察他们对新造动词（如 meeking，tamming 等）和新造构式的使用情况，新造构式是指一般英语中不存在的、因此孩子也就不知道的那些词序模式。通过运用这种方法，Akhtar（1999）让一组 2 岁 8 个月至 4 岁 4 个月大的孩子接触到含有新造动词的一些句子，这些句子有 3 种不同的词序排列方式，如以下各例所示：

(7) Elmo dacking the car. （主语—动词—宾语）
　　Elmo the car gopping. （主语—宾语—动词）
　　Tamming Elmo the car. （动词—主语—宾语）

上述各句都是对及物性动作的描述：动词 dacking 描述的是把玩具敲下坡道，gopping 描述的情形是玩具从平台上猛力投射出去，tamming 是指把玩具放在某平面上。所有的被试儿童都接触到了全部这三种不同的词序。展示完之后，实验人员让这些孩子重新实施这些动作，然后再用语言表达他们所做的行为。实验人员将儿童含有新造动词的那些句子记录下来，然后结合儿童使用过的词序进行分析。Akhtar 的研究发现，不论年龄大小，对于那些以 SVO 语序呈现出来的动词（如"Elmo dacking the car"），所有的儿童都能用同样的语序准确地重述出来，而对另外两种词序中出现的那些动词，年龄因素产生影响：4 岁大的孩子大多都把语序"纠正"成了 SVO，但 2 岁和 3 岁的孩子相比之下就显得更为保守。在大约一半的试测中，他们把新造动词用在他们以前听过的 SOV 和 VSO 语序中，而在另一半试测句中，他们使用了 SVO 语序（详参 Akhtar, 1999：346）。这一研究发现表明，即使是 2 岁大的儿童也已经形成了单及物构式的基本概念，该构式同枢纽构式和动词孤岛一道供儿童选择使用。但儿童在所听到的句法模式和常见的 SVO 语序模式之间摇摆不定，这说明他们心中有一种矛盾：是该选择已经验证的、基于词条的结构形式，还是选择尚处于萌芽状态的概括形式？而在 Akhtar 研究中那些 4 岁大的孩子们，他们的构式性概括形式的固化（entrenched）程度已经相当高，因此他们可以在该构式中使用他们刚刚在其他句法语境中听到过的一些单及物动词。因此，随着时间的推移，单及物构式形成了更强的心理表征。研究的另一个发现也很重要。在三组不同年龄段的被试儿童当中，很多孩子的话语表现出（言者）语内变异（intra-speaker variation），因此在有些场合中，他们会说出一些不常见的词序模式，而在其他一些场合中又会转向 SVO 语序（1999：349）。这个观察结果同语言知识的语法加词典观的那些预测相抵牾。根据这一派的观点，词序应该是作为一条语法规则习得的，随后，该规则适用于所有的情形。所以说，Akhtar 的各项发现是把儿童对构式性概括形式的学习描绘成一个循序渐进、基于词条的持续过程，这代表了早期语言习得的特点。

  Casenhiser & Goldberg（2005）的研究充分证明，甚至论元结构构式的出现也都是从基于词条的各种结构中所作概括的结果，（因为）这些基于词条的结构会变得越来越抽象。他们指出，幼童经常听到的很多构式，就用于其中的动词而言，都表现出偏态分布（skewed distribution）。有些构式，例如双及物构式、目标指向位移构式（GOAL-DIRECTED MOTION construction）和致使位移构式（CAUSED MOTION construction）等，都会使用一个高频动词，该动词代表了构式意义的核心部分。例如：

(8) 构式类型   最常用动词   用例
   双及物构式   give   I give you the ball.
   目标指向位移构式 go   That goes in the box.
   致使位移构式 put   I put it here.

  Casenhiser & Goldberg 的研究思想可以称为"偏态频率假设"（skewed frequency hypothesis）。该假设的主旨要义可以归结为这样一种主张，即动词的偏态分布是构式的一个区别性特征，其中，偏态分布的重心体现为一个高频使用的动词，而这种分布有助于儿童习得这些构式的形式和意义。Casenhiser & Goldberg 采用了 Akhtar（1999）所用的研究方法，为其研究专门设计了一些新造动词和一个新造构式，并把它们放在句子当中，比如"The rabbit the hat moopoed"。实验人员将诸如此类的实验用测试句（stimuli sentences）呈现给一群 5 到 7 岁大的孩子，呈现方式则是对一小段视频剪辑的声音描述，视频内容则是一些玩具出现于某处。读者你或许会想到，在播放"The rabbit the hat moopoed"一句时，视频里是一只兔子从一顶帽子里跳出来，另一句"The monster the cloth keeboed"对应的，则是一个玩偶怪兽从一张毯子底下钻出来。句子呈现完成之后，孩子们要完成的任务就是做连线题，即将先前没有听过的句子，比如"The sailor the pond meeboes"，与两段同时播放"水手"和"池塘"的录像中的一个连在一起。这两段录像中,一个显示的是水手出现了,另一个显示的是水手持续地穿过池塘。如果孩子们选择的是水手出现的场景,那就算作正确的连线搭配。Casenhiser & Goldberg 并没有对不同年龄的孩子进行比较,而是把参加实验的儿童分成了两组,将他们分别随机地编进这两组,第一组接触到的实验用句有偏态动词分布,而另外一组听到的实验用句中,不同动词类型出现的频率有更高的均衡性。两组儿童听到的动词如下:

(9) 偏态型:4×moopo,1×vako,1×suto,1×keebo,1×fego
均衡型:2×moopo,2×vako,2×suto,1×keebo,1×fego

还有一个第三组充任控制组角色,他们只是观看无声录像。Casenhiser & Goldberg 发现,实验测试后,这三组儿童完成连线任务的结果都不同。可想而知的是,控制组的表现完全靠运气,均衡频率组表现得好一些,偏态频率组取得了最好的成绩,这就给偏态频率假设提供了支撑证据。这个研究结果与以下观点一致,即语言学习涉及各种认知机制,这些机制并非内在地为语言所特有。Casenhiser & Goldberg(2005:506)对一些心理学研究进行过述评,这些研究表明,频繁接触不同范畴的核心和原型成员一般都会促进学习者的范畴学习。

7.4 对复杂句的习得

成人的句法,不论是书面语言形式还是口头语言形式,有使用复杂构式的特点,复杂构式涉及到多个小句结构的结合。Diessel(2013:361)区分了复杂构式的三种主要类型,如下所示:

(10) 构式类型 用例
  补语小句   I think it's in here.
  关系分句   This is the pig that ran away.
  状语小句   We can play if you want.

儿童语言习得过程中,这三种构式出现的方式都不同。Diessel & Tomasello(2011)对年龄在 1 到 5 岁之间、说英语的孩子话语中的第一个类型亦即补语小句的发展过程进行了研究。尽管成年人的补语小句构式会表现出层级结构，例如"I believe John to be innocent"一句中，有一个处于上位的主句"I believe"以及一个从属的补语小句"John to be innocent"，但儿童早期语言中的补语小句是否也是以与之相同的方式构建起来，这一点仍是存疑的，比如"I think Daddy's sleeping""See if Mommy's there"等等。其实，Diessel & Tomasello 的观点是，像"I think"和"See if"这样的词串应被视为枢纽图式中的固定部分，而这些枢纽图式的空槽部分又容纳一个小句结构（如"I think _____""See if _____"）。支持这一主张的证据来自一些跟踪调查语料库数据（longitudinal corpus data），这些数据是7个儿童的语言产出代表样本。数据显示，儿童最早使用的补语小句仅限于几个动词（如 see，think，want，等等），而且通常使用第一人称单数代词 I。带补语的枢纽图式或充任认知标记语（epistemic marker，如 I think，I guess），或充任情态标记语（modal markers，如 I wish，I hope），或者是指令语（directives，如 want，see，look，remember），因此，这些补语小句构式都是以儿童经常经历的交际情景为基础的。随着时间的推移，儿童说出的带补语的结构形式从枢纽图式的程式化成分（formulaic parts）演变为成熟完整的各种主句（fully fledged matrix clauses），而这正是成人句法所具有的特点。因此，像"I know this piece go"这样的句子就会逐渐让位于"This airplane doesn't know where it's going"这样的句子。与前句相比，后句的主语是一个完整的名词短语，它还包含一个否定标记，而且补语小句中还有代词回指主句中的主语。这就清楚地表明，在层级上该小句从属于该主句。因此，总的来说，儿童对补语小句构式的习得和基于词条的学习过程非常相似，而该过程对儿童习得论元结构构式又发挥着作用。

我们在第3章讨论过关系分句。关系分句都是"填充物—空位"结构（FILLER-GAP constructions），包含一个出现在非典型位置上的动词性论元。比如，在"Bob didn't eat the sandwich"一句中，直接宾语紧跟在动词之后，但在"That's the sandwich that Bob didn't eat"这个关系分句构式句中，直接宾语却是位于动之前,所以说,名词短语 the sandwich,亦即"填充物",就出现在了非论元的位置上。由于动词 eat 之后(的位置)没有跟任何语言成分,我们就把该位置称为"空位"。一般认为,儿童在习得关系分句时所面临的最大障碍,就是搞清楚"填充物"和"空位"之间的关系。心理语言学研究中与此相关的一个根本发现,就是观察到有些关系分句比另外一些关系分句更难理解。我们来看看下面的例子,其中,填充物的典型论元位置用添加了与填充物相同下标的空白横线表示:

(11) The detective$_i$ who _____ $_i$ observed John was clever.
The detective$_i$ who John observed _____ $_i$ was clever.
Give me the ball$_i$ that _____ $_i$ hit the girl.
Give me the ball$_i$ that the girl threw _____ $_i$.

诸如上述用例的自拟句子都用完全意义上的词汇性短语表达出了所有的主要成分,当人们听到此类句子的时候,一个明显的特征出现了(详参 Wanner & Maratsos, 1978,等等)。这四句当中,人们发现第一句最容易理解。第一个例句称作"主语关系分句"(SUBJECT RELATIVE CLAUSE),因为空位处代表的是关系分句的主语成分,亦即"侦探"(detective)实施了"侦查/监视"(observing)行为。与之相比较,第二个例句中,空位处代表的是宾语成分,变成了"侦探"被别人"侦查/监视",所以该结构称为"宾语关系分句"。关系分句中,主语和宾语的角色都独立于主句中相同指称对象(referent)的角色,这一点可以从第三和第四个例句中看出来。那么,为什么宾语关系分句更难理解呢?现有的一个解释与填充物和空位之间的相对距离远近有关。在例句(1)和(3)中,这个距离要比例句(2)和(4)的要短不少。填充物和空位之间的距离越远,听者在其工作记忆(working memory)中保留填充物的时间就越长,直到其句法角色变得清晰明了。这一项认知负担对儿童来说显得过重了,这就可以解释为什么儿童首先习得的关系分句都是主语关系分句。然而,用填充物和空位之间的距离远近或许也不能解释所有的问题。儿童早期所习得的关系分句中也还包含了宾语关系分句,例如:

(12) That's the yoghurt$_i$ that I want ___$_i$.（那就是我想要的酸奶。）

What's that$_i$ you have ___$_i$?（你手上拿的是什么？）

Diessel & Tomasello (2005) 指出，有关关系分句理解的大多数心理语言学研究中所采用的那些自拟例句，同儿童所听到和所说过的真实的关系分句是大不一样的，比如"The senator that the reporter attacked responded immediately"一句在书面英语中是符合语法规范的，但离开了语言研究实验室，人们实际上不大可能看到这样的句子。因此，Diessel & Tomasello 所质疑的是，基于自拟例句的研究是否能准确反映一般人（包括幼童）是如何理解关系分句的呢？实验任务应该真实反映自然状态下出现的行为，对于这个理念，有一个术语，叫作"生态效度"（ecological validity）。语言习得的构式观对儿童早期关系分句的习得作出了大不相同的预测。对于儿童经常听到和用到的关系分句，他们的习得应该困难最小。儿童的语言输入里包含大量的主语关系分句，但同样也包含大量的"展示类宾语关系分句"（PRESENTATIONAL OBJECT RELATIVE CLAUSE constructions），比如"That's the one I want"和"Here's the block I was looking for"等。对于后者的习得，重使用频率的解释方案认为几乎没有什么困难，但强调填充物和空位之间的距离的解释方案则认为难度会非常大。为了验证这两种解释方案的有效性，Diessel & Tomasello (2005) 向一群4岁大的孩子展示了不同类型的关系分句结构形式，如下所示：

(13) 结构类型   例句

主语关系分句   There's the boy who played in the garden.

施事关系分句   There's the farmer who saw Peter.

受事关系分句   That's the girl who the boy teased.

间接宾语关系分句   There's the girl that he borrowed a ball from.

| 旁格关系分句 | That's the car that Peter ran away from. |
| 属格关系分句 | That's the boy whose cat ran away. |

孩子们接下来要完成的任务很简单，就是向实验人员重复他们刚刚听到的话。如果孩子们能准确无误地重复自己所听到的话，测试就算正确。如果重述时出现词语使用错误，比如说成了 man 而不是 farmer，测试就算一半正确。Diessel & Tomasello 所发现的是，儿童在重述主语关系分句时的表现要比重述施事关系分句时的表现好一些（2005：888）。这就与前述基于距离的那个假设不符，因为这两个结构中（填充物和空位之间）的距离是一样的。此外，他们还发现，被试儿童在重述受事关系分句和间接宾语关系分句时没有差异，这又与该距离假设不符，因为后一种结构类型中（填充物和空位之间）的距离要远一些。最后，他们还发现，被试儿童几乎清一色地都不能说出属格关系分句，尽管其填充物和空位之间的距离很短。对儿童错误的分析表明，典型的错误类型就是偏向使用主语关系分句，例如，儿童一听到"There is the horse that the little cat jumped on yesterday"一句时，有的人就会说出"There is the horse that jumped on the cat yesterday"这样的句子，即他们宁可语义上说不通，但还是喜欢用自己熟悉的结构。总之，尽管 Diessel & Tomasello 的研究发现中有一部分和前述基于距离的那个假设相符，但仍有证据表明，在儿童语言学习过程中，构式的使用频率发挥了决定性的作用。对于经常听到的那些句法结构，儿童在重述的时候正确率更高。

本小节要讨论的复杂句的最后一个类型就是状语小句。在成人句法里，状语小句可能代表了典型的从属小句类型，它通过一个从属连词和一个完整的主句相连，比如 because，if，while 等等。要想搞清楚儿童是如何习得此类结构的，我们就必须接受这样的观点，即儿童是在有关口语用例基础上学习此类结构的，而不是依靠那些精心编制、书面语形式的例句，而且主要就是这些口语形式的用例让我们形成了对从属小句的概念。Diessel（2004：160）指出，儿童最开始使用像 because 这样的连词的时候，其目的并不是要将从句和主句连接起来，实际上，儿童早期使用了 because 的话语都是用来回答问句的、独立自足的应答句（autonomous, stand-alone answers）。例如下面的各句：

(14) adult：Why should they come from Africa?
child：Because they live in Africa.

(15) child：You can't have this.
adult：Why?
child：Cause I'm using it.

Diessel 研究了 2 至 5 岁大的 5 个孩子是如何使用像 and, because, but 和 so 这样的连词的，结果发现，这些孩子的情况一致，连词的未绑定用法（unbound use，译者注：即连词同主句的绑定或曰同现）都先于绑定用法出现，并且在数量上也都超过绑定用法（2004：160ff）。把主句和状语小句结合在一起，对幼童来说都是一个巨大挑战，这种挑战一直延续到儿童期。随着儿童规划组织双小句话语的能力不断提高，主句和状语小句结合在一起的形式才开始表达出来，但即使是 6 到 7 岁大的孩子，在碰到像"The boy jumped the fence before he patted the dog"（那男孩儿先跳过了篱笆，然后在那条狗身上拍了拍）这样的句子的时候，也会表现出理解上的各种困难（Bowerman, 1979）。所以说，有关状语小句习得方面的研究发现与本章节之前讨论和阐释的很多观点是相呼应的。尤其值得一提的是，研究发现，儿童最开始说出的状语小句并非句法意义上的从属小句，这就会让人（有理由）质疑下面的观点，即儿童习得的可能是一种新的句法规则，有了这条规则，儿童就能造出各种复杂句了。

7.5　总结语

任何一个语言知识理论都会对儿童如何习得该知识作出预测。本章阐明，构式语法所作出的此类预测在很多方面都区别于之前的很多理论，这些理论更多的都是坚持一种传统，即将语言知识分割为由语法规则组成的一个系统和包含了单词和习语的一个心理词库。照这样的观点来看，如果儿童不依靠某种与生俱来的知识（做后盾），那么语言学习的任务似乎就会非常困难，几乎不可能。那么，儿童是如何仅仅依靠零碎嘈杂的语言输入就能搞懂那些抽象复杂的句法关系的呢？语言习得的构式观认为，问题不该这样问。具体说来，这个问题问得不对，因为其赖以存在的核心假设亦即连续性假说是站不住脚的。连续性假说认为，儿童的语言和成人的语言在心理上都表征为同样的句法规则和范畴。然而，儿童实际上不需要去搞清楚那些抽象复杂的句法关系，他们需要搞清楚的只是他们的照管人和同龄人在发出语音的时候脑子里想的是什么。实证数据表明，儿童语言的习得是以词条为基础进行的，他们是一点一点地学，并对处于合适位置上的一点一点的语言材料逐步作出归纳概括。据此，语言习得依赖于众多的社会-认知技能，包括形成三方共同关注的能力、意图解读能力、形成图式的能力、模仿和模式识别的能力。上述能力中，有一些是人类和几种非人类物种共有的，另外一些则似乎是人类特有的，特别是维持更长时间三方共同关注的能力。早期语言习得过程中基于词条学习的性质，其特点表现为：儿童形成所谓的枢纽图式，这些图式可被视为迷你构式，它包含了一个固定的枢纽成分和另一个开放的槽，儿童可以往这个开放槽内插入不同的语言成分。最初，这些枢纽图式之间的相互关联很微弱，或者几乎无关联，这一点在动词孤岛假设中已有交待。但随着儿童语言经历的逐渐丰富，他们在各种枢纽图式的基础上作出了各种概括，最终使得他们具有了类似成人的句法能力。本章还对一些证据进行了述评，这些证据让人们（有充分的理由去）质疑这样一种观点，即儿童的语言生成具有过高的创造性，因此（他们）不能仅从语言输入中习得语言。对儿童语言产出进行的跟踪调查研究有了证据确凿的发现，即儿童对语言使用的尝试行为很谨慎，而且，如果他们确有此类尝试行为，其生成的语言往往会偏离成人语言的习惯性用法。这个发现也让人怀疑这样一种猜想，即儿童习得了各种句法规则，因此就可以创造性地使用语言（use language productively，译者注：亦即可以说出无限的话语来）。其实，儿童在习得枢纽图式时采用的基于词条的策略似乎一直在使用，并延伸到他们学习更为抽象的构式过程中，例如各种论元结构构式甚至是各种复杂小句构式。

本章还对另外一些证据进行了述评，这些证据表明，儿童对单及物构式等各种抽象构式的习得会逐步得到强化；此外，本章还对偏态频率假设进行了解释，该假设认为，构式中动词的各种分布模式是提升可学性（learnability）的一个区别性特征。本章最后一个小节关乎复杂句，我们讨论了儿童习得补语小句、关系分句和状语小句的方式。考察这些内容的很多研究都发现，语言输入中各结构出现的频率，是指示儿童早期使用这些结构形式的水平高低的重要预测标杆。此外，研究还发现，儿童使用状语小句时，是先把它当作独立话语来使用的，之后才将它们融进各种复杂句子构式中。

思考题

1. 什么是"过度法则化错误"？为什么此类错误值得研究？
2. 连续性假说是什么？
3. 解释一下刺激贫乏论的观点和理据。
4. 为什么说具备进行共同关注的能力对单词学习很重要？
5. Michael Tomasello 在语言习得和灵长类动物认知研究方面同样都闻名遐迩。读一篇他关于非人类行为研究的文章（如合作、手势、蒙骗等行为），看一看其研究结果对这些行为同人类的各种认知技能之间的差异是如何表述的（例如，Hare & Tomasello, 2005）就是一篇研究狗的认知能力的很有价值的论文）。
6. 什么是枢纽图式？请举例说明。
7. CHILDES 数据库是一个大规模语料库，本章所述的很多研究中所用的儿童语言转写材料，该语料库都有收录。上网找到这个数据库，下载一批文件，熟悉一下这些数据的格式。
8. 动词孤岛假设是什么？
9. 偏态频率假设是什么？
10. 解释一下重距离的解释方案对儿童关系分句的习得所作的预测与重频率的解释方案有哪些不同。

延伸阅读

对构式语法视角的语言习得研究领域进行的最权威且可读性很高的引介性文献是 Tomasello（2003），他的另外两篇篇幅较短的文章，即 Tomasello（2000a，2000b），也是很好的启蒙读物。《构式语法手册》(*Handbook of Construction Grammar*，2013) 一书中 Diessel 所撰写的那一章也是一个简要的概览，它对构式语法视角的语言习得研究中最重要的一些思想观点进行了归纳。Ambridge & Lieven（2011）是非常值得推荐的一本书，书里对构式语法进行了非常全面的描述，并对构式语法的研究路子和其他的研究路子特别是生成语法进行了对比。要想对第一语言习得研究的各种实践有更加全面和充分的认识，读者去读一点实验研究和基于语料库研究方面的文献资料是很有裨益的，比如本章所述评的那些文献。其中，有些论文讨论了非常重要的一些问题，表达清晰，适合学生阅读，例如 Brandt et al.（2009）、Dąbrowska et al.（2009）、Lieven et al.（2009）和 Wonnacott et al.（2012）。

8 语言变异和演变[①]

8.1 关于语言的诸多认识误区

很有可能，你中小学课堂上所学的课程当中都有语法课，语法课也是几乎所有学生都不喜欢的一门课。你可以找几个现在没学语言学的朋友问一问，看看他们是否还记得以前学过的语法知识，他们就会说两点：第一，学到的那些东西，他们已经全忘了；第二，（即使）不知道那些东西，他们的生活也过得相当成功。你的那些朋友对语法课上的好多细节都不记得了，比方说，限定性和非限定性关系分句的区别，以及如何通过使用逗号来标示这种区别，很有可能确实是那么回事儿。可是，尽管中小学课堂没有能向学生逐步灌输恒久不忘的语法知识，但他们在宣传有关语言的几个根本性错误理念方面却又是成功的。大部分学生都乐于接受这些理念并且铭记终生。这其中的一个理念就是，语法就是一套规则，它规定着语言使用中哪些是对的、哪些是错的。谁要是忘了这些规则，红色墨水的批语就来了。有人提出"语言变异是再正常不过的事情"，但此观点也备受质疑。如果有人问能不能说 the man whom I thanked 或者 the man that I thanked,

---

[①] 译者注：我们倾向于将 variation 理解为共时层面上的"变动/化和差异"，其中，"变动/化"倾向于作动词解，"差异"倾向于作名词解，这或许能反映 variation 一词语义和词类范畴方面所具有的名动兼类的特点。而将 change 理解为历时层面上的"演变"，这与历史语言学研究中常用的 evolution 的含义几乎等同。但在翻译此书时，译者对语言演变是否具有生物学意义上的进化论的色彩或曰是进步还是衰退的特点不持立场。

而你却指出来两者都行,你的那些非语言学专业的朋友就会认为,你的回答其实是废话,它无法掩饰你已经忘了相关语法规则的事实。

另一个强势、几乎为世人普遍接受的观点认为,现在的年轻人不知道如何用英语恰当地说话,更不用说去写了。人们都意识到,语言正在发生演变,大家也通常为之感到惊慌和忧虑。语言衰变观(perception of language decay)近来也常有发声。虽然我们过去曾经有莎士比亚的十四行诗,但是现在我们有了手机短信,其语言特征的缺失是显而易见的,比如 gr8 或者 ROFL 等词,完全没有标点符号或正确的拼写。如果你跟那些非语言学专业的人士说,恒变,正是一个活的语言所处的自然状态,而对语言衰变的所有那些担心最终都会证明是杞人忧天,尽管在每一个有文字记载的历史时期对这些担忧都有记载(详参 Deutscher,2005:第三章)。他们会跟你说,这次可不一样了,情况有变了。他们认为,过去几十年内的技术发展对我们交际方式的改变,相比以往曾经发生的一切,是最具根本性的。的确,也就仅仅一代人之前,如果每个人都能拥有一个手掌大小的设备,靠它就能和世界各地的人们进行口头和书面信息的即时交流,这样的期盼似乎显得有些超前和幻想。然而,人们还是有很多理由相信,这样的技术对语言变化的影响其实很小(Baron,2008)。前述"语法明确无误地规定着孰对孰错"的观点以及"语言当前正在经历衰变"的观点(即与事实存在根本对立的那些观点)都是关于语言的认识误区(language myths),但这些观点在大众讨论交流当中仍未受到质疑(详参 Bauer & Trudgill,1998)。来自于不同理论流派的语言学家们只在相对较少的一些问题上达成共识,但对于这样一个事实,即"变异和演变是语言最根本的两个方面,而且这两个方面相互关联,不可割裂",语言学界的每一个人都是认可的。本章就讨论在语言知识的构式语法模型中,语言变异和演变所扮演的角色。经过讨论,我们会发现,语言变异和演变在该模型中有其自然地位,而构式库的结构特点其实也预测到,应该从变异和演变的角度去刻画语言使用的特征。

为证明上述观点,本章将讨论下列问题:8.2 小节介绍语言变异的概念，即言语者可用不同方式表达同一思想内容这一理念。该小节讨论同一构式内变异的一些实例以及跨构式对（pairs of constructions）的一些变异实例。8.3 小节讨论不同人群之间的语言变异问题。显然，世界上不只是有"英式英语"，此外还有多种英语变体。人们会根据他们的居住地、周围的人以及他们融入其所在社区的社会秩序的方式，用不同的方式使用英语。这一部分我们将会探讨，对语言知识的构式语法观而言，言语者之间语言使用的可变性（inter-speaker variability）有哪些意义和启示。8.4 小节探讨语言演变在构式语法中所扮演的角色。该小节将勾勒出语言的历史演变同前面几个小节主要讨论的话题之间的关系，即言语者内部和言语者之间的语言使用可变性。8.5 小节则对本章作一总结。

8.2 构式性变异

8.2.1 有不止一个方式可以用

说一个构式内部有变化和差异是什么意思呢？用最简单的话来说，它的意思就是一个构式总会有一种以上的使用方式，比方说，讲英语的人说出某个词语构式的时候会有不同的发音方式，例如 secretary 一词，根据他们发这个单词的言语速度，其发音结果可能包含四个音节，如/ˈsɛ.krɪ.tə.rɪ/，或者可能只有三个音节，如/ˈsɛ.krɪ.trɪ/。除了在单词发音的量或者时长上有差异，当然还有质性特征方面的差异，因此，相同的音韵段是读出来了，但在质性特征方面发音方式却不同。举例来说，同一个人可能在某些场合中说/ˈsɛ.krɪ.tɛ.rɪ/，但在另外一些场合中会说/ˈsɛ.krɪ.tə.rɪ/，即最后那个音舌位更高，发成/i/。对同一个单词的不同发音方式反映了词汇性构式形式端上的变异。我们回顾一下，构式被界定为人们所作的一种概括（形式）：某种特定形式对应于某个特定意义。综合来看，上述这两端即构成了一个象征性单位（symbolic unit）。构式性变异所显示的是，此类概括形式并非如某个单一不变的形式向某个单一不变的意义所作的一对一的映射

(one-to-one mapping)那样简单化。相反，我们应该认为，一个构式的形式端和意义端（meaning pole）在数个不同的变体形式（variants）上携带一些信息，这种变体形式包括该构式的形式变体，也包括其意义变体。假如我知道 secretary 一词，那么关于该词的了解就包括如下事实：即该词可以有不同的发音，而且作为对意义端上的变异的一种反映，该词可用于表达不同的意义。除了可以表达"办公室工作助手"之意，该词根据具体语境的不同还能表达其他几种意义。比如，secretary of state 一词是指某高级政治职务（译者注：或称官员，即美国政府的国务卿，相当于其他国家政府的外交部长），而 a wooden secretary 是指某件家具①。因此，构式意义端上的变异和一形多义现象（polysemy）很容易产生纠结。基本的、各方都无争议的意见是，构式是"多对多"式的映射（many-to-many mappings），它们将一组相关的形式和一组相关的意义关联起来。读者可能觉得这个观点反映了一个基本的、几乎又是微不足道的事实：单词都和一系列不同的发音和一系列不同的意义关联着。这听起来似乎可信，但构式中的变异仅仅就是指这些吗？

本书前几章也都讨论过，构式从简单具体到复杂抽象，其涵括甚广，本章讨论的其余小节将关注的大部分内容，就是更为复杂的构式中的变异问题。例如，第3章已经指出"S-型属格构式"中所能见到的语义差异。下面例（1）中的各例再次表明，这个形态—句法构式编码进了几种不同类型的语义关系，这些类型都围绕着"领有"原型而组织在了一起（详参 Taylor, 1989）：

(1) John's book
John's office
John's train
the country's president
yesterday's sad events

---

① 译者注：即西方国家常见但类型不一的办公室文员、大型写字楼前厅、前室文秘或工作人员所使用的办公桌。有兴趣的读者可登陆因特网查询有关图片。

inflation's consequences

"S-型属格构式"可用于表达某人拥有某物，但以上各例却揭示出由该核心意义之外的诸多引申意义构成的一个网络。关于双及物构式（Goldberg，1995）和情态助动词构式（Sweetser，1990）的语义差异，也有人进行了类似的观察和发现。这些构式所表达的不同意义都通过隐喻和转喻而联系起来（详参第3.2.2小节），这与上例中 secretary 不同含义的关联方式相同。因此，词汇性构式和语法性构式在意义端的变异方面表现非常相似。但是，语法性构式中的形式变异又是怎样的呢？看起来，语法性构式的形式较之词汇性构式的形式，其变异更多。首先，像"S-型属格构式"这样的复杂构式可以同很多种单词共现，因此，它们的实际发音表现出巨大的差异。前述例（1）中各例在音韵端上的唯一共性就是，它们都包含一个齿龈摩擦音，扮演着属格-s的角色。除了共现词汇方面的差异，可以说"S-型属格构式"内部实际上并没有多少其他的变异形式：属格-s 只是连接了两个名词性成分。而我们也应承认，这两个名词性成分可以有不同的体现形式，比如前边可能是一个限定成分（如 the country's president）或者一个形容词（如 yesterday's sad events）。然而，考虑一下这种变异的限度也还是让人感兴趣的一件事情。例如，像"*John's it"这样的结构形式，其第二个名词性成分是一个代词，这就是不合语法规范的，同样，"*that's window"（意即 the window of that one）中的第一个名词性成分是一个指示代词，它也是不合法的。所以，即使是在"S-型属格构式"中，并非任何名词性成分都能用于其中，有些可以用，另外一些则不行。这种差异反映出人们的语言知识，也反映了构式语法研究者们理应努力去弄明白的语言知识。为了更为详细地说明抽象句法构式中的形式变异，接下来的小节会讨论关系分句的一些用例。

8.2.2 句法构式中的变异：关系分句用例

关系分句构式在本书第 3 章及第 6 章中已有简要介绍。关系分句例示了名词短语构式，属于"填充物—空位构式"家族（详参 Sag, 2010)。关系分句有多种结构变体形式, 如下面的例句所示：

(2) That's the cat that ran away.
That's the cat that I saw yesterday.
That's the cat that I told you about.
That's the cat I saw yesterday.
That's the solution suggested by our team of experts.
That's the proper thing to do.

以上各例即所谓展示类关系分句，它们出现在码化为"That's NP"的述谓性名词构式（PREDICATE NOMINAL construction）中。我们接下来要比较的构式类型都代表了这个述谓性名词构式中的NP（译者注：即名词短语，noun phrase）。以上各例我们可以从几个变量来作对比。所谓变量，即可以通过两种或两种以上不同的方式实现的那些特征。我们在接下来的几段中就来讨论三种变量。

就关系分句而言，尤其重要的一个变量与被关系分句化（relativised，译者注：为行文方便，后文也采用"关系化"的译名）的名词性成分的语法角色有关，该成分在关系分句中表现为空位（关于填充物和空位的讨论，请参第3章）。我们来看看上述前三个例句，即"the cat that ran away""the cat that I saw yesterday"和"the cat that I told you about"，请注意，在这三个关系分句中，被关系化的名词性成分 the cat 的语法角色都是不一样的。在第一句中，the cat 可理解为动词短语 ran away 的主语，在第二句中则被理解为动词 saw 的宾语。这就是在术语上区分主语关系分句和宾语关系分句的原因（Huddleston & Pullum, 2002: 1044）。第三句中，the cat 既不是关系分句的主语，也不是它的宾语。其实，作为被谈论的话题，它充任旁格成分（oblique），我们这里将旁格界定为由介词标记的宾语。含有此类关系化名词性成分的用例，我们称之为"旁格关系分句"（OBLIQUE RELATIVE CLAUSES）。除了有主语、宾语和旁格关系分句以外，还有其他一些能出现在空位位置上的语法角色类型，但是，仅以上述三种类型区分就已经足以说明该语法角色的变量特征了。

第二个变量是有无所谓的标句成分①（relativiser），标句成分是引导关系分句的成分，它以显性方式将该小句标记为关系分句。我们将上例中前三句和第四句作一比较就能发现，有些关系分句由一个标句成分来引导，这里就是关系代词 that，而其他的一些关系分句则没有标句成分来引导。尤其是宾语关系分句在这方面表现出差异：the cat that I saw 和 the cat I saw 都是合格的关系分句。相较之下，像"*that's the cat ran away"这样的主语关系分句在标准的英式英语或者美式英语中都不可接受。尽管如此，无标句成分的主语关系分句在英语的某些变体中却是完全可以接受的，如香港英语、纽芬兰英语（Kortmann & Lunkenheimer，2013）。英语各变体之间的有关区别会在本章的第 8.3 小节里进行更深入的讨论。现在，我们把讨论重点放在与某个单一言语者语言知识相关的语言使用可变性上，即所谓的言语者内部语言使用可变性（intra-speaker variability）。一个讲标准美式英语的人所说的宾语关系分句可能有标句成分，也可能没有标句成分，如果是前面那种情形，还有一个在类属标句成分（generic relativisers）that 与 which 以及关系代词 who，whom，whose 之间作选择的问题，这些词各自适合于被关系化成分的一些特定类型。

如果把前面四例同第五、六两例进行比较，那么第三个变量就显而易见了。尽管之前的那些用例显示出关系分句中都有定式的（finite）、完全屈折变化的动词形式（如 the cat that *ran away*），但最后两个用例中的动词都是非定式的（non-finite），即第五句中是过去分词形式（the solution *suggested* by our team），第六句中是不定式形式（the thing *to do*）。请注意，限定性（finiteness）同标句成分的有无成共变关系：非定式的关系分句不允许使用标句成分（例如，"*the solution which suggested by

---

① 译者注：标句成分是引导或指示关系分句的那个语法成分，如 that，which 等等，也可译为"标句词"等。

our team""* the thing that to do")。人们直觉上就知道如何用这些不同的动词形式造出关系分句来，因此，限定性和非限定性的关系分句这个变量应该属于关系分句构式形式端的一部分。

  以上各段所描述的三种变量绝对不可能穷尽英语关系分句中所发现的全部可变性（有关的综合性概述，详参 Wiechmann 待刊稿），但是它们理应足以说明句法构式层面上的各种语言概括形式的复杂性。如果认定英语中存在关系分句构式，那就等于主张，人们在全部可变性的基础上作出概括，将关系分句全部的不同用例（examples）视为同一个高度抽象的语法范畴的不同实例（instances）。人们实际上是否能够作出如此高水平的概括，或者他们是否在一个更低的抽象水平上使用更多的局部概括形式（local generalisations），这些问题当前也正在研究（详参 Perek，2012）。各种句法构式构成了英语语法，因此，考察它们内在具有的使用可变性就会告诉我们：各种构式，亦即各种语言概括形式，并非固定的图式性模板（fixed schematic templates），（后者）就像产品安装说明书那样，只存在唯一一种构建复杂整体的正确方式。我们来打个比方，即把构式比作爵士乐标杆作品如 *Smoke Gets in Your Eyes*① 的主旋律，可能也不算太过牵强。当音乐人演奏这支曲子的时候，其旋律以各种可识别的方式得以再现，但仍然还有修正和即兴演奏的空间。就像音乐人对哪些修正能做而哪些修正不能做有"感觉"一样，言语者也可以本能地知道，什么时候可以省略关系分句中的标句成分，或者什么时候可以选择使用非定式动词，而非完全屈折动词。因此，构式用法上的这些差异是构式语法研究中的一个重要话题。不过，重视研究变异问题也就意味着，描写语言知识这项工作因此变得更困难了。我们回顾一下，语法描写的传统目标，就是区分合乎语法规则的话语和不合语法规则的话语。这项工作已经是一件相当困难的活儿了，现在，又加上了变异问题，我们不仅只是想要"区分黑白"，即区分是否合乎语法规则，其实，我们还应承认存在一个连续统

---

  ① 译者注：20 世纪 50 年代美国黑人乐队 The Platters 的名曲之一，歌名可译为《情雾弥漫在你的双眼》。

(continuum),即在黑白两端之间存在一个灰色地带。并且,我们想解释一下,为什么会存在这么一个连续统?为什么在某个语境中,某个形式比另外一个形式"听起来更好些",可在另一个语境中却并非如此?其中起作用的是哪些变量?这些变量之间是如何关联起来的?读到这里,读者朋友可能会认为,这些问题更可能会让人对语言知识感到稀里糊涂,不明就里,而不是对这些语言知识有了更好的了解。我们在接下来的几段中就来讨论一下,如何用语料库数据来研究构式变异,这样就能把问题讲得更清楚一些。

8.2.3 分析构式之间的变异

对语言变异进行分析也只是在最近才刚刚提升到构式语法研究者的研究日程上,而这种语言现象在量性社会语言学(quantitative sociolinguistics,详参 Tagliamonte,2006;Trousdale,2010)的传统领域数十年内已经有了大量集中的研究,因此,构式语法研究者们相较之下还是后来者。追随由威廉·拉波夫(译者注:即 William Labov,下文中一般使用 Labov)开创的研究路子(Labov,1994、2001)的社会语言学家们很早就已经认识到,人们以不同方式实现构式,而且,这些不同的实现方式并非随意的,而是以一些社会因素或语言因素为基础,具有很高的可预见性。前者如年龄、种族等,后者如某个话语所处的形态-音韵语境等。举例来讲,40 多年以前,Labov(1969)的研究就显示,非洲裔美国黑人英语(译者注:即 African American Vernacular English,AAVE,属白话性质)中的系动词 be 的变量性用法,或者更具体一些,尤其是费城黑人英语,其实遵循着一个规则系统,该系统可以从语言和社会两方面的诸多因素来描写。用社会语言学的术语来说,这些就是语言内因素(language-internal factors)和语言外因素(language-external factors)。Labov 所分析的变异情形关乎话语中是否使用了系动词,例如:

(3) She ['s/ø] the first one.

We ['re/ø] on tape.

He ['s/ø] gon' try to get up.

His wife [is/ø] suppos'a be getting money.

其所举用例显示，含代词主语的句子更有可能不用系动词，这和含有完全词汇形式（full lexical forms）做主语的句子正相反。不用系动词的形式出现的可能性也很高，条件是跟在它后面的句法成分是 gonna 的某种表现形式而非谓语名词或表语性形容词。Labov 考虑的一个社会因素就是言语情景（speech situation）：如果实验参与者是在一群人当中接受访谈，那与他接受单独访谈相比，他会更多地使用零系动词形式。此外，讲美国黑人英语的不同人群之间还有其他的差异，所以说，与言者同时代的周围的人们形成的网络作为一个语言外变量也会产生影响。Labov 提出，可变性的各种情形应被视为语法规则，这些规则又取决于一定数量的因素，每一项因素都会对该规则是否适用产生影响。与 Labov 此议相关的术语叫变量规则（variable rule）。因此，像"系动词 be 在美国黑人英语中以零形式出现"这样的规则其实具有内在的可变性，因为言者在某些场合中遵从该规则，但在其他一些场合中则不遵从。也就是说，是否适用该规则具有或然性（probabilistic，译者注：或者说，这是个概率问题），某些语境因素是否存在，会增加或减少实际适用该规则的可能性。我们在前文已有解释，如果话语的主语是一个代名词，或者该话语含有 gonna，或者该话语是在小组访谈中说出来的，那么，该规则就特别可能会适用，只有在主语是代词性名词的时候有效，且句子有 gonna，而且句子是在群体面试中出现。但是，即使上述这些条件都具备了，还是存在不适用该规则的小小可能性，因此，言者最后还是说出了系动词的某种形式。

对变量规则的研究，其目的大多在于揭示语言使用中的变异是如何跟非语言的、社会性差异（non-linguistic, social distinctions）相互关联的。因此，它们的主要意图并非要为知晓某语言的人们到底知晓的是什么提供一个模型，而读者你也知道，这恰恰是构式语法研究的根本目标。尽管如此，实践证明，量性社会语言学研究所运用的那些工具对构式语法研究来说其实是极有增益的,而且也确实是必不可少的。尤其有一点,变量规则的概念对相关的论元结构构式(详见第 2 章有关的讨论)的研究很有启发性,如与格变换(DATIVE ALTERNATION)或方所变换(LOCATIVE ALTERNATION)所涉及的各个成员构式(member constructions)。我们再来看一看双及物构式和介词性与格构式的两个例子:

(4) John gave his favourite aunt Mary the book. 双及物构式
John gave the book to his favourite aunt Mary. 介词性与格构式

那么,在上述话语的使用过程中,变量规则是如何体现并产生影响的呢?就像前文讨论过的 /'sɛ.krɪ.tə.rɪ/ 和 /'sɛ.krɪ.trɪ/ 之间的对立,或者系动词形式和零形式之间的对立,与格变换(现象)代表了人们能用两种不同形式来表述同一件事情的可能性。与格变换的这两个成员构式都可用于表达(物品)转移交接(transfer)的意思,但这并不就是说这两个构式语义上等同。其实两式之间也就是有一个语义重叠区域,即有一些意义既可以用双及物构式、也可以用介词性与格构式来表达。既然表达事物的不同方式的选择通常都不是任意的,而是受到语言和社会制约因素的管控,那么,对人们选择使用此构式或彼构式所遵循的条件进行研究就显得很有意义了。讨论这个研究议题的文献资料浩如烟海,所以,要在本书中对其展开述评,注定不会让人满意。与格变换研究一直广受关注,实际上我们可以将这一块语言学研究同对果蝇的生物学研究相比拟,果蝇在基因学、生理学、发病机理等诸多研究领域都是作为范本生物(model organism)来研究的。那么,我们显然要冒着对很多重要发现视而不见的风险来问一问,语言学家们对与格变换都了解多少呢?Bresnan et al. (2007) 对制约人们对上述两种构式作出选择的那些语言因素进行了总结。我们在接下来的各段中也会对之作出概述,这些因素和语言结构的几乎全部层级上的各种差异相关:形态—音韵、句法、语义以及信息包装(详参第 5 章)。虽然信息包装列在最后,但已知信息和未知信息的差异实际上却是影响人们在与格变换中作出选择的那些最根本的影响因素之一。已知信息和新信息之间的区别，其重要性主要关乎各自构式中三个论元中的两个，即客体（theme），亦即被转移交接的物品，还有接受者（recipient），亦即代表转移交接终点的事件参与者（详参第 2 章对上述题元角色（thematic roles）的讨论）。我们首先把关注重点放在客体上，先来看看下面的一段自拟对话，对话的结尾部分是言者 B 可能说的两句话：

(5) A：Do we have any more wine?
  B：No, I'm afraid there's nothing left.
  A：But we had that last bottle of Merlot!
  B：Yes, but...
   ... I gave John that last one. 双及物构式
   ... I gave that last one to John. 介词性与格构式

如果让你在这段对话的结尾部分中选择一个，你会选哪一个？在使用了此类刺激语（stimuli，前文译为"实验用/测试用（句/话语）"等）的各项实验中（Bresnan, 2007），讲美式英语的人显示出对使用介词性与格构式的强烈偏好，你也很可能如此吧。在此例中，客体即 that last bottle of Merlot，代表了两位言者的共知信息。如果有了已知的客体信息，人们都会偏好于使用介词性与格构式，因为这个构式能让他们把话语末尾位置留给话语的实际焦点（请参第 5 章）。上例中，处于焦点的是 John，他的角色是"最后一瓶 Merlot 葡萄酒"的接受者，代表了新信息。如果是接受者角色，人们各自的偏好选择就恰恰与之相反了。我们把大家刚刚看到的那段对话稍作修改如下：

(6) A：Do we have any more wine?
  B：No, I'm afraid there's nothing left.
  C：But it's John's birthday and I need to bring something!
  B：Yes, well...
   ... you could give John some chocolates. 双及物构式
   ... you could give some chocolates to John. 介词性与格构式

在这种情况下，很多人都会觉得双及物句听起来好很多。语料库数据显示，这不仅仅是人们在对实验中刺激语作出判断时的直觉，而且已知信息和未知信息的这种分布，也正说明了对这两个构式实际使用时的特点（Bresnan et al., 2007）。因此，当人们用语言来表达转移交接的时候，他们会选择一个有信息包装特点的构式，而这些特点与当前言者和听者共有的那些信息相匹配。

已知性（givenness）变量同三种句法变量密切关联。首先，客体和接受者是由代词还是完全的词汇性名词短语来表达是有区分的，前者往往强势，代表已知信息，而后者却不一定如此。因此，双及物构式使用时，常常很不对称地用代名词接受者（如"you could give *him* some chocolates"），但不允许使用代名词形式的客体（如"* you could give John *it*"）。与已知性相联系的第二个句法变量，是客体和接受者的有定名词短语（definite noun phrases）或无定名词短语（indefinite noun phrases）的地位。已知信息往往由有定名词短语来表达，而不定冠词的一个基本功能，就是将新的指称对象（referents）引入会话。第三，客体和接受者可以用长度不同的句法单位来表达。代词比完全的词汇性短语要短，新信息往往需要相对较长的文字来描述，这是自然的，所以，这个变量也与其余的变量一致。依照"句末重心原则"（the principle of end weight，详参第 5 章），长的客体就要求人们使用双及物构式，而长的接受者就更多地用于介词性与格构式。

还有一个同区分不同类型转移交接行为有关的语义变量，这些类型都可以用与格变换的有关构式来表达，其中，具体转移交接（concrete transfers，如 give John some chocolates）与意图转移交接（intended transfers，如 promise John some chocolates）、隐喻性转移交接（metaphorical transfers，如 give the idea some thought）以及信息转移交接（transfers of information，如 tell John a story）相对立。这些不同类型的转移交接的表达并不均衡地适用于上述两种构式。比如说，某些隐喻性转移交接就不适合用介词性与格构式来表达：

(7) This light gives me a headache.（这光让我头疼。）

？This light gives a headache to me.（？这光给了一个头疼给我。）

在客体和接受者的语义特征方面，同样也可以找出影响人们作出表达方式选择的那些变量因素。下面两个例句，可接受度判断结果不同，就是由于接受者的有生和无生的语义对立造成的：

(8) John threw his keys to the floor.（John 把他的钥匙扔向地板。）

*John threw the floor his keys.

另一个不仅同话语本身有关，而且还同之前的言语情景有关的重要变量就是，与格变换的成员构式在先前的语境中是否出现过。诸多语料库研究显示，如果人们刚刚听到过某个特定的构式，或者他们自己刚刚使用过该构式，他们就更有可能（接着再）使用该构式（Szmrecsanyi, 2006）。这个现象被称作"结构启动"（structural priming）或者"形态句法性执着"（morphosyntactic persistence）。它不仅解释了与格变换中的变异，还有研究表明，它在其他很多形态—句法变换操作过程中也发挥着作用。

在对与格变换只产生很小影响的那些变量中，人们或许可以找出客体的具体（如 give John some chocolates）或抽象（如 give John a hint）变量，或者客体是单数（如 a box of chocolates）还是复数（如 some chocolates）的变量。抽象客体会让人倾向于使用双及物构式，复数客体则会让人倾向于使用介词性与格构式。

行文至此，我们所讨论的所有变量，除了客体和接受者的长度这个变量之外，都反映了两个或者多个潜在的值之间的差异。前面我们说，已知性是个二元变量（binary variable），其取值范围不是已知（译者注：即旧信息）就是未知（译者注：即新信息）。转移交接义变量区分为一组不同类型的转移交接行为。本章前文提到过，导致句法构式可变性的一个原因，就是它们能与很多不同类型的词汇性成分同现。一个典型的例子就是，双及物构式和介词性与格构式都能接纳很多种双及物动词，最常见的有 give, send, offer, sell 等等。出现在与格变换成员构式中的动词这个变量就有数百个不同的层级。如果某人手头所掌握的语料库规模够大，那么，出现在上述成员构式中的不同动词的数量就可能相当大。尽管如此，考虑这个变量还是很有裨益的，因为，我们在本书第1章说过，人们对动词和构式之间搭配性关系的了解是他们语言知识的一个必不可少的部分，而构式语法研究者们也都志在描写和构建这种知识。本族语者本能地就知道，英语中"*John explained me the problem"一句不可接受，而英语的二语学习者们却必须得学习 explain 的特殊用法，知道其不能用于双及物构式是一个例外。Gries & Stefanowitsch（2004a）对与格变换中所涉及的动词的实际使用频率和预期使用频率（the observed and expected frequencies）进行了比较，这样，他们就可以区别出典型用于双及物构式或者介词性与格构式的那些动词。其研究发现，give, tell, show 等动词和双及物构式密切相关，而人们更偏好于将 bring, play, take 等动词用于介词性与格构式。这些偏好可以部分解释为各种语义变量的反射作用（reflexes），比如双及物构式就排斥使用无生的接受者，你可以说 bring your dog to the office，但不能说 * bring the office your dog。

了解了双及物构式和介词性与格构式之间变异的所有信息之后，你可以想象得到，制约上述两个构式使用的变量规则一定是高度复杂的。此类规则所能规定的就是，如果接受者是已知的、代词形式和有生的，而客体是未知的、长的词汇性短语，转移交接类型是信息的转移交接，所用动词是 give，那么，这个转移交接义就可能由双及物构式句来表达，比如"John gave me the idea to paint the house purple"一句（试比较"John gave the idea to paint the house purple to me"）。借助基于语料库数据的那些量化研究手段（有关概述可详参 Baayen, 2008; Gries, 2013），我们可以对每个变量所产生的相对效应进行相当精确的评估，而且，很多实验研究也显示，被试在迫选任务（forced choice tasks）和语法合法性判断任务（grammaticality judgment tasks）中的表现同上述基于语料库的诸多研究结果高度一致（详参 Bresnan, 2007; Bresnan & Hay, 2008; Bresnan & Ford, 2010）。这就意味着，对构式间的变异进行细致的分析，就能让我们为构式库中的某些选定部分（selected parts）建立起清晰且符合实际的模型。不言而喻，与格变换只是构式库中的一个很小的组成部分，但正如生物学中果蝇的例子所显示的，有时候对现实的某个很小的部分有详尽准确的了解还是很有好处的，因为这种了解可能最终会推及其他现象。说得更具体些，我们知道，所有的构式都表现出变异，而且有一些变量，比如句法长度、有生性（animacy）、已知性等，对很多不同的构式都很重要（Szmrecsanyi, 2006）。如果构式语法的研究目标是为人们所知道的一切创建一个逼真的图像，那么，搞清楚人们是如何在可选构式之间作出选择这个问题，就是这项工作的一个重要组成部分。

8.3 不同人群之间的构式性变异

我们讨论英语语法，而且以之来指代人们的语言知识的时候，显然，我们是在抽象出一个概念，即说英语的那些不同的人有着不同的交谈方式，而这又反映出他们在语言知识方面的个体差异。所以说，"英语的语法"在某种意义上是上述这些知识库之间的一种折中，它可能是所有的人或多或少都达成一致的那些普遍性特征。然而，这样的折中是否会成为科学研究的合适对象，我们仍旧存疑，因为即使是在我们所认定的非常具有普遍性的构式中，也发现有言者间变异（inter-speaker variation）的现象。试看下列各例，它们与讲标准美式英语者的语言知识都不相容，但它们都是其他一些英语使用者的语言知识的一部分，至少是全球英语变体中的一种变体。

(9)　　　　　　　　例句　　　　　　　　　　　　特征描述

There's no one does that any more.　　无标句成分的主语关系分句

This our problem is very serious.　　限定词重复使用

I eaten my lunch.　　无助动词 have 的完成体

This is better as the other one.　　比较连词 as

The boys was there, Mary weren't.	was/weren't 两极分裂
They ride bikes is what they do.	完全小句做分裂结构的焦点短语
As I said it before, this is a problem.	复指代词 it（resumptive *it*）

上述例句均来自 eWAVE 数据库中的数据（详参 Kortmann & Lunkenheimer, 2013），从中可以看出，不同的言语者人群之间的可变性，比英式和美式英语之间的 /təˈmɒːtəʊ/ 和 /təˈmeɪtəʊ/ 的对立要复杂深邃得多。关系分句、名词短语、完成体、比较、否定、分裂（句）以及代词的用法，都是语法中最为根本也是最基础的内容，而所有这些内容都涉及变异。这对我们所意味的就是，对英语所有变体之间的折中成分进行探究，可能会是一项令各方存疑的工作，而构式语法研究的目标应该是对某个英语变体中人们的语言知识进行解释说明。这个目标当然包括解释某种构式在两个或更多变体形式当中的使用差异这个任务，或者（包括）在某个单一的语言变体形式中，不同的社会人群是如何使用某种构式的这个问题。下面我们来看一看探究此类问题的两项研究。

Bresnan & Hay（2008）对美国英语和新西兰英语中与格变换的成员构式进行了比较。我们在前面小节里已有讨论，双及物构式和介词性与格构式都可用来表达转移交接，而人们会依据某些因素在这两个构式之间作出选择，这种选择具有概率特征，有关因素包括客体和接受者的已知性、有关的转移交接行为的类型，等等。这些因素对人们的构式选择产生大小不一的影响（Bresnan et al., 2007）。那么，提出下面的问题就有它的道理了：这些因素的相对影响力在各个不同的英语变体当中是否等同呢？Bresnan & Hay（2008）从美国英语和新西兰英语语料库中搜集了含动词 give 的双及物构式用例及介词性与格构式用例，对这两个变体当中的已知性、有生性、长度等变量因素的影响进行了比较。Bresnan & Hay 所作分析的第一个结果就是，这些因素在两种变体当中都有相同性质的影响。因此，代表了已知信息的客体会让美国和新西兰的英语者偏好使用介词性与格构式。第二个分析结果是，在这两个英语变体当中，已知性、长度和转移交接类型这三者的影响力从统计数据来看难分伯仲。因此，就这些因素而言，人们对这两种构式的了解是非常相似的。不过，分析的第三个结果却是，美国和新西兰的英语者在有生和无生接受者这个因素方面有不同。讲新西兰英语的人更多地使用带无生接受者的双及物构式，例如 give the door a push 或者 give the economy a boost。尽管有这个不同，研究所揭示的总体的情形为：即使是那些复杂的变量规则，也可能以极为相似的形式存在于不同的英语变体形式中。

同理，也有一些构式在这两种变体中是相区别的，而这些区别不一定能为人所预料到。其中一个例子就是"into-型使役构式"（INTO-CAUSATIVE construction），如下所示：

(10) He tricked me into believing the story. （他欺骗了我，让我相信了这件事。）

They forced him into signing his resignation. （他们强迫他签上了他的名字。）

Gries & Stefanowitsch (2004b) 对"into-型使役构式"进行了研究，他们发现，该构式在其语义端上有变异：一个意义涉及由欺骗所导致的因果关系（causation），而另一个编码是由强力所致的因果关系。上述两例分别例示了这两种语义。Wulff et al. (2007) 对英式英语和美式英语语料库中的该构式进行了比较，结果发现，在该构式所典型使用的词汇性动词方面，两个语料库数据之间有一些差别。在该构式中的定式主动词（finite main verb）使用方面，英式和美式英语用法之间有不对称情形，这种不对称关乎肢体施力义动词（verbs of physical violence，如 bounce, push, throw, force 等）和劝导义动词（verbs of persuasion，如 talk, coax, entice, threaten 等）。前一类动词很不相称地常见于英式英语数据中，而后一类动词则是美式英语用例的典型特征，Wulff 等人据此用"野蛮暴力的英国人和循循善诱的美国人"

(*Brutal brits and persuasive Americans*)的标题来对他们的发现进行总结。不过，可以肯定的是，美国和英国的英语使用者都习惯于使用这两类动词，若是面对单单一个例句，人们是很难将该话语同某个英语变体对应匹配起来的。不过，上述研究结果所显示的是，两个变体当中，人们对该构式的了解是有微妙差异的。尽管这两个变体中，该构式的句法形式都是相同的，其语义端上的变异即其"意义潜势"（meaning potential，Wulff et al.，2007：278）却并不相同。

我们来对本小节的内容作一总结。对跨言语者人群的构式性变异的研究，代表了当前构式语法研究的前沿领域之一，但有关的具体研究并不算多，其原因之一就是，变异在传统上并不是构式语法研究的核心关注点；另一个原因是，本小节内所讨论的那些类型的差异难以通过本族语者的语感揭示出来，而他们的语感长久以来一直就是构式语法学家们作选择和取舍的证据（详参第1章有关讨论）。但是，随着实证的和基于语料库的那些研究方法日益成为构式语法研究的规范性方法，现在对言者间变异现象进行分析就是完全可行的了，而且，随着构式语法作为一种语言知识理论而日臻成熟，此类研究必定会在这一过程中发挥重要的作用。

8.4 构式性演变：跨时间的变异

本章的引介部分讨论了几个语言认识上的误区，即人们的那些关于语言的、根深蒂固却又是错误的观点。还有一个没有提到的认识误区，即有人相信，只存在一种使用语言形式的正确方式，而这种方式需要保留下去。例如，最畅销的写作指南会告诉你，副词 hopefully 不应该像在 "Hopefully I'll be leaving tomorrow"（我觉得很有可能我明天就要走了）一句中这样使用，除非你是满怀希望地正计划着准备离开。hopefully 一词只能用作方式副词，它派生自形容词 hopeful。这个主张背后的逻辑是，使用单词有一个"正确的"方式，而根据这个逻辑，如果人们用一种偏离于该单词先前用法的方式来使用其语言形式，那么这是

"不正确"的。关于这个观点,有点弄巧成拙的是,现如今,实际上很少有人用 hopefully 表示"满怀希望"(full of hope)的意思,所以我要问:"你最后一次满怀希望地打开信箱是什么时候(When was the last time you hopefully checked your mailbox)?"① 变化,是活的语言所处的自然状态,之所以如此,是因为语言在各个层面上的组织形式都具有变异的特点。人们以不同的方式使用语言形式,久而久之,受其他人青睐的变异形式往往会激增。变异形式的魅力可能来自其内在固有的一些特征,比如说很有用,或者易于产出或理解,也可能来自一些外部因素,比如最开始使用它的人的社会声望,或者它所描写的理念的性质。举例来说,指称少数贫穷人群、卫生间或身体残障的那些委婉语表达法会经常更新是有原因的:人们总是努力用社会可以接受的方式来表达自己的思想,他们就喜欢使用那些比普遍使用的表达方式稍稍更为间接一点的变异形式,其结果就是,老旧一些的委婉表达形式最终都被视为太过直接(详参 Keller,1994)。回到构式问题上来,构式语法是如何和语言演变发生关联的呢?本章前面的讨论阐明了一个思想,即人们的构式知识代表着诸多"多对多"映射关系,这些映射关系牵扯到一些相关的形式和一些相关的意义。人们知道,构式在形式上可以有多种不同的实现方式,而且这个构式有可能表达多个不同的意义。这种类型的知识结构是容易改变的,hopefully 一词的使用情况恰好能说明这个问题。一个在1950 年以后成长起来的讲美国英语的人知道,"满怀希望"是这个单词的一个可能的意义,但同时这个人也明白,hopefully 一词的首要用法,是副词前置于句首位置,表达"我希望"之意。同理,读者你或许也有这样的直觉,即 the man whom I thanked 同 the man that I thanked 相比,听起来显得有点老套过时。如果是

---

① 译者注:原著者在这里巧妙地使用了一种文字游戏或者说双关语,原句本来的意思是"when was the last time you checked your mailbox, full of hope that there might be something nice in it",作者用这种俏皮话是调侃那些坚持个人主观意愿、不敢面对语言变化事实的人们,这些人仍旧梦想着 hopefully 一词的用法只能用于上述问题句。但著者暗示,那种用法已经是很久以前的了,现在人们对 hopefully 一词的用法有了根本改变。

这样的话，你对关系分句构式的认知表征就不同于先前几代人曾有过的表征。

要对某个英语变体不同历史阶段之间的差别进行分析，可以使用适用于当代英语变体比较的那些工具。通常情况下，此类研究会借助于语料库，因为英语的各个历史变体的记录保存得相当好。举例来说，Wolk et al.（2013）沿用 Bresnan & Hay's（2008）对与格变换的研究方法做了一项研究，但他们没有对美国英语和新西兰英语进行对比，而是对晚期现代英语①的不同阶段中的双及物构式和介词性与格构式的使用情况进行了比较。这个历史时期里，人们使用这两种构式的方式有些不同，比如在有生和无生接受者因素方面。有了这些基于语料库的研究结果，研究人员就可以就人们过去曾有的构式知识作出各种精确的、"有根据的猜测"（educated guesses）。当然令人遗憾的是，我们不可能对上述各种主张进行实证，因为讲晚期现代英语的人不可能活到现在而被我们请进实验室。不过，对当代不同年龄段的人的语言使用变化情况还是可以进行研究的，比如说 20 岁、45 岁和 70 岁这三个年龄段。如果研究发现的情况是，老年人使用的某个构式变异形式，中年人使用得很少，而年轻人使用得更少，那我们就可以得出结论，即这种语言变异形式正在从语言系统中消失。走这种分析路子的研究称作"视时研究"②（apparent-time studies，详参 Bailey，2002），它与实时研究（real-time studies）相对，后者对来自于不同历史时期的语言数据进行比较。

下面我们对上述几段中的讨论作个总结。构式语法的历时研究路子对跨时间语言使用中的变异进行研究。通过研究语言使用中的历时性变异，它寻求厘清不同时间点上人们的语言知识都有哪些差异。语言使用的历史记录显示，构式都是变化的。（语言

---

① Late Modern English，译者注：关于英语的历史分期，历来有较多不同意见，主要是由于各家分期标准不尽相同，但总的来说，各家的分期差别不算太大。译者倾向于认为，晚期现代英语是指 1700 年至 1900 年这大约两百年间的英语变体形式。

② 译者注：海外也有人译为"显象时间研究"或"非实时研究"等，该研究针对"进行中的变化"，同时观察不同年龄组的表现，以了解语言变化进程。

的）历时性变化研究之所以很有挑战性，就是因为构式的变化实际上可以发生在好几个不同的方面，包括它们的形式和意义，还包括它们的使用频率以及它们同构式使用者的社会性特征之间的关联性。Hilpert（2013：16）对构式性演变作出如下界定：

(11) 构式的演变发生在语言具有约定俗成性质的形式和意义匹配对应体上，它具有选择性，会涉及到构式的形式、功能、任何类型的使用频率以及构式在语言社团内部的使用分布，或者上述任何方面的结合。
(Constructional change selectively seizes a conventionalized form-meaning pair of a language, altering it in terms of its form, its function, any aspect of its frequency, its distribution in the linguistic community, or any combination of these.)

上述定义首先指出，构式是约定俗成的形义配对体（详参第 1 章关于构式的界定）。发生在构式身上最基础的演变同意义和形式有关。随着时间的推移，人们使用某个构式的时候可能是表达一个新的意义，而这个新义是从更古老的意义中引申出来，如前文所说的修饰整个句子的副词 hopefully。也有可能人们会使用该构式的一个新形式，该形式是更古老的形式的一个变异形式。这方面的一个典型例子就是高频使用构式的语音缩减或弱化（phonological reduction），比如从 be going to 中衍生出 gonna。构式的另一个常见的形式变化就是"同构项类型扩展"（即 host-class expansion，详参 Himmelmann，2004），它指的是，构式中某个空槽随着时间的推移可能会容纳各种不同类型的结构单位（structural units）。Patten（2010）报告了他对"IT-型分裂构式"（详参第 5 章的有关讨论）的历史发展所做的研究，他发现，IT-型分裂句的历时发展是朝着句法短语类型的多样化在进行，这些短语类型可以出现在该构式的焦点短语位置上。我们来看下面几例：

(12) It was the butler that killed her.
It is in December that she's coming.
It is here that we met.

> It is vacuuming the floor that I hate most.

在上面第一句话中，焦点短语包含一个名词性成分，第二句则有一个介词短语，第三句有一个状语。第四句中由一个动名词-ing 小句充任焦点短语。Patten（2010：229）指出，名词短语类型是经过验证的最早的用法，其余各种类型依次在后续历史阶段中出现。这就意味着，可以作为焦点短语的句法单位的类在不断地扩展，因此就有了"同构项类型扩展"一说。

上述有关构式演变的定义还指出，构式在其各种类型的使用频率方面都可以发生演变。这一表述首要的一点就是它反映出这样的一个事实，即构式随着时间的推移可能会使用得越来越多或者越来越少。含标句成分 whom 的关系分句就是说明构式逐渐淡出使用的一个很好的例子。我们在第6章讲过，人们会留心他们所听到的其他人使用某构式的各类频率，因此，他们就知道该构式在日常生活语言使用中是常用还是不那么常用。不过，定义里说构式在使用频率方面会变化，还有更多的含义。此说最重要的一面跟如下事实有关，即构式都有变异形式，而且这些变异形式在它们各自的相对频率方面也可能发生变化。让我们再回到双及物构式上来。也许读者你也是一个讲英语的人，不管它是你的母语还是你的第二语言，你了解这个构式，也应该了解它有一个变异形式，其中的接受者不是一个单一的、有生的人，如下例所示：

(13) Let's give the potatoes five more minutes.（如烹调：土豆再给它五分钟。）
John gave the swing a push.（John 把那秋千推了一下。）
Mary earned her country a gold medal in the Winter Olympic Games.（Mary 在这次冬季奥林匹克运动会上为她的祖国赢得了一枚金牌。）

你不单单明白这些例句都是成立的，而且，你对双及物构式的心理表征还包括一条记录信息，即你认为多久一次才能听到此类用法，与该用法相对的，则是含有生接受者的双及物句。多种形式和多种意义之间有多对多的映射关系，它们构成了你的双及物构式知识，其中，有一些变异形式的表征较之其他形式的表征更为强势突显，因此，它们更容易被激活、被理解，也更频繁地被使用。随着时间的推移，构式的各个变异形式之间的相对使用频率可能会改变，而对它们的认知表征也会相应地发生改变。

　　构式演变还有其社会性的一面，因此，某个构式可能先被某个言语社团的某个特定次人群（subgroup）使用，后来又演变成被该社团的一个更大部分的人群使用。你的构式知识包括使用该构式的各种社会语境方面的知识，你知道如何在这些语境中恰当地使用该构式。对有些构式来说，这些语境可能有相当多的限制。就以 dude 一词为例，这个词汇性名词在美国英语中已经具备了用作称谓/呼语（term of address）的语法功能（Kiesling，2004），下面两例代表了该词的两种用法：

(14) It was great, dude. I really liked it. （太棒了，伙计！我好喜欢！）

　　　Dude, you need to borrow that DVD. It's freakin' rad.
　　　（伙计！你可以借那个 DVD 啊。好过瘾！）

　　显然，dude 代表了一种亲切随意、口语化的语域，往往是年轻人使用，但其使用特点远不止于此。Kiesling（2004：285）对该称谓语的实际使用情况进行了分析，结果发现，dude 在男性和女性间的使用分布是不均衡的：大多数情况下，dude 是男性用来称呼其他男性的用词，女性对该词的使用要少很多，而且，如果使用该词，她们也更喜欢在同性别会话中使用。因此，人们在说 dude 一词时，就是想表达一种仅限于男性之间的那种亲昵关系。不过，这也只是在某些特定人群中适用。试想，你的语言学课程教授把一份课程论文递还给你，说道："兄弟/伙计，全优论文呐（Dude, that's a straight A）！"那很可能，虽然这是个好消息，但接下来会是几秒钟尴尬的沉默。其实，dude 一词的使用是否会延伸到其他人群，包括语言学教授，还是一个值得思考的问题。然而，确有一些构式使用的记录案例表明，人们一开始会认为，这些构式的使用是受限的，而随后这些构式又扩展到更大的语言使用者人群，以及更大范围的语域类型，既有口头的，也有书面的。Mair & Leech (2006) 指出，有些语言现象，如否定缩略 (don't, isn't)、get-型被动式 (something gets eaten) 以及单数形式 they (If someone still needs a handout they should see me after class) 逐渐在书面语中变得常见起来，为此他们提出了一个专用词，叫作"口语化"(colloquialisation)。所有这些归结为一点就是，人们的构式知识包括知道谁在什么样的情景中可能说些什么，而且随着时间的推移，这些知识可能会变化。

8.5 总结语

本章开篇就指出，与很多外行人士的想法相反的是，变异和演变是语言的根本和自然特征。语言的变异，是指人们有一定的自由空间去用不同的方式表达同一件事。而语言的演变是语言变异的一个直接结果：假如某个构式有多个变异形式，人们可能减少对其中某些变异形式的使用，而同时又会创造出其他新的变异形式，这些新形式会越来越多地被使用。有人认为，语言变异和演变同语言知识的构式观天然吻合。构式作为象征性单位，拥有形式端和功能端。本章讨论的主旨就是要说明，在这两端上都存在变异，所以说，构式知识其实就是对多个相关形式和多个相关意义之间多对多映射关系的知识。构式意义端上的变异包括词条性单词 (lexical words) 的一形多义 (polysemy)，如 strong (strong fighter, strong coffee, strong feelings)，以及构式的一形多义，如 S-型属格构式 (John's book, yesterday's events) 或者双及物构式 (John gave Mary the book, I gave the idea some thought)。而形式端上的变异包括同一个单词的不同发音，还包括同一复杂构式的不同句法实现形式。我们来回顾一下"IT-型分裂构式"的例子，该构式在其焦点短语位置上容纳各种结构类型 (It was the butler that killed her, It was here that we met, etc.)。我们所给出的形式变异的另一个例子讨论的是关系分句构式的不同实现形式，在该讨论中，我们引进了变量的概念，它是人们可以用两种或两种以上方式实现的构式特征。在关系分句方面，重要的变量包括被关系分句化的成分的语法角色、标句成分的有无以及关系分句的动词形式,它可以是定式的或者非定式的。有人主张,构式变异是人们语言知识的一个必不可少的部分:人们知道构式如何发生变异,换言之,他们知道哪些变异形式是可能的,哪些则是不可能的。

　　本章还进一步指出,构式内部和构式之间的变异研究植根于量性社会语言学的研究传统。有关讨论引进了变量规则的概念,亦即以概率形式适用的这样一条规则:数个语言内和语言外因素对适用该规则的可能性造成影响。依循这个概念所做的研究中,大部分都把变量规则处理为二元选择（binary choices）,因此,人们可以从一对可选构式中选择一个来使用。我们所举的一个讨论较细的例子就是所谓的与格变换,其中,人们在双及物构式和介词性与格构式之间所做的不同选择取决于众多变量,比如客体和接受者的已知性、客体和接受者的长度、接受者的有生性属性,等等。当今的研究结合了实证研究和语料库的研究方法,以探究构式变异特征,（通过）这种研究路子可以对不同的变量对人们的语言行为所造成的相对影响力进行非常精确的测量。

　　本章的最后几个部分与不同英语变体中的构式变异有关,这不仅包括通行于世界不同地区的那些英语变体,还包括不同历史时期人们所说的那些英语变体。有人认为,构式语法不应致力于在不同的英语者所拥有的不同知识库之间构建出一种折中结果,相反,其研究目标应该是对那些界定清晰有据的各种人群所掌握的知识进行解释。当然,即使是采用这样的研究路子,个体差异也还是存在的。我们举了与格变换的例子来说明,在英语各变体之间,人们的构式知识可能有相当微妙的差异。into-型使役构式的例子就说明,在构式的搭配偏好方面存在着各变体之间的差别。在跨英语变体的构式研究中所适用的那些方法也以非常相似的形式应用于构式演变的历时研究中。相关讨论对构式演变作了界定,并且列举数例以说明构式演变的几种方式。重要的一点是,构式不仅在形式和意义方面发生演变,而且在它们的各种类型的使用频率以及它们在言语社团内的分布等方面也会发生演变,这一点很关键。

思考题

1. 举一个你在母语语言使用中出现的语言变异的例子,是哪些因素使你在不同的情景中用不同的方式讲述同一件事情?
2. 为什么在非语言学专业人士心目中,语言变异和语言演变有如此的坏印象?
3. 登陆并查询 eWAVE 网站(www.ewave-atlas.org),看看除了有香港英语和纽芬兰英语之外,在哪些英语变体当中,不带标句成分的主语关系分句是可被接受的。
4. 什么是变量规则?举一例说明。
5. 说某语言外因素对某变量规则具有概率性影响是什么意思?举一例说明。
6. 请你做一点文献检索和查询工作,再找出一个用 Bresnan et al. (2007) 的研究路子所研究的形态—句法变换实例。
7. 什么是形态—句法性执着?
8. 视时研究和实时研究之间有哪些差别?
9. 称谓语用词 dude 在其使用者方面是受限的。你能否再举出一些其他的构式用例说明某些用法仅限于言语社团内的某些特定人群?
10. 美国近当代英语语料库(译者注:即 The Corpus of Historical American English,缩写为 COHA,也有人译为"美国英语历史语料库"或"历时美国英语语料库"等)是一个很好的资源库,我们可以从中了解在过去的两百年里其使用频率发生了变化的那些构式。登陆其网站(http://corpus.byu.edu/coha)进行查询,找一找 whom, chap 和 dude 等词的用法。

延伸阅读

Hoffmann & Trousdale (2011) 为《认知语言学》期刊编辑了一个特辑,主题是"英语的变异、演变和构式"(*Variation, change and constructions in English*)。他们为该特辑所写的引言以及他们自己所写的文章,从不同的角度对该主题进行了阐释。Hoffmann & Trousdale (2013) 出版的专著《构式语法手册》(*Handbook of Construction Grammar*)中,专辟数章讨论变异和演变问题,特别是 Östman & Trousdale, Fried 和 Hollmann 等几个人的文章所表达的观点是本章讨论中一些观点和主张的延续。对英语变体之间构式可变性的研究极有裨益的一个文献就是《德古意特穆彤版英语变异世界地图》(*Mouton World Atlas of Variation in English*，Kortmann & Lunkenheimer，2013)，特别是后来它又提供了与该书配套的免费网上数据库（http://www.ewave-atlas.org）。最后，Hilpert（2013）提供了构式演变的几个个案研究，说明构式用法中所发生的变异在历时层面上是如何发生的。

9　结束语

　　本书的引介部分提出了一个问题，说人们懂一门语言，那他们都懂些什么？随即，我们就给出了一个非常简要的回答：他们懂构式。答案如此简单，当然可能会给读者造成假象。本书随后的几章试图说清楚上述这个简单句所蕴含的诸多不同的思想内容：构式容纳了从单语素词到复杂句法结构的一切东西；构式将一个形式端和一个意义端连接起来，每个端都有变异的特点；构式的组织具有层级性，它们之间通过各种（承继）链而彼此联系在一起，例如实例链和元件链等等；人们通过在语言使用中接触到它们而学到它们；构式能够激发起人们对语义框架里各部分的联想，并以能促进有效交际的各种方式表达出各种意义。听者在进行语言理解时就会自动接触到各种构式；构式随着时间的推移会产生变化；构式在英语的变体形式之间会显示出各种微妙的或者不那么微妙的差异。这个清单可以继续写下去，但读者已能明白大意：在人们了解构式这个简单的说法背后，实际上关联着一种语言知识观，这个观点包含了一个由各种理念构成的思想网络，是一种语言理论，而本书的目的就在于向各位读者介绍这个理论。

　　现在既然你已经对作为语言理论的构式语法有了一个大致的了解，那么，从逻辑上来讲还有两步要走。第一步，就是要提升你的专业水平，广泛阅读构式语法研究文献，这也要根据你个人的兴趣点而定。在本书的序言部分曾经提到，本书里所讨论的只是代表了构式语法研究的一种"风格"，而你现在对有关的基础知识有了足够的了解，即可以去探知和体味各研究路径之间的差别了，比如认知构式语法（Goldberg，1995、2006）、认知语法

（Langacker，1987）、激进的构式语法（Croft，2001）以及基于符号的构式语法（Boas & Sag，2012）。要想有一个初步的概览性了解，可以从阅读 Hoffmann & Trousdale 所编著的《构式语法手册》(*Oxford Handbook of Construction Grammar*，2013）中的那些文章开始。若要深化对构式语法的了解，你或许还需要进一步选定一个你特别感兴趣的构式语法研究领域。比方说，如果你感兴趣的是第一语言习得，那么有大量的相关构式语法研究文献可供你研读。其中，Tomasello（2003）是很好的一个入门读物，尽管在过去的十年当中已经出现了很多吸引人眼球的新的研究成果。如果你想更多地了解构式语法研究在心理语言学方面的成果，那可以先去读 Goldberg（2006）和 Bencini（2013）。或者经常浏览他人的专业性网页，去了解他们的最新科研成果，这也是个妙招。很多科研人员都把自己的文章放在网上，所以，查询别人的网页甚至能省却你跑图书馆的路程。

　　第二个重要的一步，就是你可以自己进行构式语法研究。本书一直强调的一点就是，构式语法作为一种理论，能作出可被验证的各种预测，而这些预测需要以实证数据为基础来进行评估。假如你是一个学生，正准备写自己的第一篇课程论文，让你去处理一堆数据或许会使你忐忑不安、左右为难。不过，不管这些数据是从语料库搜集而来，或是来自某项实验或者问卷调查的反馈，跟实证性语言数据打交道并不是玩什么巫术魔法。在这种数据基础上开展研究，比起你在相同时间段内所做的任何数量的文献阅读，都能让你获得更多的对语言的了解。研究时，你一定要记得向他人寻求帮助，要跟你的老师或同学讨论你的研究计划。在你着手开始研究的时候，一个不错的方法就是，你可以根据别人已经做过的某个研究来规划构建自己的研究，你可以使用不同来源的数据，或者将研究问题稍作修改。同时，你可以给原作者发一封电子邮件去求教。的确，做科研的人通常都很忙，但是如果读到你的邮件，知道有人在阅读并欣赏自己的文章，这些人一般都很高兴。那么，现在我们再来看看，要写一篇构式语法的课程论文，有什么研究课题可以做呢？有一种类型的研究，叫作"古怪构式"（oddball construction）课程论文，构式语法研究领域内几个经典的研究就是针对这样的模式，例如"What's that scratch doing on my desk"或者"I wouldn't read, let alone review, a book by that guy"。这种类型的课程论文是对某个特异性构式（idiosyncratic construction）进行区分界定，然后对其作出分析和勾勒，一般都要对该构式使用上的限制条件以及那些比较特殊的特征进行描写。如果能证明某个构式偏离了英语中更为常规和原型的那些模式，就能为已有的证据再增添一份证据，来证明人们必定拥有海量的、每个构式所特有的那些知识。在第1章里面，这个特点被隐喻性地描述为"附录规模的增大"。值得我们讨论的第二类课程论文，涉及对某项公开发表的实证研究的复制或再现。构式语法的实证性研究尚处于起步阶段，但也已经有了不少研究，它们并不需要使用什么专门软件或者价格高昂的机器设备，有些人的研究就可以被复制，例如 Bencini & Goldberg（2000）、Gurevich et al.（2010）和 Dąbrowska（2010），等等。也就是说，你可以使用相似或者相同的测试问题，但使用不同的实验参与者，使用自己的电脑，以及你自己用办公室材料制作出的科研道具。同时，你也不要担心，认为仅仅重复别人已经做过的一项研究，可能不会得出任何有价值的结果。但是，你应该认识到，复制研究是科学研究中的重要组成部分，而且，复制经验丰富的科研人员的研究步骤可以让你收获良多。第三类课程论文是用语料库数据去研究构式使用中的变异。此类研究需要选定一个构式，然后去探究它在结构、意义、各变体之间，可能还有不同人群之间以及不同历史阶段等方面的变异特点。做这样的研究不一定要求研究者已经对语料库语言学的研究方法很熟悉，但肯定会要求研究者大胆尝试，并具备相关的技能，从而能回答出他所提出的研究问题。对初学者来说，读者可以使用一些在线网络资源，例如 Mark Davies 开发的语料库套装资源（http://corpus.byu.edu），有了它，你就可以从网页上搜集数据，根本不需要去使用什么专业软件。Wiechmann & Fuhs（2006）介绍了一些用于常规语料库分析的有益的软件。另外，如果你想对语料库语言学进行更深入的学习和研究，Gries（2009）是一部很值得推荐的专著。上面所给的这些建议，我认为并不能涵盖大家所能做的全部类型的研究。我还是建议大家根据自己的兴趣来做，多问多请教，时时用心，处处留意。

　　总而言之，我希望，你读完这本书之后会有深入了解构式语法的意愿。我在前面已经指出，这个理论还在发展之中，也就是说，还有很多问题尚待我们去研究和解决。此外，构式语法及各相关研究领域之间的联系目前也正在建立之中。因此，构式语法的未来会是如何，我们还要拭目以待。同时，如果你愿意在构式语法研究领域中尽一份力，一定会创造出很多研究成果。

参考书目

Aarts, Bas (2000), 'Corpus linguistics, Chomsky and fuzzy tree fragments', in Christian Mair and Marianne Hundt (eds), *Corpus Linguistics and Linguistic Theory*, Amsterdam: Rodopi, pp. 5—13.

Akhtar, Nameera (1999), Acquiring basic word order: Evidence for data-driven learning of syntactic structure', *Journal of Child Language* 26: 339—356.

Ambridge, Ben and Adele E. Goldberg (2008), 'The island status of clausal complements: Evidence in favor of an information structure explanation', *Cognitive Linguistics* 19/3: 349—381.

Arnon, Inbal and Neal Snider (2010), 'More than words: Frequency effects for multi-word phrases', *Journal of Memory and Language* 62/1: 67—82.

Aronoff, Mark (1976), *Word Formation in Generative Grammar*, Cambridge, MA: MIT Press.

Auer, Peter (2005), 'Projection in Interaction and Projection in Grammar', *Text & Talk* 25/1: 7—36.

Baayen, R. Harald (2008), *Analyzing Linguistic Data*, Cambridge: Cambridge University Press.

Bailey, Guy (2008), 'Real and Apparent Time', In Jack K. Chambers, Peter Trudgill, and Natalie Schilling-Estes (eds), *The Handbook of Language Variation and Change*, 2nd edn, Oxford: Blackwell, pp. 312—331.

Baron, Naomi S. (2008), *Always On: Language in an Online and Mobile World*, Oxford: Oxford University Press.

Bauer, Laurie (2006), 'Compounds and minor word-formation types', in Bas Aarts and April McMahon (eds), *The Handbook of English Linguistics*, Malden: Blackwell, pp. 483—506.

Bauer, Laurie and Antoinette Renouf (2001), 'A corpus-based study of compounding in English', *Journal of English Linguistics* 29: 101—23.

Bauer, Laurie and Peter Trudgill (eds) (1998), *Language Myths*, London: Penguin.

Behaghel, Otto (1932), *Deutsche Syntax. Bd. IV: Wortstellung, Periodenbau*, Heidelberg: Winter.

Bencini, Giulia M. L. (2013), 'Psycholinguistics', in Thomas Hoffmann and Graeme Trousdale (eds), *The Oxford Handbook of Construction Grammar*, New York: Oxford University Press, pp. 379—96.

Bencini, Giulia M. L. and Adele E. Goldberg (2000), 'The contribution of argument structure constructions to sentence meaning', *Journal of Memory and Language*, 43/4: 640—651.

Berko Gleason, Jean (1958), 'The Child's learning of English morphology', *Word* 14: 150—77.

Boas, Hans C. (2003), *A Constructional Approach to Resultatives*, Stanford: CSLI.

Boas, Hans C. (2005), 'Determining the productivity of resultative constructions: A reply to Goldberg & Jackendoff', *Language* 81/2: 448—64.

Boas, Hans C. and Ivan A. Sag (eds) (2012), *Sign-Based Construction Grammar*, Stanford: CSLI.

Bock, J. Kathryn (1986), 'Syntactic persistence in language production', *Cognitive Psychology* 18: 355—87.

Booij, Geert (2009), 'Construction morphology and compounding', in Rochelle Lieber and Pavel Stekauer (eds), *The Oxford Handbook of Compounding*, Oxford: Oxford University Press, pp. 201—16.

Booij, Geert (2013), 'Morphology in Construction Grammar', in Thomas Hoffmann and Graeme Trousdale (eds), *The Oxford Handbook of Construction Grammar*, New York: Oxford University Press, pp. 255—73.

Bowerman, Melissa (1979), 'The acquisition of complex sentences', in Michael Garman and Paul Fletcher (eds), *Studies in Language Acquisition*, Cambridge: Cambridge University Press, pp. 285—305.

Boyd, Jeremy K. and Adele E. Goldberg (2011), 'Learning what not to say: The role of statistical preemption and categorization in "a"-adjective production', *Language* 81/1: 1—129.

Braine, Martin D. S. (1976), *Children's First Word Combinations*, Chicago: University of Chicago Press.

Brandt Silke, Evan Kidd, Elena Lieven, and Michael Tomasello (2009), 'The discourse bases of relativization: An investigation of young German and English-speaking children's comprehension of relative clauses', *Cognitive Linguistics* 20/3: 539—70.

Bresnan, Joan (2007), 'Is syntactic knowledge probabilistic? Experiments with the English dative alternation', in Sam Featherston and Wolfgang Sternefeld (eds), *Roots: Linguistics in Search of Its Evidential Base*, Berlin: Mouton de Gruyter, pp. 77—96.

Bresnan, Joan and Marilyn Ford (2010), 'Predicting syntax: Processing dative constructions in American and Australian varieties of English', *Language* 86/1: 186—213.

Bresnan, Joan and Jennifer Hay (2008), 'Gradient Grammar: An effect of animacy on the syntax of *give* in New Zealand and American English', *Lingua* 118/2: 245—59.

Bresnan, Joan, Anna Cueni, Tatiana Nikitina, and R. Harald Baayen (2007), 'Predicting the dative alternation', in Gerlof Boume, Irene Kraemer, and Joost Zwarts (eds), *Cognitive Foundations of Interpretation*, Amsterdam: Royal Netherlands Academy of Science, pp. 69—94.

Brooks, Patricia and Michael Tomasello (1999), 'Young children learn to produce passives with nonce verbs', *Developmental Psychology* 35: 29—44.

Bybee, Joan L. (2010), *Language, Usage, and Cognition*, Cambridge: Cambridge University Press.

Call, Jody and Michael Tomasello (1998), 'Distinguishing intentional from accidental actions in orangutans (*Pongo pygmaeus*), chimpanzees (*Pan troglodytes*), and human children (*Homo sapiens*)', *Journal of Comparative Psychology* 112/2: 192—206.

Carpenter, Malinda, Nameera Akhtar and Michael Tomasello (1998), 'Fourteen-through 18-month-old infants differentially imitate intentional and accidental actions', *Infant Behavior and Development* 21: 315—30.

Casenhiser, Devin and Adele E. Goldberg (2005), 'Fast Mapping of a phrasal form and meaning', *Developmental Science* 8: 500—8.

Chafe, Wallace (1976), 'Givenness, Contrastiveness, definiteness, subjects, topics, and point of view', in Charles N. Li (ed.), *Subject and Topic*, New York: Academic Press, pp. 25—55.

Chafe, Wallace (1987), 'Cognitive constraints and information flow', in Ross Tomlin (ed.), *Coherence and Grounding in Discourse: Outcome of a Symposium*, Amsterdam: John Benjamins, pp. 21—51.

Chomsky, Noam A. (1959), 'Review of *Verbal Behavior*. By B. F. Skinner', *Language* 35/1: 26—58.

Croft, William A. (2001), *Radical Construction Grammar: Syntactic Theory in Typological Perspective*, Oxford: Oxford University Press.

Croft, William A. (2007), 'Construction Grammar', in Hubert Cuyckens and Dirk Geeraerts (eds), *The Oxford Handbook of Cognitive Linguistics*, Oxford: Oxford University Press, pp. 463—508.

Croft, William A. and D. Alan Cruse (2004), *Cognitive Linguistics*, Cambridge: Cambridge University Press.

Culicover, Peter W. and Ray S. Jackendoff (1999), 'The view from the periphery: The English comparative correlative', *Linguistic Inquiry* 30: 543—71.

Dąbrowska, Ewa (2008), 'Questions with long-distance dependencies: A usage-based perspective', *Cognitive Linguistics* 19/3: 391—425.

Dąbrowska, Ewa (2010), 'Naive v. expert intuitions: An empirical study of acceptability judgments', *Linguistic Review* 27: 1—23.

Dąbrowska, Ewa and Elena Lieven (2005), 'Towards a lexically specific grammar of children's question constructions', *Cognitive Linguistics* 16/3: 437—74.

Dąbrowska, Ewa, Caroline Rowland, and Anna Theakston (2009), 'The acquisition of questions with long-distance dependencies', *Cognitive Linguistics* 20/3, 571—97.

Davies, Mark (2010), *The Corpus of Historical American English (COHA): 400 + million words, 1810-2009*, available online at http://corpus.byu.edu/coha.

Deutscher, Guy (2005), *The Unfolding of Language*, New York: Holt.

Diessel, Holger (2004), *The Acquisition of Complex Sentences*, Cambridge: Cambridge University Press.

Diessel, Holger (2013), 'Construction Grammar and first language acquisition', in Thomas Hoffmann and Graeme Trousdale (eds), *The Oxford Handbook of Construction Grammar*, Oxford: Oxford University Press, pp. 347—64.

Diessel, Holger and Michael Tomasello (2001), 'The acquisition of finite complement clauses in English: A corpus-based analysis', *Cognitive Linguistics* 12: 1—45.

Diessel, Holger and Michael Tomasello (2005), 'A new look at the acquisition of relative clauses', *Language* 81/1: 1—25.

Du Bois, John (1985), 'Competing motivations', in John Haiman (ed.), *Iconicity in Syntax*, Amsterdam: John Benjamins, pp. 343—65.

Evans, Vyvyan and Melanie Green (2006), *Cognitive Linguistics: An Introduction*, Edinburgh: Edinburgh University Press.

Fillmore, Charles J., Paul Kay, and Mary Catherine O'Connor (1988), 'Regularity and idiomaticity in grammatical constructions: The case of *let alone*', *Language* 64/3: 501—38.

Fillmore, Charles J., Russell R. Lee-Goldman, and Russell Rhodes (2012), 'The FrameNet Constructicon', in Hans C. Boas and Ivan A. Sag (eds), *Sign-Based Construction Grammar*, Stanford: CSLI, pp. 283—99.

Fried, Mirjam and Jan-Ola Östman (eds) (2004), *Construction Grammar in a Cross-Language Perspective*, Amsterdam: John Benjamins.

Gahl, Susanne and Susan M. Garnsey (2004), 'Knowledge of grammar, knowledge of usage: Syntactic probabilities affect pronunciation variation', *Language* 80/4: 748—75.

Gibson, Edward and Eva Fedorenko (2010), 'Weak quantitative standards in linguistic research', *Trends in Cognitive Sciences* 14/6: 233—4.

Giegerich, Heinz (2004), Compound or phrase? English noun-plus-noun constructions and the stress criterion, *English Language and Linguistics* 8/1: 1—24.

Goldberg, Adele E. (1995), *Constructions: A Construction Grammar Approach to Argument Structure*, Chicago: University of Chicago Press.

Goldberg, Adele E. (2001), 'Patient arguments of causative verbs can be omitted: The role of information structure in argument distribution', *Language Sciences* 23: 503—24.

Goldberg, Adele. E. (2003), 'Constructions: A new theoretical approach to language', *Trends in Cognitive Sciences* 7/5: 219—24.

Goldberg, Adele E. (2006), *Constructions at Work: The Nature of Generalization in Language*, Oxford: Oxford University Press.

Goldberg, Adele E. (2011), 'Corpus evidence of the viability of statistical preemption', *Cognitive Linguistics* 22/1: 131—54.

Goldberg, Adele E. (2013), 'Constructionist approaches', in Thomas Hoffmann and Graeme Trousdale (eds), *The Oxford Handbook of Construction Grammar*, Oxford: Oxford University Press, pp. 19—31.

Goldberg, Adele E. and Farrell Ackerman (2001), 'The pragmatics of obligatory adjuncts', *Language* 77/4: 798—814.

Goldberg, Adele E. and Giulia M. L. Bencini (2005), 'Support from language processing for a constructional approach to grammar', in Andrea Tyler (ed.), *Language In Use: Cognitive and Discourse Perspectives on Language and Language Learning*, Washington,

DC: Georgetown University Round Table on Languages and Linguistics, pp. 3—18.

Goldberg, Adele E. and Ray S. Jackendoff (2004), 'The English resultative as a family of constructions', *Language* 80/4: 532—67.

Goldberg, Adele E., Devin M. Casenhiser, and Nitya Sethuraman (2004), 'Learning argument structure generalizations', *Cognitive Linguistics* 15/3: 286—316.

Green, Greorgia M. (1985), 'The description of inversions in Generalized Phrase Structure Grammar', *Berkeley Linguistics Society* 11: 117—46.

Gregory, Michelle and Laura A. Michaelis (2001), 'Topicalization and left-dislocation: A functional opposition revisited', *Journal of Pragmatics* 33/11: 1665—706.

Grice, Herbert Paul (1975), 'Logic and conversation', in Peter Cole and Jerry Morgan (eds), *Syntax and Semantics*. Vol. 3. New York: Academic Press, pp. 41—58.

Gries, Stefan T. (2004), 'Shouldn't it be breakfunch? A quantitative analysis of the structure of blends', *Linguistics* 42/3: 639—67.

Gries, Stefan T. (2005), 'Syntactic priming: A corpus-based approach', *Journal of Psycholinguistic Research* 34/4: 365—99.

Gries, Stefan T. (2009), *Quantitative Corpus Linguistics with R: A Practical Introduction*, London: Routledge.

Gries, Stefan T. (2011), 'Corpus data in usage-based linguistics: What's the right degree of granularity for the analysis of argument structure construttion?', in Mario Brdar, Stefan T. Gries, and Milena Žic Fuchs (eds). *Cognitive Linguistics: Convergence and Expansion*, Amsterdam and Philadelphia: John Benjamins, pp. 237—56.

Gries, Stefan T. (2012), 'Frequencies, probabilities, association measures in usage-/exemplar-based linguistics: Some necessary clarifications', *Studies in Language* 36/3: 477—510.

Gries, Stefan T. (2013), *Statistics for Linguistics with R*, 2nd edn, Berlin: Mouton de Gruyter.

Gries, Stefan T. and Anatol Stefanowitsch (2004a), 'Extending collostructional analysis: A corpus-based perspective on "alternations", *International Journal of Corpus Linguistics* 9/1: 97—129.

Gries, Stefan T. and Anatol Stefanowitsch (2004b), 'Co-varying collexemes in the *into*-causative', in Michel Achard and Suzanne Kemmer (eds), *Language, Culture, and Mind*, Stanford: CSLI, pp. 225—36.

Gries, Stefan T. and Stefanie Wulff (2005), 'Do foreign language learners also have constructions? Evidence from priming, sorting, and corpora', *Annual Review of Cognitive Linguistics* 3: 182—200.

Gries, Stefan T., Beate Hampe, and Doris Schönefeld (2005), 'Converginy evidence: Bringing together experimental and corpus data on the association of verbs and constructions', *Congitive Linguistics*, 16/4: 634—76.

Griffiths, Patrick (2006), *An Introduction to English Semantics and Pragmatics*, Edinburgh: Edinburgh University Press.

Gropen, Jess, Steven Pinker, Michelle Hollander, Richard Goldberg, and Ronald Wilson (1989), 'The learnability and acquistion of dative alternation in English', *Language* 65/2: 203—57.

Gurevich, Olya, Matt Johnson, and Adele E. Goldberg (2010), 'Incidental verbatim memory for language', *Language and Cognition* 2/1: 45—78.

Halliday, M. A. K. (1967), 'Notes on transitivity and theme in English. Part 2', *Journal of Linguistics* 3: 199—244.

Hankamer, Jorge and Ivan A. sag (1976), 'Deep and surface anaphora', *Linguistic Inquiry* 7/3: 391—428.

Hare, Brian and Michael Tomasello (2005), 'Human-like social skills in dogs?', *Trends in Cognitive Science* 9: 439—44.

Haspelmath, Martin and Thomas Müller-Bardey (2004), 'Valency change', in Geert Booij, Christian Lehmann, and Joachim Mugdan (eds), *Morphology: A Handbook on Inflection and Word Formation*, Vol. 2, Berlin: de Gruyter, pp. 1130—45.

Hauser, Marc D. (1996), *The Evolution of Communication*, Cambridge, MA: MIT Press.

Hauser, Marc D., Noam A. Chomsky, and Tecumseh W. Fitch (2002), 'The faculty of language: What is it, who has it, and how did it evolve?', *Science* 298: 1569—79.

Hay, Jennifer (2002), 'From speech perception to morphology: Affix-ordering revisited', *Language* 78/3: 527—55.

Hay, Jennifer and Ingo Plag (2004), 'What constrains possible suffix combinations? On the interaction of grammatical and processing restrictions in derivational morphology', *Natural Language and Linguistic Theory* 22: 565—96.

Healy, Alice F. and George A. Miller (1970), 'The verb as the main determinant of sentence meaning', *Psychonomic Science* 20: 372.

Herbst, Thomas and Katrin Götz-Votteler (eds) (2007), *Valency: Theoretical, Descriptive and Cognitive Issues*, Berlin: de Gruyter.

Herbst, Thomas, David Heath, Ian Roe, and Dieter Götz (2004), *A Valency Dictionary of English*, Berlin: de Gruyter.

Hilferty, Joseph (2003), In defense of grammatical constructions, PhD dissertation, University of Barcelona.

Hilpert, Martin (2006), 'Distinctive collexemes and diachrony', *Corpus Linguistics and Linguistic Theory* 2/2: 243—57.

Hilpert, Martin (2008), *Germanic Future Constructions. A Usage-Based Approach to Language Change*, Amsterdam: John Benjamins.

Hilpert, Martin (2013), *Constructional Change in English: Developments in Allomorphy, Word Formation, and Syntax*, Cambridge: Cambridge University Press.

Himmelmann, Nikolaus P. (2004), 'Lexicalization and grammaticization: Opposite or orthogonal?', in Walter Bisang, Nikolaus P. Himmelmann, and Björn Wiemer (eds), *What Makes Grammaticalization: A Look from its Components and its Fringes*, Berlin: Mouton de Gruyter, pp. 21—42.

Hockett, Charles F. (1966), 'The problem of universals in language', in Joseph H. Greenberg (ed.), *Universals of Language*, Cambridge, MA: MIT Press, pp. 1—29.

Hoffmann, Thomas (2013), 'Abstract phrasal and clausal constructions', in Thmay Hoffmann and Graeme Trousdale (eds), *The Oxford*

Handbook of Construction Grammar, Oxford: Oxford University Press, pp. 307—28.

Hoffmann, Thomas and Graeme Trousdale (2011), 'Variation, change and constructions in English, *Cognitive Linguistics* 22/1: 1—23.

Hoffmann, Thomas and Graeme Trousdale (eds) (2013), *The Oxford Handbook of Construction Grammar*, Oxford: Oxford University Press.

Hopper, Paul J. and Sandra A. Thompson (1980), 'Transitivity in grammar and discourse', Language 56/2: 251—99.

Huddleston, Rodney and Geoffrey K. Pullum (2002), *The Cambridge Grammar of the English Language*, Cambridge: Cambridge University Press.

Imo, Wolfgang (2007), *Construction Grammar and Gesprochene-Sprache-Forschung: Konstruktionen mit zehn matrixsatz fähigen Verben im gesprochenen Deutsch*. Tübingen: Niemyer.

Israel, Michael (1996), 'The *way* constructions grow', in Adele Goldberg (ed.), *Conceptual Structure, Discourse and Language*, Stanford: CSLI, pp. 217—30.

Kaschak, Michael and Arthur Glenberg (2000), 'The role of affordances and grammatical constructions in language comprehension', *Journal of Memory and Language* 43: 508—29.

Kay, Paul and Charles J. Fillmore (1999), 'Grammatical constructions and linguistic generalizations: The *What's X Doiny Y?* construction', *Language* 75/1: 1—33.

Keller, Rudi (1994), *On Language Change: The Invisible Hand in Language*, London: Routledge.

Kiesling, Scott (2004), 'Dude', *American Speech* 79/3: 281—305.

Kintsch, Walter (1998), *Comprehension: A Paradigm for Cognition*, Cambridge: Cambridge University Press.

Kirchhofer Katharina C., Felizitas Zimmermann, Juliane Kaminski, and Michael Tomasello (2012), 'Dogs (*Canis familiaris*), but not chimpanzees (*Pan troglodytes*), Understand imperative pointing', *PLoS ONE* 7/2: e30913.

Kortmann, Bernd and Kerstin Lunkenheimer (eds) (2013), *The Mouton World Atlas of Variation in English*, Berlin: de Gruyter.

Labov, William (1969), 'Contraction, deletion, and inherent variability of the English copula', *Language* 45/4: 715—62.

Labov, William (1994), *Principles of Linguistic Change. Vol I: Internal Factors*, Oxford: Blackwell.

Labov, William (2001), *Principles of Linguistic Change. Vol II: Social Factors*, Oxford: Blackwell.

Lakoff, George (1974), 'Syntactic amalgams', *Chicago Linguistics Society* 10: 321—44.

Lakoff, George (1987), *Women, Fire, and Dangerous Things: What Categories Reveal about the Mind*, Chicago: University of Chicago Press.

Lakoff, George and Mark Johnson (1980), *Metaphors We Live By*, Chicago: University of Chicago Press.

Lambrecht, Knud (1994), *Information Structure and Sentence Form: Topic, Focus and the Mental Representations of Discourse Referents*, Cambridge: Cambridge University Press.

Lambrecht, Knud (2001a), 'A framework for the analysis of cleft constructions', *Linguistics* 39/3: 463—516.

Lambrecht, Knud (2001b), 'Dislocation', in Martin Haspelmath, Ekkehard König, Wulf Oesterreicher and Wolfgang Raible (eds), *Language Typology and Language Universals: An International Handbook*, Vol. 2, Berlin: Walter de Gruyter, pp. 1050—78.

Langacker, Ronald W. (1987), *Foundations of Cognitive Grammar. Vol. 1: Theoretical Prerequisites*, Stanford: Stanford University Press.

Langacker, Ronald W. (1995), 'Raising and transparency', *Language* 71/1: 1—62.

Leino, Jaakko (2013), 'Abstract phrasal and clausal constructions', in Thomas Hoffmann and Graeme Trousdale (eds), *The Oxford Handbook of Construction Grammar*, Oxford: Oxford University Press, pp. 329—44.

Levin, Beth (1993), *English Verb Classes and Alternations: A Preliminary Investigation*, Chicago: University of Chicago Press.

Levin, Beth and M. Rappaport Hovav (2005), *Argument Realization*, Cambridge: Cambridge University Press.

Lieven, Elena, Julian Pine, and Gillian Baldwin (1997), 'Lexically-based learning and the development of grammar in early multi-word speech', *Journal of Child Language* 24/1:187—219.

Lieven, Elena, Heike Behrens, Jenny Speares and Michael Tomasello (2003), 'Early syntactic creativity: A usage-based approach', *Journal of Child Language* 30: 333—70.

Lieven, Elena, Dorothé Salomo, and Michael Tomasello (2009), 'Two-year-old children's production of multiword utterances: A usage-based analysis', *Cognitive Linguistics*, 20/3:481—508.

Lindquist, Hans (2009), *Corpus Linguistics and the Description of English*, Edinburgh: Edinburgh University Press.

Loebell, Helga and J. Kathryn Bock (2003), 'Structural priming across languages', *Linguistics* 41/5: 791—824.

Mair, Christian (1987), '*Tough*-movement in present-day British English: A corpus-based study', *Studia Linguistica* 41/1: 59—71.

Mair, Christian and Geoffrey Leech (2006), 'Current Changes in English syntax', in Bas Aarts and April McMahon (eds), *The Handbook of English Linguistics*, Oxford: Blackwell, pp. 318—42.

Mayerthaler, Willi (1981), *Morphologische Natürlichkeit*, Wiesbaden: Athenaion.

Michaelis, Laura A. (2004), 'Type shifting in Construction Grammar: An integrated approach to aspectual coercion', *Cognitive Linguistics* 15/1: 1—67.

Michaelis, Laura A. and Knud Lambrecht (1996), 'Toward a construction-based theory of language function: The case of nominal extraposition', *Language* 72/2: 215—47.

Neely, James H. (1976), 'Semantic priming and retrieval from lexical memory: Evidence for facilitatory and inhibitory processes', *Memory & Cognition* 4: 648—54.

Newman, John and Sally Rice (2006), 'Transitivity schemas of English EAT and DRINK in the BNC', in Stefan T. Gries and Anatol Stefanowitsch (eds), *Corpora in Cognitive Linguistics: Corpus-Based Approaches to Syntax and Lexis*, Berlin: Mouton de Gruyter, pp. 225—60.

Oates, John and Andrew Grayson (2004), *Cognitive and Language Development in Children*, Oxford: Blackwell.

Patten, Amanda L. (2010), 'Grammaticalization and the *it*-cleft construction', in Elizabeth C. T'raugott and Graeme Trousdale (eds), *Gradience, Gradualness and Grammaticalization*, Amsterdam: John Benjamins, pp. 221—43.

Payne, Thomas (1997), *Describing Morphosyntax: A Guide for Field Linguists*, Cambridge: Cambridge University Press.

Perek, Florent (2012), 'Alternation-based generalizations are stored in the mental grammar: Evidence from a sorting task experiment', *Cognitive Linguistics* 23/3: 601—35.

Pickering, Martin and Victor S. Ferreira (2008), 'Structural priming: A critical review', *Psychological Bulletin* 134/3: 427—59.

Pinker, Steven (1984), *Language Learnability and Language Development*, Cambridge, MA: Harvard University Press.

Pinker, Steven (1989), *Learnability and Cognition: The Acquisition of Argument Structure*, Cambridge, MA: MIT Press.

Plag, Ingo (1999), *Morphological Productivity: Structural Constraints in English Derivation*, Berlin: Mouton de Gruyter.

Plag, Ingo (2003), *Word-Formation in English*, Cambridge: Cambridge University Press.

Prince, Ellen (1978), 'A Comparison of *wh*-clefts and *it*-clefts in Discourse', *Language* 54/4: 883—906.

Prince, Ellen (1981), 'Toward a taxonomy of given-new information', in Peter Cole (ed.) *Radical Pragmatics*, New York: Academic Press, pp. 223—56.

Quirk, Randolph, Sidney Greenbaum, Geoffrey Leech and Jan Svartvik (1985), *A Comprehensive Grammar of the English Language*,

New York: Longman.

Ramus, Franck, Marc D. Hauser, Cory Miller, Dylan Morris and Jacques Mehler (2000), 'Language discrimination by human newborns and by cotton-top tamarin monkeys', *Science* 288: 349—51.

Ross, John Robert (1967), 'Constraints on variables in syntax', PhD dissertation, MIT.

Ruppenhofer, Josef (2005), Regularities in null instantiation, Ms.

Ruppenhofer, Josef and Laura A. Michaelis (2010), 'A constructional account of genre-based argument omissions', *Constructions and Frames* 2: 158—84.

Saeed, John (2003), *Semantics*, 2nd edn, Oxford: Blackwell.

Sag, Ivan A. (2010), 'English filler-gap constructions', *Language* 86/3: 486—545.

Sag, Ivan A., Thomas Wasow, and Emily Bender (2003), *Syntactic Theory: A Formal Introduction*, 2nd edn, Stanford: CSLI.

Sato, Yoruke (2010), 'Complex phrase structures within morphological words: Evidence from English and Indonesian', *Lingua* 120/2: 379—407.

Schütze, Carson T. (1996), *The Empirical Base of Linguistics: Grammaticality Judgments and Linguistic Methodology*, Chicago: University of Chicago Press.

Siegel, Dorothy (1974), 'Topics in English morphology', PhD dissertation, MIT.

Spencer, Andrew (1988), 'Bracketing paradoxes and the English lexicon', *Language* 64/3: 663—82.

Stefanowitsch, Anatol (2003), 'Constructional semantics as a limit to grammatical alternation: The two genitives of English', in Günter Rohdenburg and Britta Mondorf (eds), *Determinants of Grammatical Variation in English*, Berlin and New York: Mouton de Gruyter, pp. 413—41.

Stefanowitsch, Anatol (2006), 'Negative evidence and the raw frequency fallacy', *Corpus Linguistics and Linguistic Theory* 2/1:

61—77.

Stefanowitsch, Anatol (2008), 'Negative entrenchment: A usage-based approach to negative evidence', *Cognitive Linguistics* 19/3: 513—31.

Stefanowitsch, Anatol (2011), 'Constructional preemption by contextual mismatch: A corpus-linguistic investigation', *Cognitive Linguistics* 22/1: 107—29.

Stefanowitsch, Anatol and Stefan T. Gries (2003), 'Collostructions: Investigating the interaction of words and constructions', *International Journal of Corpus Linguistics* 8/2: 209—43.

Stemberger, Joseph P. and Brian MacWhinney (1988), 'Are inflected forms stored in the lexicon?' In Michael Hammond and Michael Noonan (eds), *Theoretical Morphology*, New York: Academic Press, 101—16.

Sweetser, Eve (1990), *From Etymology to Pragmatics: Metaphorical and cultural Aspects of Semantic Structure*, Cambridge: Cambridge University Press.

Szmrecsanyi, Benedikt (2006), *Morphosyntactic Persistence in Spoken English: A Corpus Study at the Intersection of Variationist Sociolinguistics, Psycholinguistics, and Discourse Analysis*, Berlin: Mouton de Gruyter.

Tagliamonte, Sali A. (2006), *Analysing Sociolinguistic Variation*, Cambridge: Cambridge University Press.

Takahashi, Hidemitsu (2012), *A Cognitive Linguistic Analysis of the English Imperative: With Special Reference to Japanese Imperatives*, Amsterdam: John Benjamins.

Taylor, John R. (1989), 'Possessive genitives in English', *Linguistics* 27: 663—86.

Taylor, John R. (1996), *Possessives in English: An Exploration in Cognitive Grammar*, Oxford: Oxford University Press.

Taylor, John R. (2012), *The Mental Corpus: How Language is Represented in the Mind*, Oxford: Oxford University Press.

Tennie, Claudio, Josep Call, and Michael Tomasello (2012),

'Untrained Chimpanzees (*Pan troglodytes schweinfurthii*) fail to imitate novel actions', *PLoS ONE* 7: e41548.

Thompson, Sandra A., and Paul J. Hopper (2001), 'Transitivity, clause structure, and argument structure: Evidence from conversation', in Joan L. Bybee and Paul J. Hopper (eds), *Frequency and the Emergence of Linguistic Structure*, Amsterdam: John Benjamins, pp. 27—60.

Tomasello, Michael (1992), *First Verbs: A Case Study of Early Grammatical Development*, Cambridge: Cambridge University Press.

Tomasello, Michael (2000a), 'The item based nature of children's early syntactic development', *Trends in Cognitive Sciences* 4: 156—63.

Tomasello, Michael (2000b), 'Do young children have adult syntactic competence?', *Cognition* 74: 209—53.

Tomasello, Michael (2003), *Constructing a Language: A Usage-based Theory of Language Acquisition*, Cambridge, MA: Harvard University Press.

Tomasello, Michael (2007), 'Construction Grammar for Kids', *Constructions*, Special Vol. 1, available online of http://elanguage.net/journals/constructions.

Tomasello, Michael and Michael Jeffrey Farrar (1986), 'Joint attention and early language', *Child Development* 57: 1454—63.

Tomasello, Michael, Nameera Akhtar, Kelly Dodson, and Laura Rekau (1997), 'Differential productivity in young children's use of nouns and verbs', *Journal of Child Language* 24: 373—87.

Trousdale, Graeme (2010), *An Introduction to English Sociolinguistics*, Edinburgh: Edinburgh University Press.

Van Eynde, Frank (2007), 'The Big Mess construction', in Stefan Müller (ed.), *Proceedings of the HPSG-07 Conference*, pp. 415—33.

Van Marle, Jaap (1985), *On the Paradigmatic Dimension of Morphological Creativity*, Dordrecht: Foris.

Wanner, Eric and Michael Maratsos (1978), 'An ATN approach to comprehension', in Morris Halle, Joan Bresnan, and George Miller (eds), *Linguistic Theory and Psychological Reality*, Cambridge: Cambridge University Press, pp. 119—61.

Wasow, Tom and Jennifer E. Arnold (2003), 'Postverbal constituent ordering in English', in Günther Rohdenburg and Britta Mondorf (eds), *Determinants of Grammatical Variation in English*, The Hague: Mouton, pp. 120—54.

Wiechmann, Daniel (to appear), *Understanding Relative Clauses: A Usage-Based View on the Processing of Complex Constructions*, Berlin: de Gruyter.

Wiechmann, Daniel and Stefan Fuhs (2006), 'Concordancing Software', *Corpus Linguistics and Linguistic Theory* 2/1: 109—30.

Wolk, Christoph, Joan Bresnan, Anette Rosenbach, and Benedikt Szmrecsanyi (2013), 'Dative and genitive variability in Late Modern English: Exploring cross-constructional variation and change', *Diachronica* 30/3.

Wonnacott, Elizabeth, Jeremy Boyd, Jennifer Thomson, and Adele E. Goldberg (2012), 'Input effects on the acquisition of a novel phrasal construction in five year olds', *Journal of Memory and Language* 66: 458—78.

Wulff, Stefanie, Anatol Stefanowitsch, and Stefan T. Gries (2007), 'Brutal Brits and persuasive Americans: Variety-specific meaning construction in the *into*-causative', in Günter Radden, Klaus-Michael Köpcke, Thomas Berg, and Peter Siemund (eds), *Aspects of Meaning Construction*, Amsterdam: John Benjamins, pp. 265—281.

Zeschel, Arne (2009), 'What's (in) a construction?', in Vyvyan Evans and Stéphanie Pourcel (eds), *New Directions in Cognitive Linguistics*, Amsterdam: John Benjamins, pp. 185—200.

翻译后记

做翻译是外语教师人生的一部分。我从事高校英语教学20多年，虽非翻译专业出身，却"不务正业"，总想做点"严肃的"翻译，留下一点文字的东西，能传诸后世，续十载之用。但是，教学和科研的压力却从不减少，生活的艰难和挑战总是和堆积如山的书本一起挡在我面前，叫我不能如愿。时间都去哪儿了？答案心知肚明，徒有无奈。

对于永不停歇的学人来说，要学会"顾此失彼"，须在各目标之间作出取舍，轻重缓急，适时而定。当我还在为撰写博士后出站报告费心劳神之时，我邂逅了此书。浏览目录，爱不释手，看完两章，竟生出着手翻译之意。这不仅是因为著者的科研兴趣和学术思想吸引我，更是因为，此书以轻快随和的表达风格，专为语言学专业的入门研究者系统地介绍构式语法理论，这最能满足我们的需要。从Charles J. Fillmore和Paul Kay等开山鼻祖算起，短短数十年间，构式语法研究的规模逐渐扩大，影响逐渐增强，内部已有多个门派，并创建了自己的学术网站、期刊，定期召开国际学术会议，有关专著、期刊论文和学位论文如雨后春笋般出现，遍及全球。对语言学者来说，这是一个必须正视、思考，必须评判和选择的客观事实。我虽是半路出家，自学句法理论，却强烈地感受到构式语法理论基于认知语言学的那种科学性，那种不多见的自然、真实、可信，让我觉得很亲近。我国语言学研究有相对较好的结构主义语言学、系统功能语言学和认知语言学传统，近二十年来，构式语法研究在汉语界和外语界迅速发展，成果丰硕，令人欣慰。国内读者最熟悉的是以Goldberg为代表的认知构式语法分支,她本人的两部专著已有汉译版出版,即 Goldberg(1995,2006),堪称构式语法理论的"圣经之作"。但前者基于博士论文,旨在提出和证明其构式语法理念,讨论并不系统,而后者虽在研究深度上有飞跃,但艰深晦涩,并不适合语言学专业本科生、硕士生阅读。更令人遗憾的是,最近国内知名出版社出版的多部语言学名著译本,其中的硬伤不少,部分表述谬误或读来生硬拗口,显然是因译者对原著文字的理解失误或不当造成的。而这些译者,据我了解,大多数都是中文专业出身,这些同行有扎实的语言学理论功底和深厚的学术素养,学术热情高,但要在短期内对本领域内的权威性学术论著做出高质量的翻译,还是有困难的。而英语界同仁鲜有学术论著译著出版,我想大概是因为这是一份吃力不讨好的苦差事,空有付出,鲜有回报,或许是大小环境使然吧。近年来,国内外构式语法的有关专著和文集虽不少,但大学课堂上还缺少一本针对性强,既不乏理论色彩又例证丰富、阐释清楚、适合学生自学的引论性教材。Paul Kay 教授曾对我说,他想编写一本适用于美国大学课堂的构式语法教程,可惜他已高龄;而 Charles J. Fillmore 教授也已于去年驾鹤西归。据我了解,由他们编写的有关教案还是有的,但正式出版的教材在欧美都还未见,实为憾事!而手头此书,正是国外大学试用过的教材,虽不能说是最理想的,但也是现有条件下最令人满意的"类教科书"!

我觉得我可以为此做点事情,也应该做点事情!18 年前,我还在攻读硕士学位的时候,就深切感同于英语界和汉语界的前辈们加快解决"两张皮"问题的呼吁,后来我转做英汉语言比较研究,不仅感到国内英汉语言学界同仁本应取长补短、携手共进,更觉得五湖四海、国内国外的语言学者本就是一家人!今天,我想,机会来了,我来为语言学同行做点事情!

有了上述使用目的和对象读者群,我要说一下翻译标准问题。首先声明,我赞同季羡林先生对严复三字标准的评价,即平正公允。我觉得,从理论上讲,这是最务实低调、贴近实际、可操作性和可验察性都较强的标准。我取"信"和"达"。"信",就是译入语语言表达在遣词造句和文体风格方面忠实于原文,此处要做到轻松随意,恰如师生闲聊,娓娓道来;"达",则是译入语语言表达自然通畅，合乎现代汉语的语法规范和表达习惯。这或许会降低翻译难度，但同时带来语言背后的文化和思维特点问题，比如英语多用无灵主语，汉语常用有灵主语。若过"信"，则翻译腔必浓重，即使挑不出多少语法毛病，但读者读起来感觉怪异；若多一点归化，多来点汉语表达的习惯和特点，"信"的标准又要大打折扣，原文的思维和表达风格必会多有损失，而这些也是原文风格内涵的一部分，应予保留。既然本书面向语言学专业的本科生和硕士生，比照他们的英语训练经历和水平，我的折中方案是，以有利于学生准确理解和把握书中思想和观点为终极目标和衡量标准，在尽可能忠实于原文思维和表达特点的基础上，适度归化、调整表达方式：学生能理解和接受的英语风格的表达方式尽量保留，不太能接受或严重影响理解的那些表达方式就尽量归化处理。因此，读者会发现，译文的大部分表达仍有较浓厚的"异域"色彩。我希望这种忠实也能让汉语背景的学生得到一些启发，这样，他们在阅读英文文献、用英文写作的时候会感到更熟悉、更习惯、更容易。基于同样的考虑，由于术语翻译尚无统一标准，译文中有些英语原词和术语提供得较多，个别地方还有重复，这些都是我有意而为之。有些重要的例句，为便于说明阐释及（汉语背景的）读者理解，我也做了相应的翻译。

同时，我也想借此机会说一说与此译有关的三位学者。2011年，我留学英国兰卡斯特大学的时候，两位合作导师 Anna Siewierska 和 Geoffrey Neil Leech 都很支持我做英语双及物构式的历时演变研究。Anna 是著名的语言类型学家，但她学术思想开放包容，对构式语法理论持欣赏欢迎的态度，也有构式语法研究的论文发表。Geoffrey 是时代标杆人物，他对构式语法研究非常支持。他曾对我说，这个理论抓住了语言的符号性特征和本质，关注心理学和社会学等因素，很"靠谱"。他鼓励我去做深、做细、做系统。这两位都是谦和低调、宅心仁厚的大学问家，今"君"虽终，但鼓励和鞭策之言犹然在耳，我暂以此书表达对他们的深切缅怀。第三位学者，是我在浙江大学汉语史研究中心的博士后合作导师汪维辉教授，他是古汉语词汇学权威。我没有任何古汉语基础，自回国之后就异想天开，企图把英汉句法研究的纵横古今串联整合起来。汪先生破天荒地接纳了我这个英语背景的门外汉，耳提面命、循循善诱，给了我此生求学的最后机会。我也把这本匆匆译出的小书送给他，不惟对他的教导表达谢忱，也是对我在博士后工作站学习工作三年的部分交待。

如著者在书中所言，构式语法理论是关于一般意义上自然语言的理论，说得直白些，它理应对全部的人类语言适用。就我国境内而言，不论是汉语等民族语言（含方言），或者英语等外语，对这些语言的研究理应都能从本书讨论中获得一些启示。因此，我希望此书汉译版以其系统通俗、简明易读而应我国读者亟需，成为一本普适语言学专业大众的教材或教参。同时，希望今后国内同行自己编纂构式语法教材时也应能从中获益。

本书得以出版，要感谢中英双方出版社的携手合作。衷心感谢爱丁堡大学出版社的责任编辑 Laura Williamson 女士和 Richard Strachan 先生，还有北京大学出版社的王飙先生，他以友好积极的姿态和敏锐专业的眼光将此书的原著版和翻译版同时推向国内图书市场，值得称道。责任编辑唐娟华女士为译稿的核对编辑付出了大量艰辛和汗水，对译文的部分文字表述作了一定的润色修改，我也要向她致以衷心谢忱。同时，也要感谢原著者 Martin Hilpert 教授的热情帮助。此外，本书的出版也部分得益于中国博士后科学基金第 55 批面上资助项目（资助编号 2014M551717）的支持，对此，我表示衷心的感谢！

最后，我要恳请读者对译文中可能出现的谬误予以理解和宽容。我满负荷全职工作中的两个月期间，努力做到殚思竭虑，一字不苟，虽无"一名之立，旬月踟蹰"的境界，但也有"吟安一个字，捻断数茎须"的初步体会，怎奈语言学素养和文字表达功底都很有限！尽管这是我作为英语语言学专业教师的初次翻译尝试，我也毫无理由为自己的愚妄和拙劣开脱。我要为汉译版中可能出现的谬误负全责，但也非常乐意接受读者朋友们的批评和反馈！

张国华
2015 年 7 月
于武昌晓南湖畔

北京大学出版社语言学教材总目

博雅 21 世纪汉语言专业规划教材：专业基础教材系列

　　语言学纲要（修订版）　　叶蜚声、徐通锵著，王洪君、李娟
　　　　　　　　　　　　　　修订
　　语言学纲要（修订版）学习指导书　　王洪君等编著
　　现代汉语（第二版）（上）　　黄伯荣、李炜主编
　　现代汉语（第二版）（下）　　黄伯荣、李炜主编
　　现代汉语学习参考　　黄伯荣、李炜主编
　　古代汉语　　邵永海主编（即出）
　　古代汉语阅读文选　　邵永海主编（即出）
　　古代汉语常识　　邵永海主编（即出）

博雅 21 世纪汉语言专业规划教材：专业方向基础教材系列

　　语音学教程（增订版）　　林焘、王理嘉著，王韫佳、王理嘉
　　　　　　　　　　　　　　增订
　　实验语音学基础教程　　孔江平编著
　　现代汉语词汇学教程　　周荐编著
　　简明实用汉语语法教程（第二版）　　马真著
　　当代语法学教程　　熊仲儒著
　　修辞学教程（修订版）　　陈汝东著
　　汉语方言学基础教程　　李小凡、项梦冰编著
　　语义学教程　　叶文曦编著
　　新编语义学概要（修订版）　　伍谦光编著
　　语用学教程（第二版）　　索振羽编著
　　语言类型学教程　　陆丙甫、金立鑫主编
　　汉语篇章语法教程　　方梅编著（即出）

汉语韵律语法教程　冯胜利、王丽娟著（即出）

新编社会语言学概论　祝畹瑾主编

计算语言学教程　詹卫东编著（即出）

音韵学教程（第五版）　唐作藩著

音韵学教程学习指导书　唐作藩、邱克威编著

训诂学教程（第三版）　许威汉著

校勘学教程　管锡华著

文字学教程　喻遂生著

汉字学教程　罗卫东编著（即出）

文化语言学教程　戴昭铭著（即出）

历史句法学教程　董秀芳著（即出）

博雅21世纪汉语言专业规划教材：专题研究教材系列

实验语音学概要（增订版）　鲍怀翘、林茂灿主编

现代汉语词汇（第二版）　符淮青著（即出）

现代汉语语法研究教程（第四版）　陆俭明著

汉语语法专题研究（增订版）　邵敬敏等著

现代实用汉语修辞（修订版）　李庆荣编著

新编语用学概论　何自然、冉永平编著

外国语言学简史　李娟编著（即出）

近代汉语研究概要　蒋绍愚著

汉语白话史　徐时仪著

说文解字通论　黄天树著

甲骨文选读　喻遂生编著（即出）

商周金文选读　喻遂生编著（即出）

汉语语音史教程（第二版）　唐作藩著（即出）

音韵学讲义　丁邦新著

音韵学答问　丁邦新著

音韵学研究方法导论　耿振生著（即出）

博雅西方语言学教材名著系列

语言引论（第八版中译本）　　弗罗姆·金等著，王大惟等译（即出）

语音学教程（第七版中译本）　　彼得·赖福吉等著，张维佳译（即出）

语音学教程（第七版影印本）　　彼得·赖福吉等著

方言学教程（第二版中译本）　　J. K. 钱伯斯等著，吴可颖译

构式语法教程（影印本）　　马丁·休伯特著

构式语法教程（中译本）　　马丁·休伯特著，张国华译